50⁺
플러스의
시간

50플러스의 시간

제2중년의 시대, 빛나는 인생후반전 설계도

초판 1쇄 발행 2016년 11월 5일 ＼**초판 2쇄 발행** 2016년 11월 20일
지은이 홍기빈 이승욱 박성호 기노채 배정원 구자인 최광철 안춘희 최재천 박원순 유인경
펴낸이 이영선 ＼**편집 이사** 강영선 ＼**주간** 김선정 ＼**편집장** 김문정
편집 임경훈 김종훈 하선정 유선 ＼**디자인** 김회량 정경아
마케팅 김일신 이호석 김연수 ＼**관리** 박정래 손미경 김동욱

펴낸곳 서해문집 ＼**출판등록** 1989년 3월 16일(제406-2005-000047호)
주소 경기도 파주시 광인사길 217(파주출판도시) ＼**전화** (031)955-7470 ＼**팩스** (031)955-7469
홈페이지 www.booksea.co.kr ＼**이메일** shmj21@hanmail.net

© 홍기빈 이승욱 박성호 기노채 배정원 구자인 최광철 안춘희 최재천 박원순 유인경, 2016
ISBN 978-89-7483-818-8 03300
값 14,500원

이 도서의 국립중앙도서관 출판시도서목록(CIP)은 e-CIP 홈페이지(http://www.nl.go.kr/ecip)에서
이용하실 수 있습니다.(CIP제어번호: CIP2016024505)

이 책은 서울특별시와 서울50플러스재단이 서북50플러스캠퍼스 개관기념으로 마련한
특별강연 〈50+의 시간〉을 정리한 것입니다.

제2중년의 시대
빛나는 인생후반전 설계도

50⁺
플러스의 시간

홍기빈
이승욱
박성호
기노채
배정원
구자인
최광철
안춘희
최재천
박원순
유인경

서해문집

50+는 무엇으로
사는가 ?

얼마 전까지는 은퇴를 한 뒤 여행 다니고 취미생활도 하면서 살다 보면 몇 년 후에 경로우대증이 나왔다. 그리고 할아버지, 할머니가 되어 손자, 손녀 재롱을 보면서 10년쯤 편히 지내다 세상과 작별했다. 그러나 이제는 은퇴를 해도 살아온 시간만큼 더 살아야 한다. 여기저기서 노후자금을 준비해야 한다고 목소리를 높이지만, 실제로 은퇴 후 남은 50년을 버틸 만한 자금을 손쉽게 마련할 수 있는 사람이 과연 몇이나 될까.

베이비붐 세대는 빛나는 경제성장의 주역이었다. 자신이 활동한 분야에 대한 풍부한 노하우를 가졌고 폭넓은 네트워크와 경제력, 건강한 몸과 의지까지 겸비한 세대다. 자신들의 손으로 세상을 바꾸어본 경험, 정치적 자신감까지 충만한 오늘날의 50대는 이런 노후준비의 위기를 그저 관망하지만은 않을 것이다. 은퇴 후 남은 생을 준비해야 하는 그들은 이제 무엇을 시작해야 할까. 어쩌면 50년이라는 긴 시간을 더 살아내야 할지도 모를 그들에게 당장 필요한 것은 무엇이며 어떻게 살아가야 할까.

서울50플러스재단은 첫 번째 캠퍼스의 개관 특강을 준비하면서 이런 문제의식에 집중했다. 50+세대의 경제, 관계와 심리, 정치, 주거, 성과 연애, 귀촌과 지역사회, 여행, 미래사회와 과학, 시간과 전환 등을 주제로 각 분야의 전문가이면서도 베이비붐 세대의 고민을 함께할 수 있는 분들을 강사로 모셨다. 그리고 그 성과를 더 많은 독자들과 함께하고자 단행본 출간을 결정하게 되었다.

글로벌정치경제연구소 홍기빈 소장은 인생주기에 대한 사고의 전환을 꾀하며 우리가 흔히 '노년'이라고 칭하는 시기를 '제2중년'이라는 새로운 시기로 받아들일 것을 제안한다. 더 이상 노년 또는 잉여인생으로 치부하기에는 남은 삶이 너무 길고 기회도 여전히 많기 때문이다. 그는 제2중년을 풍성하게 보내기 위해서는 자신만의 자산을 준비하고 자율적인 삶의 자세를 가지며 인생의 새로운 스토리를 만들어나가야 한다고 강조한다. 이제는 노후 준비라는 것이 그저 노후자금을 축적하거나 화폐 단위의 자산에만 집중하는 게 전부가 아니기 때문이다.

닛부타의 숲 정신분석클리닉 이승욱 원장은 베이비붐 세대의 개인·사회적 관계, 심리적 공허함을 구체적인 사례를 들어 분석한다.

'개저씨'라는 키워드에서 출발해 50대와 자녀세대와의 갈등, 소통의 부재에서 오는 오해의 축적 등에 대해 명쾌하게 설명하면서 기성세대가 다음 세대에게 어떤 존재가 되어야 하는지 사회적, 심리적 관점에서 성실하게 풀어낸다.

박성호 정치평론가는 한국의 베이비붐 세대의 세대론적 특징을 연대기별로 정리하며 한국 현대사와 베이비붐 세대가 어떻게 서로 영향을 주고받으며 성장해왔는지를 정리한다. 그리고 그 안에서 주목해야 할 사회적 맥락과 의미를 짚어가면서 유례없는 사회불안과 실업의 공포 속에 내몰린 에코 세대와 함께 어떻게 더 나은 사회로 바꿔나갈 수 있을지에 대해 이야기한다. 현재 50+세대가 부딪히는 문제는 각자도생으로 해결할 것이 아니라 전 세대가 함께 풀어야 해결의 실마리를 찾을 수 있기 때문이다.

하우징쿱주택협동조합 기노채 이사장은 은퇴 후 집짓기에 대한 새로운 관점을 제시한다. 그동안 공급자 중심으로 진행된 주택 건축을 소비자 관점으로 전환하면서 집에 대한 가치와 의미를 다시 생각해보는 계기를 마련한다. 대형 건설사가 일방적으로 제공하는 집단적 거주공간에 수동적으로 적응하기보다는 협동조합이라는 대안적 형태를 통한 은퇴 후 집짓기를 제안하면서, 실제로 주거문화의 패러다임을 바꾼 여러 구체적인 사례를 소개했다.

행복한성문화센터 배정원 대표는 50+세대의 성과 연애를 흥미진진한 이야기로 풀어냈다. 10대 성교육은 물론, 갱년기 부부와 노인 성상담에 이르기까지 다양한 연령대를 만나 상담해온 전문가답게 성에 대해 솔직하고 거침없는 조언들로 가득하다. 중년 이후 부부가 즐거운 성생활을 누리려면 어떻게 해야 하는지, 더 나아가 새로운 사람을 만나 연애를 시작할 때 유의해야 할 점들이 무엇인지 구체적으로 조언한다.

충남마을만들기지원센터 구자인 센터장은 50+세대에게 귀촌을 안내한다. 은퇴하면 시골에 내려가 텃밭을 가꾸며 살고 싶다며 많은 사람들이 은퇴 후 귀농, 귀촌을 꿈꾼다. 그러나 농촌은 많은 이들이 생각하는 그런 낭만 가득한 곳이 아니다. 농촌과 마을 공동체에 대한 현실적인 조언과 실질적인 귀농귀촌 가이드, 그리고 귀농귀촌인이 가져야 할 태도와 역할에 대한 안내까지, 지금까지 접하지 못했던 '진짜' 농촌살이에 대한 솔직한 이야기를 듣게 될 것이다.

최광철, 안춘희 전 원주 부시장 부부는 공직 은퇴 후 자칫 우울증에 빠질 수 있는 시기에 남은 삶에 대한 치밀한 준비를 시작한다. 온실처럼 안온한 공무원 생활을 마치며 새로운 세상에 또다시 적응해야 하는 불안 앞에서 자체적인 사회 적응 프로그램을 고심하다가 자전거 여행을 결심한 것이다. 누구나 한 번쯤 꿈꾸기 마련인 은퇴 후 유럽 여행. 그림 같은 유럽을 동경하지만 막상 떠나려고 하면 돈 걱정, 체력 걱정에 망설이게 된다. 그러나 이 부부는 자전거 하나에 단출한 의식주를 싣고 유럽 5개국을 가로지르고 돌아왔다. 자전거 여행은 젊은이들만 하는 것이라는 고정관념을 완전히 타파해버릴 만한 생생한 여행담이 은퇴 세대에게 새로운 용기와 설렘을 안겨줄 것이다.

동물학, 생물학을 전공한 과학자이면서도 언제나 인문학적 관점을 견지하며 궁극적으로 '생명'에 대해 이야기하는 이화여대 에코과학부 최재천 교수에게 미래 사회와 과학에 대해 듣는다. 은퇴 후 삶을 단순히 직장에서의 퇴직이라는 좁은 의미로 규정하지 않고, 번식이 끝난 이후의 삶, 즉 '번식후기'라 칭하며 이 시기를 보람 있고 행복하게 보내기 위해서 무엇이 필요한지 꼼꼼하게 들여다본다. 과학자의 눈으로 본 고령화 후의 미래사회의 모습과 그 사회를 살아갈 50+세대에게 전하는 조언을 들을 수 있다.

참여연대, 아름다운재단, 아름다운가게, 희망제작소, 서울시장 등 매번 새로운 인생에 도전해온 박원순 시장. 그리고 지금껏 1700명 이상을 인터뷰한 베테랑 인터뷰어이자, 〈경향신문〉 역사상 최초의 여성 정년퇴직기자인 유인경 전 선임기자. 이 두 사람이 만나 50+세대와 함께 나누고 싶었던 각자의 소중한 경험과 생각 들을 풀어놓는다. 남은 인생을 그저 죽음을 준비하는 잉여의 시간이 아닌 새로운 인생을 다시 시작한다는 생각으로 젊은이들보다 더 적극적으로 두 번째 인생을 만들어가자는 두 사람의 의지와 용기를 만나볼 수 있다.

누구나 50 이후가 되면 마음 속 깊은 허탈함을 느낀다. 살아온 만큼 더 살아야 하는 '시간'이 마냥 달갑게만 느껴지지 않는다. 이제껏 남이 시키는 대로, 가족과 회사를 위해 열심히 살아왔는데 은퇴 후에는 나 자신이 어디론가 사라진 것 같은 생각에 오히려 무기력에 빠지곤 한다. 내 주변의 많은 중·장년들 역시 노후대책은 곧 돈이 전부라고 믿었지만 결국 삶의 의미를 찾지 못한 채 공허함에 빠지고 있었다. 어떤 삶이 다가올지 어떻게 살아야 할지 예측이 되지 않기 때문이다. 그럴 때일수록 '배움'이 중요하다. 나는 어떻게 그리고 무엇을 하며 살고 싶은지 스스로 질문을 던지고, 새로운 도전을 모색하도록 도와주는 것.《50플러스의 시간》은 50+세대가 맞닥뜨린 두려움에 빠지지 않는 그 배움의 시작이 되려 한다.

홍기빈 선생부터 박원순 시장까지. 두 달 동안 열한 명의 이야기가 모이면서 막연하고 손에 잡히는 것 없어 불안하기만 했던 50대 이후를 보는 눈이 달라졌다. 이전의 삶과는 달리 새롭게 더할 것들과 함께 뺄 것들이 떠오른다. 무료한 노인의 시간이 아니라 살아 있는 신중년의 시간을 맞이할 수 있는 안목과 지혜를 독자들과 나누고 싶다.

50+의 시간, 이제 함께 천천히 떠나보자.

2016년 10월
50+인생학교 학장
정광필

차 례

서 문   50+는 무엇으로 사는가?   004

1 경제   노년이 아닌 제2중년의 시대   014
          새로운 가치 창출이 당신의 남은 생을 결정한다   **홍기빈**

2 관계·심리   개저씨는 왜 혼자가 되었나?   050
          지혜를 나누는 현명한 지혜가 필요하다   **이승욱**

3 정치   베이비붐 세대의 배턴 터치   086
          다음 세대를 위해 우리가 해야 할 일   **박성호**

4 주거   공유하고 소통하고 나누는 집   124
          은퇴 후 나는 어떤 집에서 살 것인가   **기노채**

5 **성·연애**   사랑에는 은퇴가 없다   168
몸의 언어로 다시 사랑하자   **배정원**

6 **귀촌·지역사회**   농촌, 상상 이상의 공간   196
땅의 사람과 바람의 사람이 함께 살기 위하여   **구자인**

7 **여행**   자전거 여행, 젊은이만 하는 거라고요?   234
여행이라는 사회적응 프로그램   **최광철·안춘희**

8 **미래사회·과학**   신노년 세대와 미래사회   268
인생 이모작, 다시 시작하는 삶   **최재천**

9 **시간·전환**   50+의 시간   302
이제 다시, 시작이다   **박원순·유인경**

1

노년이 아닌
제2중년의
시대

홍 기 빈

글로벌정치경제연구소 소장

글로벌정치경제연구소 소장. 칼폴라니사회경제연구소(KPIA) 연구위원장과 〈뉴레프트리뷰〉 한국어판 편집위원을 맡고 있고, 팟캐스트 '홍기빈의 이야기로 풀어보는 거대한 전환'을 진행하고 있다. 《비그포르스, 복지 국가와 잠정적 유토피아》《아리스토텔레스 경제를 말하다》 등의 책을 쓰고, 《E. K. 헌트의 경제사상사》《칼 폴라니, 새로운 문명을 말하다》《거대한 전환》 등을 우리말로 옮겼다. 그는 50대에서 70대까지의 세대를 '노년'이 아닌 '제2중년'이라고 칭하며, 이 시기에 자신만의 가치를 만들어야 한다고 주장한다. 그리고 그러한 시도를 여러 종류의 집단 속에서 함께 해볼 것을 제안한다.

새로운 가치 창출이
당신의 남은 생을
결정한다

우리는 흔히 '경제'를 '돈벌이'라고 착각합니다. 제가 전에 '살림살이 경제학'에 대해 이야기한 적이 있는데요, 물론 살림살이 경제도 중요하지만 좀 더 근본적인 부분을 들여다봐야 하지 않을까 하는 생각으로 오늘 이야기를 시작하려고 합니다.

지금 50대에서 70대 정도의 연령에 있는 분들은 지금까지 존재하지 않았던 새로운 세대로 자리매김해야 합니다. 제가 "지금부터 여러분은 이런 세대입니다." 하고 외친다고 그렇게 되지는 않겠지요. 혹시 '4차 산업혁명'이라는 말을 들어보셨습니까? 알파고 출현 이후 굉장히 자주 등장하는 말인데요, 이제는 단순한 입력 값에 따라 작동하는 기계가 아니라 능동적인 사고 과정을 통해 작업방식을 결정하는 로봇 또는 인공지능 시스템이 우리 사회의 변화를 이끌어 나간다는 것을 일컫는 말이죠. 이런 기술 산업에 있어서 혁명적인 변화가 일어나면서 산업사회에서의 인생주기라는 것이 근본적으로 바뀌게 되었습니다. 그런데 많은 사람들이 이런 변화를 명확하게 인식하지 못하면서 많은 문제에 부딪히고 있습니다. 오늘은 우리가 그 문제를 어떻게 해결하고 변화에 발맞춰 한 단계 더 나아갈 것인지에 대해 이야기하고자 합니다.

저희 연구소가 있는 이곳 서울혁신파크가 북한산 근처에 자리하고 있어서인지, 출근길이나 점심시간에 북한산에 오르내리는 등산객들을 많이 봅니다. 그분들을 보면 참 묘한 감정이 들어요. 연령으로 보자면 50대에서 70대 사이인 것 같은데 중년도 노년도 아닌 애매한 모습들이란 생각이 듭니다. 복장부터 시작해 우르르 무리 지어 식사하러 가는 모습에서 어떤 때는 청년 같은 모습이 나오기도 했다가, 어떤 때는 나이 지긋한 어르신의 모습을 보이기도 해요.

제 생각에 이제 50대에서 70대 사이는 노년이 아닙니다. 이걸 뭐라고 불러야 할지 모르겠는데 개인적으로 제가 선호하는 이름은 제 2중년이에요. 청년기가 30대 초반에서 끝난다고 봤을 때 30대 중반에서 50대까지가 제가 생각하는 제1중년이고, 50대에서 70대까지가 제2중년인 셈이죠. 그러니 지금 그 연령인 분들은 스스로를 노년이라고 생각하지 않으셨으면 좋겠습니다.

자, 그러면 제2중년이 노년이 아니라고 한다면 스스로를 어떻게 바라볼 것인가. 생애 전체 주기에서 나는 지금 어느 위치에 와 있으며 나의 일과 삶은 어떤 성격과 내용을 갖고 있는가에 대해 진지한 고민을 해볼 필요가 있겠지요. 이에 대해 여러분에게 조금이나마 도움을 드리려고 합니다. 물론 저는 성직자도, 철학자도 아닙니다. 그저 경제학과 정치학을 공부했고 산업사회에 대해 공부한 사람이기 때문에 대단히 심오하고 영적인 인생관을 논할 생각도 능력도 없지요. 다만 정치·경제적인 현실에 근거하는 산업사회의 변화들이 우리 삶을 어떻게 변화시키고 있는가에 대해 조금 이야기해보려고 합니다.

생애주기는
절대적인 것일까

우리의 인생주기는 유년, 청년, 중년, 노년이라는 여러 단계가 있습니다. 그런데 주의해야 할 것은 이 단계를 자연적인 것으로 생각해서는 안 된다는 것입니다. 사람이 태어나서 죽을 때까지 거치게 되는 이런 단계가 있으니까 산업사회와는 전혀 무관한, 동서고금 어디에나 동일하게 존재하는, 자연적으로 정해진 세대 구분이 아니냐고 생각해버리기 쉬운데요, 결코 그렇지 않습니다. 한 예로 유럽의 경우를 설명해드리겠습니다. 특히 프랑스를 중심으로 한 유럽의 중세, 그러니까 르네상스가 끝날 때까지 '어린이'라는 개념은 존재하지 않았습니다. 젖먹이의 개념은 있었어요. 네 살에서 여섯 살 정도는 되어야 대충 말이 통하잖아요. 그때까지의 아이를 앙팡Enfant이라고 구분하긴 했습니다. 하지만 열 살, 열한 살 이런 아이들을 어린이라고 따로 구분하지 않았습니다. 그저 작은 사람이라고 봤죠. 그래서 입는 옷도 똑같았고 심지어 술도 같이 마셨다고 합니다.

어린이라는 개념, 혹은 청소년이라는 단계가 구분되기 시작한 것은 지금으로부터 200년에서 300년 정도밖에 되지 않았습니다. 이 개념은 자본주의의 발달과 산업혁명의 영향과 관련이 있어요. 산업혁명이 일어나면서 과연 몇 살부터 산업사회에 들어오는 것이 합당한가에 대한 사회적인 협약이 이루어졌거든요. 19세기 초만 하더라도 영국의 공장에 가면 일곱 살, 여덟 살 아이들이 굉장히 많았습니다. 어른들은 공장 일이 힘드니까 밤만 되면 술을 먹고 뻗어버리는데 아이들은 그러지 않잖아요. 술을 안 먹고 일에 집중할 수 있는 사람을 고용해야 한다는 생각 때문에 아동 노동 착취가 굉장히 심했습니다. 영국 의회 보고서에 따르면 심지어 서너 살짜리 아이들도 일을 했다고 해요. 어린이라는 개념이 생기면서 아동은 노동을 해서는 안 되고 학교에 보내야 한다는 관념이 자리 잡은 게 아마 100년 정도밖에 되지 않았을 겁니다.

그렇다면 청년에 대한 개념은 어떨까요? 제가 대학교에 입학하던 1987년 정도만 해도 보통 '청년'이라고 하면 스물다섯, 그러니까 대학 졸업 후 1~2년 정도라고 생각했어요. 그때는 서른이 되기 전에 결혼하는 것을 보통으로 여겼고요. 일단 결혼을 하고 나면 청년이 아니었죠. 그런데 지금은 청년이라는 세대 구간이 굉장히 길어졌습니다. 취직 시기가 자꾸 늦춰지니까 성인이 되는 열아홉 살부터 서른 살 정도까지를 청년으로 보고 있는 겁니다.

그러니까 청년, 중년, 노년 등의 세대 구분은 결코 절대적인 것이라고 볼 수 없습니다. 사회 변화에 따라 개인의 인생주기는 그 사회의 논리와 기능에 발맞춰 달라지기 마련입니다. 그렇다면 제가 왜 우리 사회의 중년을 두 구간으로 나누자고 제안하는 걸까요. 먼저 80년대와 현재 사회, 그리고 그에 따른 인생주기가 얼마나 극적으로 달라졌는가를 먼저 들여다봐야 합니다.

제 이야기를 먼저 꺼내봐야겠네요. 저는 1968년에 태어나 1987년에 대학에 입학했습니다. 저는 인생의 주기라는 게 어떻게 구성되어 있는지 중학생 시절에 인지하기 시작했는데요, 당시 저의 생각은 그러니까 약 30년 전에 갖고 있던 생각인데요. 한 일곱, 여덟 살까지는 평평 놉니다. 어린이집이고 뭐고 없죠. 그냥 개구쟁이로 놀다가 학교에 입학합니다. 그리고 고등학교에 들어가면 그제야 대학 입시 준비를 하죠. 내내 놀다가 한 2~3년 바짝 공부를 하는 거죠. 스무 살 정도가 되면 어떤 형태로든 노동 시장에 들어갑니다. 보통 네다섯 종류로 구분할 수 있었습니다. 먼저 중졸 이하의 학력을 가진 사람들은 일용직이나 육체적으로 고된 노동을 하고요, 당시 상당히 많은 비중을 차지했던 대학에 가지 않은 고졸 학력을 가진 사람들은 일반 사무직이 되거나 공장의 생산 노동자가 됩니다. 그리고 대학에 간 대졸 학력의 사람들은 또 여러 갈래로 나뉘죠. 편의상 일반대와 스카이(S.K.Y.)로 나눕시다. 보통 일반대학을 졸업하면 중소기업 화이트칼라가 됩니다. 그리고 속칭 일류대라고 하는 스카이 졸업생들은 대기업 화이트칼라가 되거나 전문직종으로 진입해 이른바 엘리트 계층을 구성합니다. 여기서 더 나아가고 싶은 사람들은 고시를 보거나 유학을 갔어요. 그러니까 이때는 노동력을 분류하는 카테고리가 그리 많지 않았고 지금 말씀드린 네다섯 개 정도로 분류가 가능했습니다.

보통 스무 살이 되면 대체로 노동시장으로 들어갑니다. 돈을 벌기 시작하고 경제력이 생기죠. 물론 대학에 들어간 사람들은 졸업까지의 기간이 있고 남자들의 경우 군대까지 다녀오고 하면 스물여섯, 스물일곱까지 노동시장 진입이 유예됩니다. 당시에는 남자의 경우 빨리 일자리를 구해서 결혼을 해야 한다는 통념이 있었어요. 그래서 보통 군대 갔다 오고 대학 졸업하고 스물여섯 정도에는 취직을 했습니다. 여자들의 경우 대학 졸업은 곧 결혼 적령기의 도래를 의미했습니다. 남자들보다 2~3년 일찍 졸업을 한 뒤, 혹은 대학에 가지 않고 스무 살을 전후로 취직해서 결혼이라는 미션까지 완수하는 것이죠. 그러니까 남녀를 불문하고 보통 서른 전에는 취직과 결혼을 해치우는 겁니다. 그렇게 서른이 되면 이제 돈을 모으기 시작합니다. 돈을 모으고 내집 마련까지 쭉쭉 나갑니다.

만년 과장이 존재할 수 없는 시대

이런 과정은 IMF가 터지기 직전까지 지속됐습니다. 다들 아시겠지만 이때까지는 웬만해서 직장에서 해고되는 일이 없었어요. 지금은 완전히 사라진 캐릭터일 텐데 90년대 초까지만 해도 일일연속극에 단골로 등장했던 '만년 과장' 캐릭터 기억나십니까? 지금 시대를 생각하면 참 어림도 없는 얘기죠. 어떻게 과장 직급을 달고 50대, 60대가 되도록 그 자리를 지킬 수 있겠어요. 그런데 그 시절엔 그게 가능했습니다. 능력은 좀 부족하지만 사람은 좋고 서민의 애환이 묻어 있는 만년 과장 캐릭터가 현실에도 꽤나 흔하게 존재했습니다. 당시에는 정년까지 꽉 채워서 직장에 다니는 사람이 많았어요. 저희 아버지도 그러셨고요. 그렇게 정년을 채우면 60대가 되는데 평균 수명 생각하면 70대 중반에는 생을 마칠 것이라고 생각했고요. 저희 아버지가 입버릇처럼 얘기하시던 게 '팔십까지 살면 좀도둑이다'였어요. 이렇게 생각하면 보통 노후라는 시간은 10년 또는 길어야 20

년 정도였습니다.

그러니까 정리해보자면 초·중·고 혹은 대학교까지 교육을 받고 이후 40년 정도 일을 한 뒤 은퇴를 합니다. 교육 시기, 노동 시기, 노후 시기라는 구분이 명확하죠. 유년기, 청소년기, 청년기, 중년기, 노년기라는 구분이 대충 말이 되는 겁니다. 이런 얘기를 지금의 20대 청년들에게 해보면 그 친구들은 경악을 금치 못합니다. 이 친구들이 알고 있는 라이프 사이클이란 것은 30년 전의 그것과는 완전히 다르거든요.

먼저 유년기부터 다릅니다. 이 친구들에게는 여덟 살까지의 인생도 그다지 편하지 않습니다. 거의 원심분리기로 들어가는 것 같아요. 이걸 생각하면 저는 정말 옛날에 태어난 게 얼마나 다행인지 몰라요. 저희 애도 주변 친구들을 보면 대여섯 살 아이들이 영어 배우고 학습지 하고 난리도 아니더라고요. 80년대까지는 노동력을 분류하는 카테고리가 네다섯 개밖에 안 된다고 말씀드렸죠. 그런데 지금은 노동시장에 들어갈 때에 준비되는 스펙이라는 게 사람에 따라 천차만별이에요. 이제는 부모의 재력이 학벌에도 영향을 미치는 시대니까 최악의 흙수저와 최상의 금수저 사이에 존재하는 카테고리가 얼마나 많겠어요. 그 숫자를 센다는 것도 무의미할 지경이죠.

어제 제 친구가 그러더군요. "너 아이가 아직 초등학생이지? 이제 곧 중학교 들어가면 엄마의 불안을 이겨낼 길이 없다. 엄마의 불안을 이겨낼 수 있는 것은 세상에 아무것도 없어." 지금의 아이가 스무 살이 됐을 때를 생각하면 불안을 견딜 수가 없는 거예요. 그러니

우리에게 닥친 또 하나
의 문제는 기대수명이
엄청나게 늘어났다는 것
입니다. 지금 제 또래
세대는 남자의 경우 기
대수명이 90세를 넘을
가능성이 높다고 하는
데 이 얘기를 듣고 좋아
하는 사람은 아무도 없
었습니다. 지금도 힘든
데 90세라니, 이 고통
이 언제 끝날지 모른다
는 거죠.

8세부터 20세까지 아이들의 청소년기를 지옥으로 만들게 되죠. 그렇게 자란 아이들이 스무 살만 되면 시들시들한 게 소금에 절인 배추처럼 지쳐버립니다. 그런데 스무 살이 되면 노동시장에 들어오게 될까요? 네, 못 들어옵니다. 이제는 그게 어려워졌어요.

기성세대들은 요새 젊은이들이 따지는 게 너무 많다, 아무 데나 들어가서 열심히 일할 생각을 해야지 이러면서 혀를 차기도 하는데요. 문제는 한 번 비정규직으로 직장생활을 시작하면 인생이 영영 비정규직으로 끝날지도 모른다는 공포입니다. 그러니 스무 살 때부터 노동시장에 진입하는 게 아니라 최대한 스펙을 쌓아서, 소위 엔트리 포인트라는 걸 최대한 높이 끌어올리는 데 집중합니다. 그런데 스펙의 상한선이라는 건 없고 모두가 최상위권 엔트리 포인트에 도달하기 위해 경쟁을 하니 이 시기가 서른이 넘어가도록 계속되는 겁니다. 그렇게 스무 살부터 서른 살까지 10년여에 가까운 시간 동안 불완전 취업 상태가 유지됩니다.

필요한 스펙 중에는 '경력'이라는 게 있죠. 그러니까 인턴 같은 거죠. 이건 취업을 한 것일까요? 아니죠. 이건 엄밀히 말해 취업이라고 할 수 없습니다. 이 인턴이 끝나면 또 6개월짜리 수습사원 같은 걸 합니다. 여기서 선택되지 못하면 1년짜리 계약직으로 진입합니다. 이런 상태를 불완전 취업 상태라고 하는 이유는, 끊임없이 뭔가를 병행하고 있거든요. 자격증을 딴다거나 어학 시험 준비 같은 걸 하면서 '정규' 노동시장에 들어가기 위한 수습 훈련을 계속 하고 있는 겁니다. 무려 10년 동안. 이 시기는 보통 서른 살 정도가 되면 대충 정리가 되는데, 이건 원하는 취업에 성공해서 끝나는 게 아니라 이쯤 되면 돈이 떨어지기 때문이에요. 여러분 중에서도 빈대 붙은 자식들이 원수같이 느껴지는 부모님들이 계실 텐데, 그렇게 부모에게 반쯤 경제력을 의지해왔던 청년들이 눈치가 보여서 대충 그때쯤 포기를 하는 겁니다. 아, 이제는 그냥 노동시장으로 들어가야겠구나 하는 거죠.

편의상 아주 성공적으로 노동시장에 진입한 경우를 가정해봅시다. 이를테면 스물여덟에 대기업에 들어간 경우를요. 여기서 문제는 50이 되기 전에 회사에서 잘린다는 겁니다. 대부분의 대기업이 그렇습니다. 아니 제가 알기로는 대부분이 아니라 전부라고 볼 수 있어요. 정년퇴직을 했다는 사람은 최근 몇 년 사이에는 제가 들어본 적이 없습니다. 임원으로 승진하지 않으면 대개 50세가 되기 전에 부장 달고 50세가 되기 전에 결판이 나죠. 그러니까 50세가 되기 전에 한 47세쯤 되면 대충 다니던 직장을 정리하는 겁니다.

28년을 준비한 취업, 20년으로 끝나는 직장생활

한 노동연구원의 조사에 따르면 우리나라 대기업과 공기업 중에 평균 근속 연수가 가장 긴 게 국민은행이었는데, 그게 17~18년이었습니다. 다른 기업들은 보통 13년이 안 됐어요. 물론 중간에 퇴사한 분들도 있겠지만 제가 말씀드린 '47세에 직장생활이 끝난다'는 주장은 결코 과장된 얘기가 아닐 겁니다.

여기서 성공적으로 부장을 지내고 임원이 된다면 어떨까요. 임원은 사실 2년짜리 비정규직이죠. 차 딸린, 기사 딸린 비정규직이라는 표현도 있지요. 2년 뒤에는 어떻게 될지 모르는 겁니다. 실제로 임원을 하고 있는 주변 친구들을 보면 굉장히 힘들다는 이야기들을 합니다. 기사 딸린 차를 괜히 붙여주는 게 아니잖아요. 준 만큼 뽑아가게 되어 있습니다.

우리에게 닥친 또 하나의 문제는 기대수명이 엄청나게 늘어났다는 것입니다. 지금 제 또래 세대는 남자의 경우 기대수명이 90세를 넘을 가능성이 높다고 하는데 이 얘기를 듣고 좋아하는 사람은 아무도 없었습니다. 지금도 힘든데 90세라니, 이 고통이 언제 끝날지 모른다는 거죠. 제 친구 중 한 명이 대기업에 다니다 몇 년 전에 명예퇴직을 했습니다. 그 친구가 술을 마시면서 그러더라고요. "기빈아. 내가 이 회사에 스물여덟에 들어왔는데 지금 20년을 못 채우고 나간다." 그러면서 너는 음악 한다고 놀러 다니고 쓸데없는 짓 하고 재미있게 살았을지 모르겠는데 자기는 스물여덟 될 때까지 한눈 한 번 안 팔고 공부만 했다는 거예요. 모범적으로 살아왔고 그래서 좋은 대학 나왔고 좋은 학과 나와서 스물여덟에 좋은 직장이라고 생각하고 그 회사에 들어갔으니 28년을 준비했다고 해도 과언이 아니라는 겁니다. 28년을 준비해서 들어간 회사인데 20년을 못 채우고 나오게 됐고 앞으로 살아야 할 생은 30년 넘게 남은 거죠. 아이러니라고 말하기에는 너무 끔찍하고 고통스러운 상황입니다.

우리는 지금 어떤 상태에 와 있을까요? 말씀드린 대로 8세 전후부터 경쟁이 시작돼서 여기까지 온 겁니다. 유년기, 청소년기, 청년기… 이런 세대 구분이 더 이상 의미가 없어졌지요. 영어유치원에서 고생하는 작은 조카와 대학 들어가서 토익에 매달리는 큰 조카가 제가 보기엔 비슷해 보입니다. 그렇게 노동시장에 진입하고 47세를 맞이했을 때 앞길이 캄캄한 것은 매한가지죠.

친구가 제게 인생의 의미가 뭐냐고 묻더군요. 문제는 지금 그런 고상한 질문을 할 때가 아니라는 겁니다. 이 친구들이 직장생활 하면서 겪는 가장 극심한 스트레스는 3대 소득을 20여 년 안에 벌어놓아야 한다는 압박입니다. 3대라 함은 지금 자녀들의 양육비나 교육비, 그리고 자신이 직장생활 하는 동안 필요한 생활비, 그리고 자신의 노후 자금을 말합니다. 이 엄청난 비용을 직장생활 하는 20여 년 동안 다 벌어놔야 한다는 압박에 시달려요. 그러니 급하고 불안하고 초조하고 결국 번 아웃 상태에 빠집니다. 자기 자신을 완전히 소진시켜버리는 거죠. 정신은 멍한 상태로 매일 야근하고 특근하면서. 벌 수 있을 때 벌어놓아야 한다는 조급한 마음을 갖지 않을 수가 없어요.

첫 번째 직장에서 정규직으로 일하는 분들은 운이 좋은 분들입니다. 하지만 이분들도 50세 전후로는 직장을 정리할 수밖에 없는 상황이 되죠. 그럼 이게 노년일까요? 과거의 기준으로 인생주기를 여기에 적용할 수 있을까요? 어림없는 얘기죠. 지금은 유년기, 청소년기, 청년기가 거의 비슷해졌습니다. 노동시장에 편입되는 데 좋은 조건을 확보하기 위해 경쟁하는 단계니까요. 그러니 직장에서 은퇴한 50세 전후의 세대를 노년이라고 말할 수도 없는 겁니다.

사람들이 많이 부러워하는 직장이라는 삼성전자의 경우를 봅시다. 정확하진 않지만 재직자 평균 연봉이 약 9000만 원 정도로 알려져 있죠. 대략 9000만 원이라고 가정했을 때 20년을 근무해봐야 18억인데요, 이게 과연 3대 소득으로 충분할까요? 삼성전자에 입사했다가 1년 만에 그만두고 나오는 후배들이 그런 말을 합니다. 아무리 생각을 해봐도 미래가 없다고요. 여기서 한 20년 다니고 퇴직금 받아서 그걸로 뭘 한다고 해봐야 인생이 얼마나 달라지겠나 싶은 거죠. 그나마 나은 경우는 사내커플이 돼서 결혼하는 건데, 아시다시피 삼성은 월화수목금금금 근무한다고 하잖아요. 주말마다 부부가 다 나와서 일을 하니까 세탁기를 못 돌린다고 해요. 이래저래 앞날이 캄캄하니까 그만두고 9급 공무원 시험을 보는 경우가 많다고 합니다. 지금 대한민국에서 평범하게 20년 직장생활 해서 3대 소득을 모두 벌어놓는다는 것은 말 그대로 '미션 임파서블'입니다.

은퇴 시기가 앞당겨지고 노년이 길어진다는 불안이 깊어지니까 금융회사나 보험회사들이 앞다투어 100세 시대를 부르짖으며 미리미리 준비하라고 부추깁니다. 하지만 정말 그런 식의 재테크로 30년 혹은 40년 남은 인생을 지속할 비용이 만들어질까요? 지금의 평균적인 은퇴 시기를 생각하면 노후자금이라는 건 한 쌍의 부부가 적어도 30년에서 40년 정도를 무위도식할 수 있는 규모여야 해요. 연금 수령 개시 연령이 보통 65세로 설정되어 있죠. 그런데 많은 선진국들이 이 개시 연령을 계속 뒤로 미루고 있습니다. 65세부터 연금을 지급하면 이제는 도저히 계산이 나오지 않는 상태가 됐거든요. 65세라는 기준이 딱히 심오한 의미가 있는 건 아닙니다. 18세기 말에 노인연금 지급을 최초로 시작한 독일의 비스마르크가 정한 기준인데요, 당시에는 65세가 넘는 사람이 거의 없었습니다. 그러니까 연금 개시 기준을 65세로 설정해놓으면 큰돈 들이지 않고 생색을 낼 수 있다고 생각했는지도 모르겠습니다.

지식 기반 사회의 도래, 가치 창출이 답이다

여기 계신 분들은 50대나 60대이신 분들이 많은 것 같습니다. 제 나이도 거의 쉰이 다 되었는데요, 제가 어릴 때는 50세라고 하면 소위 중늙은이 취급을 받았습니다. 근데 여러분, 지금 중늙은이처럼 몸이 확 늙어버린 것 같으세요? 아마 아닐 겁니다. 저도 매일 운동을 하는데 하루에 8킬로미터씩 뛰어요. 젊었을 때도 그렇게는 안 뛰었거든요. 그저 술 마시고 놀고 있었죠. 저는 지금 정신적으로나 육체적으로나 스무 살 대학 시절과 비교했을 때 별 차이를 못 느끼겠어요. 그런데 제가 어릴 때는 60세만 되어도 허리가 구부정하게 굽으신 분들이 있었습니다. 한마디로 지금의 영양 상태나 위생 상태를 고려했을 때 50대나 60대를 과연 노인으로 볼 수 있는가 하는 의문을 품을 수밖에 없는 것이지요. 그래서 저는 이 시기를 제2중년으로 보는 게 맞다고 생각합니다.

이제 새로운 인생, 새로운 세대가 생겨났다고 볼 수 있는데요, 이 시기의 내용과 성격을 어떻게 규정하는 게 좋을까요? 먼저 불과 30년 정도밖에 안 되는 시간 동안 어떻게 이런 급격한 변화가 일어났는지부터 살펴봅시다. 인생의 주기가 이렇게 달라지게 된 가장 큰 원인은 바로 산업혁명입니다. 우리가 80년대에 알고 있었던 삶의 패턴은 전형적인 2차 산업혁명의 산물이죠. 포디즘Fordism이라고 부르는 대량 생산, 대량 축적 시스템이 제2차 산업혁명으로 인한 산업시대에 생겨난 패턴입니다. 이 삶의 패턴에서는 한 가지 교육과 한 가지 직업, 이런 식으로 단순하게 구분이 가능했죠. 교육을 받고, 스무 살 이후부터는 노동을 하고, 60세 정도면 노동력이 소진되고 이후에는 노후, 그러니까 죽음을 준비하는 거죠. 그런데 지난 30년 동안 산업이 조직되는 방식이 달라져버렸습니다.

대량 생산을 기반으로 하는 대공장 시스템이 아닌 페이스북, 인스타그램, 마이크로소프트 같은 IT회사들이 등장한 겁니다. 이른바 정보화사회 또는 지식 기반 경제로 돌아가는 시대가 도래했어요. 흔히 말하는 3차 산업혁명이 일어난 것이죠. 80년대에 쓰인 앨빈 토플러의《제3의 물결》이라는 책에서 바로 이 변화들을 이야기했습니다. 미국이나 유럽에서는 70년대에서 80년대 사이에 그런 변화가 현실로 나타났고 우리나라의 경우 IMF 이후부터 시작됐다고 볼 수 있습니다. 이 시기에 기존 산업 구조에 결정적인 위기가 도래했고 2000년대 이후 본격적인 변화가 일어납니다. 그러니까 우리나라는 3차 산업혁명이 나타난 시기가 대략 15년에서 20년 정도밖에 되지 않았죠.

지식 기반 경제사회에서는 일과 교육이 명확하게 구분되지 않습니다. 과거 공장 중심으로 인력이 조직됐을 때는 사람이 하는 일은 Labor의 개념밖에 없었습니다. '일'이라는 개념이 한 가지뿐이었죠. Labor는 땀을 흘린다는 뜻이 내포되어 있습니다. 육체적으로 고생스러운 일이라는 것이죠. Work 역시 노동을 의미하는 단어지만 여기에는 뭔가를 만들어낸다는 의미가 들어 있습니다. 그래서 문학 작품이나 예술 작품을 Work라고 칭하기도 합니다. 공장 중심의 산업사회에서 주어지는 임금이라는 것은 '수고비'의 개념이었어요. 땀 흘리고 고생하고 육체 노동을 통해 생산하는 일들의 고생에 대한 보상이죠. 하지만 3차 산업혁명 이후에는 이 일들을 기계나 로봇이 대신하게 됩니다. 공장의 자동화 시스템도 여기에 속합니다. 그러니 점점 사람이 할 수 있는 일은 줄어듭니다. 예전에는 뭔가 하나를 생산할 때 향후 20년, 30년의 계획을 세우고 장기적인 생산에 돌입했는데 90년대부터는 급격히 달라지기 시작합니다. 이때부터는 어떤 제품을 기획한다 하더라도 그 생산 주기를 5년 이상으로 설정하지 않습니다.

그렇기 때문에 사람에게 요구되는 일의 성격도 바뀌기 시작해요. 이때부터는 Labor가 아니라 Work가 중요해집니다. 한마디로 가치 창출을 원하는 것이죠. 가치를 창출한다는 것은 땀 흘려 일하는 것만으로는 충분치 않다는 것입니다. 가치를 창출하는 데에는 노화에 따른 육체적인 한계가 중요하지 않습니다. 그러니 종신고용을 보장

할 필요가 없어졌지요. 땀 흘리는 노동이 필요한 일은 기계가 대신하고 있으니 기계가 대신하기 힘든 애매한 부분에서 약간의 인력을 투입하는데요, 그것이 이른바 비정규직의 형태로 이루어집니다. 생산직 육체노동의 영역은 지금도 존재하긴 합니다만 얼마든지 다른 수단으로 대체할 수 있는 선택지가 많기 때문에 종신고용을 보장하지 않으려고 합니다.

이제는 가치를 창출하는 사람만이 그 가치에 부합하는 임금을 받게 됩니다. 자신이 창출하는 가치가 높으면 연봉도 그만큼 오르겠지만, 가치가 낮거나 없다면 가차없이 내쳐집니다. 노동 환경이 이렇게 변화하다 보니 우리의 인생주기 역시 달라지게 되는 것입니다. 공교육의 영역이 시작되는 8세부터 20세까지, 심지어는 30세까지 자신이 높은 가치를 창출할 수 있는 사람이라는 걸 스스로 입증해야 하는 시기로 보내게 되는 것이죠. 그렇게 안간힘을 쓰며 스스로의 존재 가치를 입증해서 취직을 한다 해도 그 노동력의 인정은 그리 오래가지 않습니다. 회사는 한 사람이 노동 능력을 다 소진했다 싶으면 칼같이 방출하죠. 이 상태에서 우리는 제2중년을 맞게 됩니다.

변화는 싸워야 할 적수 아닌
적응해야 할 환경

어떻게 보면 이것은 2차 산업, 혹은 3차 산업, 4차 산업사회의 일반적인 성격이라고 볼 수 있는데요, 상황을 악화시키는 한국 자본주의의 특성이 하나 더 있습니다. 바로 나이와 연결된 상명하복 시스템입니다. 미국의 경우 어떤 노동자가 마흔 살에 퇴사를 했다 하더라도 50세가 되어 상당히 늦은 나이까지도 다른 회사로 이직이 가능한 경우가 많아요. 하지만 우리나라 기업의 경우 철저한 상명하복 기반의 피라미드형 조직을 갖고 있기 때문에 그것이 쉽지 않습니다. 이 피라미드는 생물학적 연령과 비례하니까 자신보다 생물학적 연령이 낮은 보스가 존재하기 힘들어요. 그러니 위계가 올라갈수록 그 단계에 오르지 못하는 나머지 인력들은 조직에서 버틸 수가 없습니다. 마흔에 차장으로 퇴사를 하고 다른 회사로 이직을 하려면 비슷한 직급이 아닌 이상 자신보다 어린 상사가 있는 조직에서는 받아주질 않고, 비슷한 직급으로 가자니 피라미드 구조의 특성상 자리가 넉넉하질 않죠. 위로 갈수록 기회가 줄어드는 상황에서 마흔다섯, 마흔여섯만 되면 당신은 가치를 창출할 수 있는 능력이 있는가, 아닌가에 대한 칼 같은 평가가 들어옵니다. 이 평가에서 인정을 받으면 임원이 되지만 그렇지 않으면 은퇴의 길로 들어서는 겁니다.

제가 아주 간략하게 말씀드렸지만 이 상전벽해에 가까운 인생주기의 변화가 산업혁명의 산물이라는 걸 꼭 기억할 필요가 있습니다. 그래야 우리가 제2중년의 시기에 무엇을 해야 하는지에 대한 몇 가지 합의점을 얻을 수 있으니까요. 변화라는 것은 우리가 맞서 싸워야 하는 적수가 아닙니다. 오히려 적응해야 할 환경입니다. 사회가 변화한다는 것은 개인에게도 변화가 요구된다는 것이고, 그런 변수 이제는 가치를 창출하는 사람만이 그 가치에 부합하는 임금을 받게 됩니다. 자신이 창출하는 가치가 높으면 연봉도 그만큼 오르고 가치가 낮거나 없다면 가차없이 내쳐집니다. 노동 환경이 이렇게 변화하다 보니 우리의 인생주기 역시 달라지게 되는 것입니다.

에 따라 자신의 인생 설계를 끊임없이 수정해나가야 합니다. 그렇다면 지금 이 시대의 50대에서 70대는 어떤 시간을 보내야 할까요?

제 아이디어는 이렇습니다. 제가 설정한 제1중년에 해당되는 시간, 그러니까 30대에서 50대까지의 기간을 도제 기간이라고 생각합시다. 일종의 사회 수습 기간으로 생각하자는 것이죠. 산업사회의 이모저모를 공부하고 익히고 탐구하는 수습 기간 말입니다. 그렇게 20년 이상 자세하게 보고 익히고 경험했던 산업사회에 대한 지식과 경륜, 기술을 이용해 제2중년의 시기에는 자신만의 가치를 만들어내야 합니다.

유럽에서는 18세기가 될 때까지 거의 모든 나라에 길드가 있었습니다. 길드는 노동자, 즉 일하는 사람인 직공을 키워내기 위한 직업 훈련 시스템의 일종인데요, 열 살에서 열두 살 정도 되는 아이들이 일단 사환이나 심부름 하는 아이로 점포 혹은 작업장에 들어갑니다. 그 아이들은 견습생의 자격으로 1년 정도 심부름을 하면서 일을 배웁니다. 나라마다 지역마다 조금씩 차이는 있습니다만, 대략 열여덟 살에서 스무 살 정도 될 때까지 도제생활을 합니다. 그 도제생활이 끝나면 숙련된 직공이 되는데 한 군데에서만 일을 배우는 것은 한계가 있으니까 이곳저곳을 돌면서 여러 가지 기술들을 익힙니다. 이런 사람들을 저니맨Journey Man이라고 불렀습니다. 장색匠色 또는 직인職人이라고도 하는데 이 시기가 끝나면 독립적인 구두장이로서 일정한 일가를 이루었다는 확신이 생깁니다. 그러면 자신이 인정받고 싶은 길드에 가서 온 기량을 다 쏟아서 구두 한 켤레를 만들어냅니다. 그 구두를 길드의 장인, 마스터에게 제출하죠. 공인된 마스터가 되는 일종의 과정, 지금으로 보자면 박사 논문 같은 것이죠. 바로 그것을 마스터 피스라고 합니다. 그 과정을 인정 받으면 그 사람은 장인으로 인정을 받게 됩니다. 이것이 길드에서의 교육 시스템입니다.

3차 산업혁명 혹은 4차 산업혁명을 거친 산업사회에서는 사람에게 땀 흘리는 걸 요구하지 않습니다. 이런 말을 하는 게 저로서도 굉장히 마음이 아프고 쓰라린데요, 저도 옛날에 태어난 사람이고 옛날식의 노동윤리에 익숙한 사람입니다. 그래서 땀 흘리는 것의 가치라든가 일한 사람들이 반드시 그에 합당한 대가를 받아야 한다는 원초적인 경제윤리를 갖고 있는 사람으로서 이런 말을 하는 게 저도 그리 편하지만은 않습니다. 하지만 받아들여야 합니다. 더 이상 얼마나 땀을 흘렸는지가 중요한 세상이 아닙니다. 얼마나 유의미한 것을 만들어냈느냐, 즉 가치를 만들어냈느냐가 중요한 세상이 되었습니다. 사회에 도움이 될 만한 가치를 만들어낸다는 것. 너무나 추상적인 개념이어서 이해하고 받아들이기가 쉽지만은 않을 것입니다.

30대에서 50대까지의 시간을 수습 기간으로 삼아야 한다는 저의 주장에 무슨 도제 기간이 그렇게 긴가 하는 의문을 가질 수도 있습니다. 구두를 만드는 일을 보조하는 정도라면 6~7년이면 충분할 수도 있겠지만 사회에 도움이 될 만한 무언가를 새롭게 창출해낸다는 과업을 세우려면 20년이라는 기간이 그리 긴 시간이 아닙니다. 사회를 이해하고 사람을 이해하고 산업의 과정을 이루는 여러 요소와 세세한 실무 지식들을 익혀야만 하니까요.

자산, 자율, 그리고
새로운 스토리

지금까지 제가 말씀드린 내용들이 조금은 버거울 수도 있을 겁니다. 도대체 나만이 창출할 수 있는 가치라는 게 뭔가, 여기저기서 창조경제니 뭐니 하는데 손에 잡히지도 않는 이 뜬구름 잡는 이야기들은 뭔가 싶을 겁니다. 하지만 여기서 이야기하는 가치라는 건 결코 거창한 것이 아닙니다. 나를 비롯한 공동체에 득이 될 수 있는 것, 지금까지 존재하지 않았지만 도움이 될 수 있는 것 하나를 만들어낸다는 자체가 가치가 되는 겁니다. 가령 치매 노인들에게 기본적인 생리적인 것만 처리해주는 간병을 할 것이냐, 정서적인 측면까지 고려해서 더 나은 간병을 할 수 있는 방법을 개발하느냐의 차이에서 우리는 가치를 발견합니다.

이 사회가 땀을 흘리는 것만으로 보상이 주어지는 사회가 아니라는 것이 상당히 비관적으로 다가올 수도 있지만 한편으로는 새로운 가능성 또한 내포하고 있습니다. 기존에 없던 새로운 가치를 만들어내면 그에 따른 사회 체계와 제도 역시 빠르게 발전하고 그 가치 평가는 계속해서 높아질 것이기 때문입니다. 제2중년의 시기를 잘 만들어가려면 몇 가지 필요한 것이 있습니다.

첫째, 자산을 챙겨야 합니다. 50대가 되어 다니던 회사를 그만뒀다고 해서 그 세월이 모두 무의미하게 흘러가버린 것은 아닙니다. 분명 유형자산이건 무형자산이건 남아 있는 것이 있어요. 그동안 익힌 인간적이거나 정서적인 것, 혹은 이성적인 여러 능력에서 내가 자산으로 삼을 수 있는 것이 무엇인지를 잘 생각해보셔야 합니다. 저는 창업 강연을 하러 온 것이 아닙니다. 이때 자산이라는 것을 좁은 의미의 현금 가치로 치환될 수 있는 것만을 생각하지 마세요.

예전에 진보정당의 당수를 하셨던 권영길 씨라는 분이 계시죠. 은퇴하신 지 꽤 오래되셨는데 그분에게는 독특한 재능이 있습니다. 정당 활동을 하게 되면 논쟁을 하는 경우도 있고 밤늦게까지 토론을 하다 보면 새벽까지 이어지다가 험악한 분위기가 조성되기도 하죠. 그런데 이분은 그 토론을 참을성 있게 잘 듣고 있다가 토론이 끝나면 아주 부드럽게 정리를 하세요. 자신의 주장을 강하게 내세우고 관철하는 게 아니라 토론을 잘 마무리한다는 것이 무슨 능력이냐 하실 수 있는데요, 이것 역시 회사생활을 통해 터득한 능력입니다. 분명 타인에게, 혹은 공동체에 도움이 되는 능력이거든요. 이런 사람이 존재하느냐 그렇지 않느냐에 따라 조직의 운명 전체가 바뀌기도 합니다. 그러니까 현금화할 수 있는 것이 무엇인지 들여다보기보다는 다른 사람에게 도움이 될 만한 것이 무엇인지 고민해보시고 그것을 자산으로 삼으셔야 합니다.

둘째, 자율적인 인간이 되어야 합니다. 사실 이것은 우리나라 남성분들에게 좀 어려운 것일 수 있습니다. 저도 남자지만 대한민국의 중년 남성에게는 특히 어려울 수 있어요. 자율적이라는 말의 고전적인 의미는 지배하지도 않고 지배당하지도 않는 것이지요. 제가 남성분들에 한해 얘기하자면 30대에서 50대 사이에 한국 남자들은 못된 버릇을 익히게 됩니다. 한국기업이 가진 고질적인 위계질서와 상명하복 구조를 말씀드렸었는데요, 그런 조직의 일원으로 근 20년을 지내게 되면 상부의 지시에 순종하고, 아랫사람에게 지시를 내리는 게 아주 익숙해집니다.

그런데 제가 말씀드린 제2중년의 과업을 세우려면 이 질서 자체가 큰 장애물이 됩니다. 타인이나 공동체에 도움이 될 수 있는 가치를 만들어내기 위한 이타적 고민이 필요한데 이런 위계적인 조직사회 분위기에만 익숙하다면 어떻게 창조적인 사고가 가능하겠어요? 자신만의 관점에서 타인을 관찰하고 자신의 시각으로 스스로의 능력을 바라볼 수 있어야 하는데 남에게 순종하고 지배당하고 남을 순종시키고 지배하는 습관을 벗어나지 못하면 그것이 어떻게 가능하겠습니까. 쉰 살이 넘은 우리들은, 이제 그냥 모두가 자유로운 개인들입니다. 그걸 명심하셔야 해요.

마지막으로 필요한 것은 좀 더 근원적인 문제입니다. 자신의 인생 스토리를 만들어야 한다는 것입니다. 조지프 캠벨Joseph Campbell이라는 신화학자가 이런 얘기를 했습니다. 수명이 길어지면 인생 스토리의 위기가 닥쳐온다는 것입니다. 사람의 인생이라는 게 학교 다니고 취직하고 좋은 사람 만나 결혼하고 애 낳고 키우고 하는 거지 별거 있나 싶으시죠? 그러니까 한 사람이 태어나서 45세에서 50세 정도가 될 때까지는 별다른 복잡한 고민을 하지 않더라도 내 인생이 어떻게 가고 있는지, 어떤 이야기를 만들어내고 있는지, 한마디로 어떻게 살고 있는지 명확하게 보입니다. 농경시대까지는 기대수명이 짧았기 때문에 대충 이 정도의 삶에서 인생이 끝났습니다. 프랑스혁명 당시처럼 착취가 심했던 시대의 프랑스는 심지어 기대수명이 스물일곱 살로 추정되기도 했습니다. 서른 살이 되기 전에 죽었다는 거죠.

평균수명이 짧았을 시기에는 대충 이런저런 과정을 거치면 인생이 끝났습니다. 조지프 캠벨에 따르면 우리가 알고 있는 신화라는 게 대부분 이 정도의 수명을 바탕으로 구성되어 있다는 것입니다. 그런데 50세 이후부터 삶이 30~40년은 더 지속된다고 생각해보세요. 그 시간 동안 뭘 할까요? 조지프 캠벨의 말은 인간이 더 이상 그런 생물학적인 존재가 아니며 훨씬 긴 호흡을 가진 존재라는 것인데요, 이제는 이 뒷부분을 메울 '이야기'가 없다는 것을 지적하고 있습니다. 스토리가 부족하면 자기가 이미 알고 있는 스토리가 끝났을 때 그중에 제일 재미있었던 몇 가지 이야기에 집착을 합니다. 그래서 계속 연애를 하거나 손자, 손녀들을 키우거나 하게 되는데, 다시 말해 지금껏 해왔던 일 중에 몇 가지를 계속 반복하면서 남은 생을 보내게 된다는 것이죠. 하지만 더 이상 이렇게 나아가서는 안 됩니다. 이제는 남은 인생을 위한 새로운 스토리를 만들어나가야 합니다. 그러기 위해서는 자신의 장점 혹은 강점은 무엇인가 하는 근원적인 고민을 해야 됩니다. 내 삶에서 정말 이루게 싶은 건 무엇이며 내가 진정으로 소중하게 생각하는 가치는 무엇인지 생각해야 됩니다.

50대가 되기 전까지는 사실 우리가 진정으로 무언가를 추구할 만한 시간과 기회가 넉넉하게 주어지질 않았기 때문에 이 과정이 쉽지만은 않을 것입니다. 하지만 그럴수록 내가 진심으로 삶에서 원하는 게 무엇인지 더 깊이 고민해봐야 합니다. 그걸 생각해야 남은 인생에 나만의 스토리가 만들어질 것입니다. 앞서 이야기한 두 가지 필요조건, 자신만의 자산을 챙기는 것과 자율적인 인간이 되는 것은 바로 나만의 새로운 스토리를 찾았을 때 가능해집니다.

집단적 노력과
현실적 준비의 시간

지금까지 제가 말씀드린 것들을 혼자 하려고 하면 엄두가 안 날지도 모르겠습니다. 지금까지 존재하지 않았지만 세상에 도움이 되는 것을 창조한다는 게 쉬운 일은 아니거든요. 그럴 때는 협동조합이나 사회적 기업 같은 여러 종류의 집단적인 노력에 참여해보는 것도 방법입니다. 우선 사회에 가치 있는 게 무엇인지를 찾는 것 자체가 어려운 일이니까 함께 모여서 세상 돌아가는 이야기도 하고 우리 사회에 어떤 부분이 부족한지, 어떻게 채워나갈 수 있을지 이야기를 나눠보는 거죠. 그러다 보면 우리 이런 걸 해볼까? 저런 걸 해볼까?

하는 아이디어도 얻을 수 있을 겁니다. 필요할 경우에는 물자도 함께 동원할 수 있고요. 사실 일반적인 우리나라 대기업에서 50세 이후의 사람들을 받아주는 경우는 드물어요. 그러니 나름의 방법을 찾아야 해요. 협동조합이나 사회적 기업이 이른바 사회적 경제라고 이야기하는 경제활동 조직 방식입니다. 더 좋은 가치가 무엇이고 현실적으로 필요한 가치가 무엇인지 이야기하는 장을 만들어나가는 것이죠.

실제로 저는 어제 연극반 동기들끼리 모여 술을 마시면서 우리의 제2중년에 대한 이야기를 했습니다. 아직 대기업에 다니고 있는 친구들도 있지만 그 친구들도 이제 직장생활은 얼마 안 남은 것 같다고 해요. 그러면서 우리끼리 협동조합을 만들어보자고 의기투합을 했습니다. 요즘 노인정에 가면 노인분들 모아놓고 춤 추거나 노래하면서 그분들 흥을 돋운 다음 옥돌 침대니 기능성 식품이니 이런 걸 터무니없는 가격에 팔아치우는 사기꾼들이 있잖아요. 아니 세상에 저 돈이 어떤 돈인데, 저게 얼마나 금쪽같은 돈인데 그걸 갈취하나 싶은 거예요. 그래서 우리가 연극반 활동했던 시절의 장기를 좀 살려서 어르신들이 잠깐의 흥에 넘어가 사기행각에 휘말리지 않도록 기쁨조를 한번 해보자 뜻을 모았습니다. 물론 50이 넘은 나이에 저희가 그걸 직접 잘해낼 수는 없으니 연극반 후배들을 같이 고용해 일자리도 창출하면서 노인분들을 도와드리는 거죠. 흥에 겨운 공연도 하고 실제 건강에 도움이 되는 강연도 하고 여러 교육 서비스를 겸하는 협동조합을 운영해보자고요.

아직은 아이디어 수준이지만 이런 생각조차 저 혼자 집에 처박혀 있었다면 짠 하고 나올 수는 없었겠죠. 동년배 친구들도 만나고 다양한 이야기를 하면서 제2중년에 대해 고민하다 보니 자연스럽게 이어진 생각입니다. 함께 삶을 도모할 수 있는 기회를 만들어나가는 것, 그것이야말로 우리의 남은 인생을 사회적 경제의 형태로 발전시켜나갈 수 있는 하나의 방법이 아닐까 합니다.

대부분의 사람들이 노후를 생각하면 굉장히 불안해합니다. 그럴수록 이걸 잊지 마세요. 노후 준비는 화폐 단위로 생각하지 말고 현물 단위로 생각해야 한다는 것을요. 조선시대만 하더라도 부잣집이나 명문 대갓집을 보면 창고 안에 부를 구성하는 이런저런 물건들, 그러니까 인삼, 꿀 같은 것들이 쌓여 있었어요. 당시에는 부자라고 하면 돈을 얼마 가졌다가 아니라 저 집에는 감도 있고 홍시도 있고 비단도 있다 하는 식으로 생각했죠. 여러분도 경제적인 노후 준비를 할 때는 이렇게 현물 위주로 생각하는 게 훨씬 유리합니다. 이게 젊은 사람들에게는 어려운 일이에요. 스무 살 청년에게 앞으로 어떤 삶이 펼쳐질지 알 수가 없잖아요. 그러니까 이 친구들에게는 돈, 화폐가 필요합니다. 그런데 노년을 향해 가까이 가면 남은 시간 동안의 삶의 패턴이라는 것들이 비교적 예측 가능해집니다. 나이가 들면 삶에 패턴이라는 것들이 생기기 때문에 모든 게 다 필요하지는 않습니다.

실제로 자신에게 필요한 현물이 뭔지를 생각하면 굉장히 명확하게 답이 나옵니다. 사람마다 다를 테니까 제가 일률적으로 말할 수는 없습니다만, 세 가지 정도 누구에게나 공통된 예만 들어볼게요. 우선 누구든 배우자가 있으신 분들은 배우자와의 관계를 회복해야 해요. 나이가 들면 자신의 몸과 마음이 뜻대로 되지 않는 경우가 많습니다. 그때 의지할 수 있는 사람이 옆에 있다는 게 얼마나 중요한 일입니까. 그런데 한국 남성들은 황혼 이혼의 가능성에 얼마나 가까이 와 있는지 본인들만 모르는 경우가 많죠.

두 번째로 태극권이 됐든 수지침이 됐든 자기 건강을 돌볼 수 있는 스킬 하나를 익혀놓는 게 좋습니다. 물론 그게 대단한 역할을 하는 건 아닐 수도 있어요. 중요한 병은 병원에서 전문의의 진료를 받아야 하니까요. 하지만 매번 병원으로 달려갈 수는 없고 그럴 상황이 안 될 경우도 있으니까 스스로 건강을 돌볼 수 있는 기술이나 재주를 하나 정도 익혀놓는 건 누구에게나 필요합니다. 이건 현물이에요.

세 번째는 큰돈은 아니더라도 부수입을 올릴 수 있는 스킬을 하나 익혀두세요. 어릴 때 할머니들이 쉬지 않고 삯바느질하고 봉투 붙이고 하는 거 기억나시죠? 별거 아닌 거 같지만 부업 스킬을 익혀놓으면 작은 소득이라도 만들어낼 수 있습니다. 생각해보세요. 우리가 몇 살까지 살지 알 수가 없잖아요. 부업도 한계가 있겠지만 최대한 할 수 있을 만큼은 해봐야죠. 그 장구한 시간 동안 탑골공원 가서 정치인 욕만 하며 보낼 수는 없으니까요.

Q&A

자산을 챙기는 것과 자율적인 인간이 되어야 한다는 이야기는 굉장히 가깝게 와 닿는 내용이었습니다. 자신이 진정으로 원하는 것이 무엇인지 찾는 것은 다 함께 고민해봐야 할 문제 같고요. 그렇다면 의미 있는 삶과 자신이 원하는 삶과의 관계를 어떻게 정리하면 좋을까요? 원장님께서는 이 관계를 어떤 식으로 정리하셨는지도 궁금합니다.

이건 굉장히 근원적인 문제와 맞닿아 있는 질문이라서 제가 명쾌한 답을 드리기 어려울 것 같습니다. 제가 즐겨 쓰는 표현 중에 이런 게 있습니다. 아주 작고 허접한 것이라도 나의 삶에서 하나의 질서를 발견하길 원한다는 것인데요, 그게 아마 모든 사람의 가장 근원적인 꿈일 것입니다. 죽는 순간까지 아무리 늙고 하찮아지더라도 나라는 존재가 어떤 질서에 존재한다는 확신을 얻고 죽는 것 말입니다. 학교 다니고 취직하고 결혼하고 애 키우고 하는 시기에는 인생에 대해 딱히 고민할 필요가 없잖아요. 대부분 어느 정도 정해진 틀 안에서 삶이 흘러가니까요. 그런데 이제 50대가 넘어서면서부터는 미뤄뒀던 자신의 삶에 대한 질문이 떠오르는 겁니다. 이때부터 내 삶을 꾸려가는 건 결국 이런 질문에 답을 찾는 과정이고 또한 어떤 식으로든 나름의 경제활동을 이어나가며 매일의 일과를 성실하게 수행해나가는 시간들이죠. 사실 저도 아직 그 과정을 준비하는 단계에 있기 때문에 앞으로 찾아나가야 할 것 같습니다.

같은 노동이라는 단어지만 Labor와 Work가 다른 의미를 내포하고 있다고 하셨는데요, 노동에 대한 개념에 대해 좀 더 알고 싶습니다.

Labor라는 말은 땀을 흘린다는 의미가 들어 있다고 얘기했는데요, 이게 좀 더 전면적으로 드러나는 단어가 Toil입니다. 이것은 Toilet, 그러니까 변기에서 파생된 단어인데요, 말 그대로 변기에서 볼일을 보듯이 굉장히 고역스러운 일이라는 뜻이에요. 그러니까 전통적으로 서양에서 표현하는 '노동'이란 대부분 괴롭고 힘든 것을 나타냅니다. 불어로는 노동을 Travail이라고 하는데요, 이게 라틴어 Tripalium에서 온 말입니다. tri는 3을, palium은 막대기를 뜻하는데, 고대로마의 고문도구였다고 해요. 여러분 사극에서 주리 트는 거 보셨죠? 사람을 묶어놓고 막대기를 찔러 넣어서 고문하는 것, 그만큼의 고통이라는 뜻이에요.

그리스 사람들이 생각하는 인간 활동의 종류는 네 가지로 구분할 수 있었습니다. 먼저 테오리아, 즉 정신적 활동이 있는데요, 책을 읽고 음악을 듣고 철학적인 생각을 하는 정신적인 지적 활동을 모두 포함합니다. 그리고 프락시스라는, 활동 그 자체가 목표인 활동이 있습니다. 가령 몸을 활발하게 움직이는 것은 힘들고 고되지만 그 자체를 즐기는 스포츠 같은 것이 여기에 해당되죠. 다음은 포이에시스, 뭔가를 만들어내는 활동입니다. 영어의 Poem이 여기서 파생된 말인데요, 가령 도자기를 굽는 과정은 너무 뜨겁고 육체적으로 고생스러운 일이지만 그로 인해 너무나 아름다운 청자가 나온다면 그건 포이에시스의 영역인 것이죠.

그리고 포노스가 있습니다. 말 그대로 밑도 끝도 없이 괴로운 활동을 말합니다. 가령 똥을 치운다든가, 풀을 깎는다든가, 땅을 파는 등의 행위 말입니다. 이런 건 대부분 노예들이 하는 일이죠. 그래서 그리스 사람들이 생각하기로는 자유로운 시민들은 테오리아와 프락시스, 기술자들이나 직공들은 포이에시스, 노예들은 포노스의 영역을 하는 거라고 여겼어요.

자, 그럼 지금까지 해왔던 활동이 무엇에 해당하는지 생각해봅시다. 우리가 중·고등학교 때 학교에서 했던 활동은 테오리아나 프락시스의 영역이 아니었습니다. 점수를 낳기 위한 포이에시스였지요. 제가 대학에서 경제학을 전공했는데 경제원론 강의 시간에 이상한 질문을 꽤 많이 했거든요. 그때 학우들이 저를 정말 싫어했습니다. 경제원론이 고시과목이라서 고시 준비하는 친구들은 빨리 진도를 빼야 하는데 자꾸 시험에도 안 나오는 질문을 하니까요. 수업 끝나면 학우들이 저한테 그랬어요. "야, 너 여기 공부하러 왔냐?"

한국의 자본주의에서 살아온 사람들은 50세 이전의 삶을 대부분 포노스와 포이에시스를 오고가며 보냈을 겁니다. 그러다가 50세가 되고 은퇴를 하게 되면 지금까지 나는 뭘 하고 살았나 회의에 빠지게 되죠. 당연합니다. 노예 아니면 수공업자의 삶을 살아온 것이나 다름 없으니까요. 이제부터라도 달라졌으면 좋겠습니다. 이제는 좀 균형 있게 살아야죠.

2
개저씨는 왜 혼자가 되었나?

이 승 욱

닛부타의 숲 정신분석클리닉 원장

뉴질랜드에서 정신분석과 철학을 공부했고, 오클랜드의 정신병재활치료센터에서 정신분석가, 심리치료 실장으로 일했다. 귀국해서는 하자작업장학교의 교감을 맡기도 했다. 스스로를 지킬 힘이 없는 사회적 약자들과 연대하기, 다음 세대가 건강하게 잘 성장하도록 기여하는 일에 오랫동안 관심을 기울이고 있다. 지금은 경복궁 옆 서촌에서 '닛부타의 숲 정신분석클리닉'을 운영하고 있으며, 정신분석과 심리학을 공공재로 공유하기 위해 팟캐스트 '이승욱의 공공상담소'를 진행하고 있다. 《천 일의 입맞춤》《상처 떠나보내기》《애완의 시대》《대한민국 부모》(공저) 등의 책을 썼다.

수많은 한국인들과 상담을 해온 그는 50대는 다음 세대를 위해 기여하는 세대가 되어야 한다면서, 좋은 어른이란 누군가를 가르치지 않고 감응하는 사람이라고 말한다. 그렇게 다음 세대와 소통하면서 동시에 자기와의 연대에 힘쓸 것을 강조한다. 50+세대들은 지금껏 힘들고 열심히 살아온 만큼 남은 인생 역시 질 높은 삶을 살아갈 권리와 의무가 있다는 것이다.

지혜를 나누는
현명한 지혜가
필요하다

저는 그동안 굉장히 다양한 사람, 다양한 계층의 사람들을 상담실에서 만나왔습니다. 우리 한국사회는 물론 뉴질랜드 정신병원 정신분석실에서도 12년간 일했기 때문에 대략 52개의 인종을 접한 것 같네요. 그렇게 다양한 사람들을 상담하면서 한국이나 외국이나 사는 모습은 달라도 본질은 똑같다는 걸 새삼 느끼게 됐습니다.

뉴질랜드로 공부를 하러 갈 때 저는 전형적인 386세대였습니다. 학생운동을 했고 전교조 활동을 하다가 뉴질랜드에 가게 됐는데 뉴질랜드라는 나라가 지구의 변방이잖아요. 그래서 저는 자신을 스스로 변방에 유배시킨다고 생각하고 갔는데, 거기서 많은 사람들을 만나고 상담하고 분석을 하다 보니 세상에 변방은 없다는 걸 깨달았어요. 인간은 삶의 고통을 피할 수 없고 고통은 결국 본질적으로 같은 것이니까요. 제가 오늘 여러분께 할 얘기는 보편적인 진실이 아니라 그간 상담을 통해 경험했던, 정신분석이라는 자극을 통해 지금까지 분류하고 모으고 정리하고 갈무리했던 내용들에 가깝습니다. 뭔가 거창한 철학이 아닌 하나의 레퍼런스로 받아들여주시고 함께 지혜를 나누는 자리라고 생각해주시면 좋겠습니다.

우선 이 강의의 제목에 등장하는 '개저씨'에 대한 이야기부터 시작해보겠습니다. 개저씨가 뭔지는 이제 다들 아실 겁니다. '개+아저씨', 한마디로 '개 같은 아저씨'라는 의미의 속어지요. 요즘 이런 식의 멸칭들이 상당히 많이 통용되고 있는데요, 김여사, 맘충, 김치녀, 된장녀, 초글링 등 특정 그룹에 대한 경멸의 뉘앙스를 담은 용어들이 난무하고 있죠. 일단 오늘은 개저씨만을 다뤄보도록 하겠습니다.

개저씨와 비슷한 용어로는 '꼰대'가 있지만 이 둘은 약간 다릅니다. 일단 개저씨가 되려면 나이가 50대 이상이어야 해요. 꼰대는 20

대가 될 수도 있고 30대가 될 수도 있어요. 꼰대는 굉장히 마초 같고 고집불통이고 상대를 가르치려는 사람을 지칭하니까 나이와 상관없이 누구나 꼰대의 성질을 가질 수 있거든요. 하지만 개저씨는 일단 연령이라는 조건을 충족시켜야 합니다.

개저씨가 무엇인가 궁금해서 검색을 해봤더니 개저씨 체크리스트라는 것이 있었는데요, 대략 이런 것입니다.

1. 카페나 식당의 (여자)종업원이 나보다 어려 보이면 반말을 한다.
2. 술 마시고 공공장소에서 큰소리로 떠든 적이 있다.
3. 길거리에서 주변 사람을 신경 쓰지 않고 담배를 피운다.
4. 길거리나 대중교통에서 여성의 특정 부위를 자주 쳐다본다.
5. 여자에게 윽박지르다가 남자가 나타나면 다른 태도를 보인다.
6. 내 생각이 틀렸는데도 일단 자존심으로 버틴다.
7. 마음만 먹으면 자신보다 훨씬 어린 여자와 사귈 수 있다고 생각한다.
8. 유흥업소에 갈 때 '이건 모두 사회생활의 일부일 뿐'이라고 여긴다.
9. '우리 때는 말이야~'라는 말을 종종 쓴다.

이 체크리스트 중에 자신에게 해당되는 것이 5개 이상 나온다면 개저씨에 속한다고 합니다. 여러분은 여기서 몇 가지나 해당되는 것 같나요? 이 체크리스트의 내용을 보면 '개저씨'라는 사람들을 향한 우리 사회의 시선이 어떤지 금방 알 수 있습니다. '개저씨'들은 왜 이토록 고립되고 외로운 존재가 되었을까요?

세상에서 내가 제일 힘든
개저씨

여러분은 세상에서 가장 힘든 인생이 누구의 인생이라고 생각하세요? 네, 그렇습니다. 나의 인생이죠. 옛말에도 그런 말이 있습니다. 옆집 할아버지가 죽어나가도 내 고뿔이 먼저다. 많은 사람들이 세상에서 가장 힘든 인생은 자신의 인생이라고 생각하죠. 그리고 세상에서 가장 열심히 살아온 인생 역시 자신의 인생이라고 생각합니다. 자아의 비만 또는 나르시시즘 상태인 거죠. 그리스·로마 신화에서 나르시스라는 소년이 연못에 비친 자기 얼굴에 취해 그 물에 들어갔다가 죽었다는 이야기 들어보셨죠? 심리학 용어 '나르시시즘'의 기원이 되는 이야기입니다. 한국말로는 자기애성 성격장애입니다. 이렇게 자신의 인생이 가장 힘들고 자신이 가장 열심히 살아왔다고 믿게 되면 다른 사람을 가르치려는 자세를 갖기 쉽습니다. 자신의 고통이 가장 크다고 믿기 때문에 다른 사람의 고통을 보면 '에이 그 정도는 아무것도 아니야.' 하는 마음이 드는 것이죠. 반대로 자신보다 더 큰 고통을 겪는 사람들을 보면 상대적인 행복감을 느낍니다. '아, 나는 저만큼 힘들지 않아서 다행이다.'

제 사무실이 인사동 근처인데요, 저녁이 되면 포장마차들이 들어섭니다. 어느 날 거기서 한잔하고 있는데 다른 테이블에 30대 그룹 한 무리, 40대 그룹 한 무리, 50대 그룹 한 무리가 앉아 있는 걸 보게 됐어요. 술에 거나하게 취해서 무언가 열심히 이야기하는 소리 자신의 인생이 가장 힘들고 자신이 가장 열심히 살아왔다고 믿게 되면 다른 사람을 가르치려는 자세를 갖기 쉽습니다. 자신의 고통이 가장 크다고 믿기 때문에 다른 사람의 고통을 보면 '에이 그 정도는 아무것도 아니야.' 하는 마음이 드는 것이죠.

를 우연찮게 듣게 됐는데 정말 놀라운 일이 벌어졌습니다. 모두가 자기는 정말 열심히 살아왔다는 얘기만 하는 겁니다. 나는 대학 때부터 아르바이트 열심히 하면서 지금까지 게으름 한 번 피우지 않고 정말 열심히 살아왔다, 우리 회사 곧 구조조정하는데 나는 정말 열심히 일했다 열변을 토하더라고요. 50대 그룹도 마찬가지입니다. 야 너희들 알지? 나 열심히 살아온 거. 세대를 막론하고 한결같이 자신이 가장 열심히 살아왔다고 앞다투어 얘기하는 겁니다. 물론 50대 이상인 분들, 전쟁 직후의 피폐한 시대에 태어나서 6,70년대 계속해서 힘든 시대를 살아오신 것은 사실입니다. 그런데 문제는 이것입니다.

식당이나 카페 같은 곳에 가보면 50대쯤 된 부장님이나 이사급 되시는 분들이 젊은 직원들 데리고 와서 끊임없이 이야기하는 모습을 볼 수 있습니다. 그러면 그걸 듣고 있는 젊은 친구들은 죄다 핸드폰 보고 있고 하품하는 민망한 풍경이 곁들여집니다. 그런 장면을 볼 때마다 저는 정말 가서 뒤통수를 한 대 치고 싶어져요. 정신 좀 차리라고. 이 사람들이 지금 얼마나 지겨워하는지 아느냐고. 돌아서면 얼마나 당신 욕을 하는지 좀 알라고. 그런 분들은 자신의 귀한 경험과 굉장한 비기를 전수해준다고 생각하면서 이런 자신에게 고마워해야 한다고 믿습니다. 그런데 바로 이런 풍경이 우리가 잘못 늙는 첫 경험일 수 있어요.

몇 가지 이야기를 더 들려드리겠습니다. 스무 살짜리 남자애가 상담실에서 했던 얘기입니다.

아빠요? 얼굴 없는 남자죠. 고등학교 때, 중학교 때 아니 훨씬 전부터 서로 얼굴 쳐다보고 얘기해본 적이 별로 없을걸요. 이젠 말 걸면 그게 더 불편해요. 휴일에 가끔 엄마가 외출하고 아빠랑 둘이면 있으면 되게 어색해요. 가끔 대화한답시고 말을 걸면 간섭하는 것 같고 그냥 마음이 닫혀버려요. '언제부터 나한테 관심 있었다고 친한 척하나.' 이런 생각이 들어요.(남 20세)

이 사례를 어느 기업체 임원 강의에서 했더니 너도 나도 똑같은 경험을 했다고 이야기하십니다. 아들이 군대 갈 때가 다 돼서 "너 군대 언제 가나?" 했더니 "아버지가 무슨 상관이세요?"라고 했다거나, "너 모의고사 점수 몇 점이냐? 준비 잘 되고 있냐?" 했더니 "아버지가 언제부터 나한테 관심 있었다고 그걸 물으세요?"라는 대답이 돌아온다는 것입니다. 자식들을 위해, 가족을 위해 그동안 그토록 열심히 살았는데 자식들은 왜 이런 반응을 보일까요? 그저 열심히 자신의 인생을 살기만 했을 뿐 가족과 소통하려는 마음이 없었던 것입니다. 상담실에서 이런 이야기도 듣습니다.

아버지랑 얘기하다 보면 꼭 무슨 신문사 논설위원하고 얘기하는 것 같아요. 완전 교과서 같은 말씀만 하세요. 엄마도 지겨워하고 우리도 지겹죠. 사실 그런 식으로 얘기한다고 뭐 해결되는 건 하나도 없거든요. 아빠 혼자 잘난 척하고 혼자 좋은 거 한다는 생각이 많이 들어요. 좋은 말인지는 모르겠지만 가슴에는 전혀 와 닿지 않아요. 차라리 아

무 말도 안 했으면 좋겠어요.(남 24세)

고등학생들에게 아버지랑 대화를 하냐고, 아버지랑 무슨 얘기를 하냐고 물어보면 보통 이렇게 대답합니다. 아버지는 자기가 아는 이야기만 한다고요. 같이 TV를 봐도 국제 정세, 세계 경제 이런 얘기만 한다는 겁니다. 아이들은 사실 그런 얘기를 듣고 싶어하는 게 아니거든요. 제가 아이들에게 참 많은 걸 배우는데요, 상담을 해보면 정말 놀라운 지혜들을 많이 이야기합니다.

학교가 대신할 수 없는
진정한 부모노릇

한 대학생이 자기가 25년간 살아오면서 아버지가 제일 아버지 같다고 느꼈을 때가 같이 낚시 가서 미끼 끼우는 방법을 배웠을 때라고 합니다. 서양 아이들도 비슷한 이야기를 합니다. 아버지가 펑크 난 타이어 갈아 끼우는 방법을 가르쳐줬을 때 가장 아버지 같았다고요. 우리 아버지들은 국제 정세와 세계 경제 같은 어른스러운 이야기를 해야 아버지다운 것이라고 착각하시는데요, 절대 그렇지 않습니다. 아이들은 정말 필요한 것을 가르쳐주기를 원해요. 왜냐하면 학교가 아버지를 절멸시켜버렸거든요. 불과 100년 전으로 돌아가보면 우리 인생의 스승은 아버지였습니다. 그때는 신분이 세습되던 시절이니까 농사꾼의 자식은 농사꾼이 되는 거고 백정의 자식은 백정이 되었지요. 그러니까 청소년들이 진로 고민이나 정체성의 혼란 따위를 고민할 필요가 없었어요. 농사는 아버지로부터 배웠고 그것을 토대로 농사꾼이 되면 되었거든요. 아버지가 삶의 스승이었던 것입니다. 그런데 근대의 학교가 생기기 시작하면서 학교가 실제 삶에 필요한 것들을 가르쳐주지 않는데도 모든 걸 가르쳐주는 곳인양 착각하게 됐습니다.

상담실에서 이런 이야기를 들은 적이 있습니다. "선생님, 저는 지금까지 살면서 누구도 저에게 악수하는 법을 가르쳐주는 사람이 없었어요." 악수는 본래 전쟁에서 자신에게 무기가 없다는 걸 알려주기 위해 빈손으로 손을 내밀어 맞잡은 데에서 비롯된 행위입니다. 사회적 관계에서 서로 협력하자는 의미였는데 그러기 위해서는 상대에게 신뢰를 줄 수 있어야 하니까 상대의 손을 적절한 힘으로 잡아야 합니다. 그런데 요즘 젊은 청년들과 악수를 해보세요. 상대방 손을 잡지 않고 그냥 자기 손을 힘없이 내줍니다. 왜 악수를 이렇게 하냐고 했더니 아무도 자신에게 악수하는 법을 가르쳐준 사람이 없었다는 겁니다.

이런 것들은 학교에서 가르쳐주지 않지만 과거에는 아버지들이 가르쳐줬지요. 미끼 끼우는 방법, 자동차 타이어 가는 법을 가르쳐주는 아버지란 삶에서 필요한 지혜를 가르쳐주는 아버지인 것입니다. 바로 그런 아버지를 찾는 거예요. 하지만 오늘날의 아버지들은 어쩔 수 없는 사회 구조상 비롯된 것이겠지만 돈을 잘 벌어다주어야 아이가 학교도 다니고 학원도 다닐 수 있으니까 그저 열심히 일을 합니다. 자식 키우려고 밖에 나가서 그토록 열심히 일했는데 정작 자녀들에게 가르쳐줘야 할 것들은 가르쳐주지 못하게 된 것이죠.

여러분은 어떤 부분에서 아이들에게 아버지의 존재를 확신시켜주었다고 생각하시나요? 물론 그런 순간은 내가 의도한다고 오는 것은 아닙니다만, 우리에게는 아버지의 존재를 인식시킬 만한 일상의 건강과 시간과 경험들이 없습니다. 예전에 한 대선후보가 '저녁이 있는 삶'을 캐치프레이즈로 내걸었던 적이 있지요. 저는 당시 후보의 지지 여부와 상관없이 그게 참 좋은 구호라고 생각했는데요, 의외로 그 구호에 부정적인 사람들이 굉장히 많았습니다. 우리나라에서 저녁에 삶이 있으면 회사에서 쫓겨난다는 거죠. 저녁이 있는 삶이 나쁜 건 아니지만 한국 직장문화 현실에서 불가능한 일이라는 자조가 팽배해 있었습니다.

아이들은 엄마에 대한 불평도 이야기합니다.

> 엄마는 너무 감정적이고, 엄마가 원하는 대로 안 하면 무슨 큰일이 날 것처럼 사람을 들들 볶아요. 계속 듣다 보면 나중에는 정말 미치고 가슴이 터져버릴 것 같아요. 정말 확 집을 나가고 싶어서 아무한테나 시집 가버릴까 하는 생각이 들 때도 있어요.(여 23세)

정말 이런 심정으로 결혼을 해버린다면 이건 결혼이 아니라 망명이 되겠죠. 지금 50+ 분들은 남존여비의 문화를 경험하신 분들일 겁니다. 여아를 천시하고 남아만 선호하는 굉장히 그릇된 문화죠. 50 대 이상의 어머니들은 이런 문화의 피해자이면서도 자기도 모르게 그 문화를 대물림하는 당사자이기도 합니다. 2,30대 젊은 친구들이 상담실에 와서 그런 이야기들을 합니다. 우리 엄마한테는 오빠밖에 없다, 아들밖에 없다는 얘기들이요.

내가 평생 엄마의 감정 쓰레기통으로 살았다는 생각이 문득 들었어요. 오빠한테는 항상 오냐 오냐, 네 오빠 힘들다, 네 오빠 챙겨줘라, 그러면서 나한테는 엄마가 겪는 모든 스트레스를 다 털어놓고 하소연해요. 클 때까지는 엄마가 너무 불쌍하고 아버지랑 할머니가 너무 미웠는데, 어느 날 문득 곰곰이 살펴보니까 내가 엄마의 감정 쓰레기통이라는 생각이 드는 거예요. 정말 살 떨리고 소름이 돋아서 같이 못 살겠더라고요.(여 27세)

물론 엄마와 딸이 친구처럼 잘 지내는 경우도 많겠습니다만, 많은 딸들이 엄마와의 애증관계에서 오는 스트레스로 상당히 힘들어합니다. 우리 아이들이 부모에 대해 왜 이런 생각을 할까요? 전에 한 고등학생 친구에게 뒤통수를 맞은 것 같은 얘기를 들은 적이 있습니다.

상담을 하던 중이었는데 아무도 자기를 안 믿어준다고 하는 거예요. 그래서 제가 세상 사람 모두가 너를 안 믿어도 부모님은 너를 믿어줄 거 아니냐고 했더니 그 아이가 피식 웃으면서 우리 부모님이 자신을 제일 안 믿는다는 겁니다. 부모님들이 자녀들에게 '엄마는 너 믿는다.' '아빠는 너 믿는다.' 이런 얘기 자주하시잖아요. 그런데 그 친구가 그러는 거예요. "선생님은 진짜 믿는 사람한테 믿는다고 얘기하세요?" 그 순간 저 역시 깜짝 놀랐습니다. 사실 우리는 정말 믿는 대상에게는 '믿는다'는 말조차 안 하잖아요. 그냥 믿을 뿐이지. 동네 오빠들의 단골 멘트 있죠. "오빠 믿지?" 믿긴 뭘 믿습니까, 자신이 못 미더운 인간이라는 걸 아니까 자꾸 자길 믿으라고 하는 거죠. 아이가 공부하는 방문에 대고 "열심히 해. 엄마는 너 믿는다" 이러고 나오시죠. 이건 믿고 싶은 거지 믿는다는 게 아니거든요. 그저 바람일 뿐이죠.

사춘기를 겪지 못한
사춘기 중년

어쩌면 늙어 외로워지고 자녀와도 소통이 안 되고 친밀감도 형성되지 않는 것들이 결국 우리가 아이들을 믿지 않아서일 수도 있겠다는 생각이 들었습니다. 아이들을 보면 끊임없이 불안하죠. 쟤가 밥벌이는 제대로 할까? 쟤가 취직이나 할까? 결혼하면 부부생활은 제대로 할까? 요즘 섹스리스 부부도 많은데 애는 낳을까? 온갖 불안에 시달립니다. 이건 사회적 불안이기도 하지만 아이들을 믿지 못해서, 내 삶을 믿지 못해서 비롯되는 불안일 수도 있습니다.

한번은 우연히 배달사고(?)로 어떤 기업의 메일을 보게 된 적이 있었습니다. 이름만 들으면 알 만한 다국적기업의 내부 메일이었는데 저에게 잘못 발송된 것이었죠. 그 회사에서는 인력감축이 진행되고 있었던 것 같은데, 명예퇴직 대상자들이 우리 회사를 고소했을 때 그에 대응하는 비용보다 상담사들의 전문 상담을 미리 진행하는 게 비용이 적게 드니까 적극적으로 상담을 받게 하라는 내용이었어요. 저도 몇 년간 기업에서 그런 상담을 진행한 적이 있었습니다. 어느 다국적기업의 고위급 임원이 해고 통보를 받았는데 너무나 힘들어하셨습니다. 일주일에 한 번씩 상담을 했고 4~5회차쯤 됐을 때 그러시는 겁니다. "이 선생, 내가 왜 이렇게 좌절하고 분노하게 되는지 이제 이유를 알겠어요. 왜 너희들이 내 인생을 결정하느냐 하는 억울함 때문인 것 같아요."

평생을 회사에서 전문성을 발휘하며 열심히 일해왔고 내 삶을 내가 결정하고 주체적으로 살아왔다고 생각했는데 결정적인 순간에 타인이 자신의 인생을 결정하더라는 것이죠. 사실 한국사회에서 직장생활을 하든 자영업에 종사하든 자기 인생을 스스로 결정할 수 있는 사람은 많지 않습니다. 그런데 또 한편으로 생각해보면 스스로 인생의 중요한 결정을 내릴 수 있는 기회는 얼마든지 있을 수도 있습니다.

최근에 상담하신 분 중에 어떤 분야에 있어 최고로 인정받는 회사에 재직 중인 60대 회사원이 있었는데요, 월급이 계속 줄고 있어서 이제 그만둬야 할지 계속 다녀야 할지 고민이라는 말씀을 하셨습니다. 그분에게 제가 드린 말씀은 이랬습니다. 이 결정권을 회사의 오너에게 맡기면 치욕스러운 경험을 하실 수도 있다고요. 그러니 결정권을 회사에 넘기지 마시고 자신이 결정할 수 있는 옵션을 제공하라고 했습니다. 최종 결정은 회사가 하더라도 선생님이 제안하는 옵션이 그 판단 기준이 되는 거니까 결국 결정은 스스로 하게 되는 거라고요. 우리가 인생의 중요한 문제들을 결정할 수 없다고 생각하는 것은 잘못된 편견일 수 있습니다.

어쩌면 50대에게는 사춘기라는 게 없었던 게 아닐까 하는 생각이 들었습니다. 그 세대들은 먹고 사는 게 너무 힘들었고 일하면서 싸우고 싸우면서 일하는 세대였잖아요. 그 구호 기억 나시나요? '일하면서 싸우고 싸우면서 일하자!' 새벽종이 울렸으니까 빨리 밖에 나와서 일하고 길도 넓히라고 하고 혼식하라며 먹을 것도 정해주고 살 집도 정해주고, 국가가 주도적으로 개인의 삶을 좌우하던 시기를 살아왔잖아요. 너무나 엄중한 시절이었고 일탈을 하기에는 너무 가난했고 자신의 삶에 대해 고민하고 성찰하기에는 물질적, 정신적 여유가 없었을 겁니다. 그러다 보니 나이 들어서 뒤늦게 사춘기를 맞이하는 게 아닌가 하는 생각이 드는 겁니다.

심리학 용어 중에 '빈 둥지 증후군'이라는 게 있습니다. 가정이 삶의 보금자리라 여겼는데 어느 순간 돌아보니 보금자리는 온데간데 없고 껍데기만 남아 있는 자신을 발견하는 심리적 공허함과 불안감을 칭하는 것이죠. 일평생 자녀만을 보고 살아왔던 어머니들이 특히 흔하게 느끼는 감정인데요, 요즘은 빈 둥지가 아니라 아예 둥지가 없어진 게 아닌가 싶을 정도로 가족의 유대감이라는 게 극도로 약화되었습니다. 가족이라는 것이 이제는 생존 결사체가 되어버린 것입니다. 이제 우리는 인생을 다시 리셋해야 할 지점에 와 있는 것인지도 모르겠습니다. 컴퓨터를 리셋하듯이요.

좌절의 기회를
선물하자

제가 '50대에게는 사춘기가 없었던 게 아닐까'라는 이야기를 했는데요, 요즘 아이들은 어떨까요? 보편적인 진실이나 학문적 검증을 거친 것은 아니지만 제가 만나온 수많은 한국인들과의 상담을 바탕으로 말씀드리자면 요즘 10대들에게도 사춘기가 없기는 마찬가지인 것 같습니다. 다만 그 이유가 조금 다르죠. 지금의 10대들은 공부하느라고 질풍노도의 시기, 방황의 시기, 정체성의 혼란을 겪을 겨를이 없습니다. 저는 학교를 매일 백병전이 벌어지는 장소라고 정의합니다. 매일 같은 반 친구를 마주하면서 그 친구와 경쟁해 이겨야 좋은 내신 성적을 받을 수 있으니까요. 그러니 다른 활동이나 생각을 할 여유가 있겠습니까. 제가 아는 외국인 친구가 한국 학생들은 도대체 잠은 언제 자냐고 물은 적도 있었습니다.

10대 때 해야 할 방황의 시기가 20대로 유예되기 시작했습니다. 하지만 20대에 가서도 여유가 없기는 마찬가지입니다. 성격심리학에서는 인격의 틀이 확고하게 다잡히는 나이대를 20대 후반으로 보고 있는데요, 한국의 20대는 취업 준비다 뭐다 해서 충분히 방황할 시간을 갖질 못하고 있죠. 저희 딸아이가 지금 스물네 살입니다만 대학에 가고 나서 한 학기 지나니까 공부하는 게 별로 재미없다고 하는 겁니다. 그래서 제가 자퇴를 권했어요. 그랬더니 딸이 지금까지 아빠한테 들은 얘기 중에 가장 은혜로운 얘기라면서 주저하지 않고 자퇴를 하더니 짐을 싸서 나가더라고요. 그렇게 1년 반을 열심히 놀더니 복학을 하겠다고 합니다. 그래서 저는 대학은 공부를 하는 곳이지 뭔가를 유예하거나 회피하는 곳이 아니니 굳이 복학하지 않아도 된다고 얘기했어요. 그런데 자기는 놀 만큼 놀았으니 이제 노는 것에는 미련 없다고, 이제 학교에서 공부를 좀 해봐야겠다면서 복학을 하더라고요.

부모님들이 20대 자녀들에게 빨리 직업을 구하거나 스펙을 쌓아서 뭘 하라고 압박하지 않으셨으면 좋겠어요. 20대 중반에 취직해서 앞으로 남은 평생을 계속 일해야 하잖아요. 그 전에 자신의 인생에 대해 충분히 생각해볼 만한 시간을 갖도록 하는 게 장기적으로 훨씬 좋은 일입니다. 20대는 체력과 정신력 모든 면에서 회복력이 좋습니다. 좌절해도 빨리 회복하고 실패해도 곧잘 일어설 수 있어요. 그렇다면 우리 부모들은 아이들이 취업전선에 뛰어들어 일에 몰두하기 전에 최대한 많은 좌절의 기회를 가질 수 있도록 도와주셔야 합니다.

20대에 충분히 방황을 한 친구들은 30대가 되면 사회적으로 전문가가 되기 위해 어떤 것에 집중하고 수행하는 시기를 맞이하게 됩니다. 최소 10년 정도는 자기가 선택한 그 분야의 전문가가 되는 과정을 겪게 되는 것이죠. 스펙은 바로 이럴 때 쌓아가는 거라고 생각합니다. 20대에 제대로 방황해보지 못하면 그것이 30대까지 유예됩니다. 계속 자리를 잡지 못하는 것이죠.

그리고 이제 40대가 되면 열매를 따야 합니다. 농사 열심히 지어 놓고 추수를 안 하면 무슨 소용이겠습니까. 40대에는 알곡을 모아야 하는 시기입니다. 여기서 알곡이 꼭 경제적인 측면만을 이야기하는 것은 아니에요. 심리적인 부분이나 풍부한 경험, 나름의 노하우 같은 것들이 다 이 시기에 추수해야 하는 알곡인 것입니다. 내가 몸 담은 분야에 대해서만큼은 누구보다 자부심을 가질 수 있는 사람이 되어야 하는 것이죠.

그렇게 50대가 되면 이제 다음 세대를 위해 기여하는 세대가 되어야 합니다. 여기서 자칫하면 개저씨처럼 젊은 사람들을 가르치려 드는 걸 기여하는 것이라고 착각할 수 있는데 그게 아닙니다. 이 시기에는 '내가 삶의 많은 과업을 완성했구나.' 하는 인생에 대한 통합감이 생깁니다. 그래서 좌절이나 실패도 있는 그대로 받아들일 수 있는 나이가 60대부터라고들 합니다. 지금 나의 삶에 과오가 있다 하더라도 다음 세대를 위해서 이익을 따지지 않고 기여할 수 있다면 다른 과오들을 충분히 수용할 수 있다는 마음이랄까요. 그만큼 성장한 것이죠.

제가 감상적인 시를 한 편 가져왔는데 같이 읽어볼까요.

좌절이나 실패도 있는 그대로 받아들일 수 있는 나이가 60대부터라고들 합니다. 지금 나의 삶에 과오가 있다 하더라도 다음 세대를 위해서 이익을 따지지 않고 기여할 수 있다면 다른 과오들을 충분히 수용할 수 있다는 마음이랄까요. 그만큼 성장한 것이죠.

아버지는 말이 끄는 쟁기로 일했다.

밭고랑 따라 쟁기 나룻을 잡고 끄는 아버지의 어깨는

한껏 당긴 돛처럼 둥그렇게 되곤 했다.

아버지가 혀를 끌끌 차면 말들은 힘을 썼다.

아버지는 전문가였다.

쟁기에 흙받이를 달고

뾰족하고 빛나는 쟁기 날을 끼웠다.

떗장은 부서지지 않고 말끔하게 뒤집혔다.

머리 쪽으로 고삐를 한 번만 당겨도

말들은 땀을 흘리며 방향을 돌려

다시 땅을 갈기 시작했다.

아버지는 미간을 좁히고 고개를 기울여 땅을 바라보며

경작지를 정확하게 가늠했다.

나는 비틀거리며 아버지 뒤를 따라가다

매끄럽게 뒤집힌 떗장 뒤에 넘어지기도 했다.

때로 아버지가 목말을 태워주면 나는

아버지 발걸음에 따라 오르락내리락했다.

이다음에 크면 쟁기질을 하고 싶었다.

한 눈을 지그시 감고 팔에 힘을 주고 싶었다.

하지만 아버지의 커다란 그림자 안에서

밭을 따라다니는 일이 고작이었다.

나는 늘 넘어지고 쓰러지고 떠드는

골칫거리였다 하지만 오늘

내 뒤에서 자꾸 넘어지면서도 한사코

떠나지 않으려는 사람은 아버지다.

아일랜드의 시인 세이머스 히니 Seamus Heaney(1939~)의 〈후계자〉라는 시입니다. 어쩐지 한국사람이 쓴 것 같다는 느낌이 들지 않으세요? 저는 마지막 연이 참 감동적이었습니다. '나는 늘 넘어지고 쓰러지고 떠드는/ 골칫거리였다 하지만 오늘/ 내 뒤에서 자꾸 넘어지면서도 한사코/ 떠나지 않으려는 사람은 아버지다.' 다들 너무나 잘 아시고 동의하시겠지만 인류의 역사는 결국 아버지가 아들에게, 엄마가 딸에게, 그러니까 세대가 세대에게 물려주면서 이룩한 것이었어요. 이것이 삶의 연속성이죠.

《윤미네 집》이라는 사진집이 있습니다. 전몽각 씨라는 분이 딸을 낳고 키우면서 돌아가시기 전까지 딸의 성장 과정과 가족들의 모습을 찍은 사진들이 담겨 있는데요. 딸이 다 커서 대학에 가고 결혼해서 다시 딸이 딸을 낳은 모습이 보입니다. 저는 우리 모두가 역사의 계승자라고 생각합니다. 역사는 이렇게 계승되는 거겠죠. 지금 이 딸의 인생을 보면 아마 여러분들이 살아온 시절과 똑같지는 않겠지만 우리의 삶이라는 건 이렇게 반복되어 오고 있는 게 아닌가 싶습니다.

감응하는 어른
경청하는 어른

제가 젊은 부모부터 나이 드신 분들까지 만나서 이야기를 들어보며 이런 생각을 했습니다. 가장 확실한 노후 대책은 자식이 없는 것이라는 겁니다. 어느 강의를 위해 자료를 좀 찾아봤어요. 50+ 부모 600여 명을 대상으로 연구한 자료인데 언제까지 자녀에게 경제적인 지원을 해주겠냐고 물었더니, 30퍼센트 이상이 결혼할 때까지, 또 30퍼센트 이상이 대학 졸업할 때까지, 20퍼센트 이상이 취직할 때까지라고 응답했습니다. 그러니까 90퍼센트 이상이 대학 졸업하고 취직할 때까지 뒷바라지를 해주겠다는 거예요. 그런데 그렇게 하고 나면 도대체 노후 대책은 어떻게 세울까요? 이러니 자녀가 없는 게 가장 확실한 노후 대책일 수 있겠다는 생각이 드는 겁니다. 물론 돈이 굉장히 많다면 고민할 필요가 없겠지요. 하지만 성인이 된 자녀들 뒷바라지까지 다 하고 자신의 노후 대책까지 마련할 정도로 금전적 여유가 있는 사람은 많지 않을 겁니다.

여러분들은 자녀들에게 딱 세 가지만 물려줄 수 있다면 무엇을 물려주시겠습니까? 저는 이 질문을 꼭 던져보고 싶습니다. 지금 당장 대답을 내놓으라는 것은 아닙니다. 너무나 소중한 것이기에 깊은 고민이 필요하겠지요. 이런 질문에 대해 평소에 생각해본 적이 별로 없기도 할 것입니다. 우리 아이들이 앞으로 인생을 살아가는 데 있어 꼭 필요한 것은 무엇일까, 아이들이 좌절하지 않고 포기하지 않고 스스로 삶을 일구면서 살아갈 수 있는 중요한 가치와 지혜는 무엇일까, 이런 생각을 바탕으로 세 가지를 한번 정리해보시면 좋겠습니다.

그리고 그것을 어떻게 물려줄 것인가를 생각해야겠지요. 각자의 자녀들에 국한하지 않고 좀 더 넓은 의미에서 다음 세대를 위해 물려줄 유산에 대해 생각해보셨으면 좋겠습니다. 여러분은 부모님으로부터 무엇을 배우셨습니까? 우리는 원했건 원하지 않았건 부모님으로부터 무언가를 배웠고 그것들은 어떤 형식으로든 자녀들에게 영향을 주게 될 것입니다. 우리가 부모님으로부터 무엇을 배웠는지 생각하고 그것을 정리하고 갈무리하지 않으면 정말로 자녀들에게 물려줄 소중한 유산은 없을지도 모릅니다.

저는 제 자신에게 가장 두려운 질문이 '내가 이 아이의 아버지가 아니어도 아이에게 존경받을 수 있을까?' 하는 것입니다. 여러분도 이 질문에 대해서 한번 생각해보세요. 우리 아이들은 내가 자기 아버지가 아니어도 나를 존경할까? 나를 사랑할까? 저는 아이들한테 그런 얘기를 자주 합니다. 부모를 부모라는 역할로만 보지 말고 한 개인으로 보라고요. 엄마나 아빠를 인터뷰해보라고 하기도 합니다. 이건 상대를 객관화할 수 있는 좋은 방법이거든요.

좋은 어른은 누군가를 가르치지 않고 감응하는 사람입니다. 감응한다는 것은 공감한다는 것과는 조금 다른 차원입니다. 요즘 우리는 '소통'에 대해 참 자주 이야기하는데요, 소통을 하기 위해 제일 중요한 것은 경청, 즉 이야기를 듣는 것이라고 하지요. 상담에서도 경청과 공감을 상담자의 중요한 덕목으로 자주 이야기합니다. 그런데 여기서 공감한다는 것은 오랫동안 상담 훈련을 받은 사람에게도 아주 어려운 일이에요. 모든 사람이 똑같은 경험을 하진 않기 때문에 비슷한 경험을 했다 해도 백퍼센트 상대의 경험이나 감정에 공감하기는 어렵겠지요.

그렇다면 경청하는 것은 어떨까요? 다른 사람의 말을 잘 들으려면 무엇이 가장 중요할까요? 네, 고개를 끄덕이며 반응을 보이는 것, 눈을 마주치는 것, 다 중요합니다. 그런데 가장 중요한 것은 상대의 말을 끊지 않고 듣는 것입니다. 아주 쉽게 느껴지지만 실제로 이것을 실천하기가 정말 어렵습니다. 부부싸움을 할 때도 상대의 말을 듣는 게 아니라 어디서 내가 치고 들어갈까, 상대방 논리의 허점은 무엇인가 그런 걸 생각하느라 제대로 듣지를 못합니다. 경청이 어려운 이유는 나의 말을 전달하고 싶다는 강력한 욕구 때문이에요. 그래서 듣기보다는 상대의 말을 끊고 들어가려고 합니다. 바로 이것만 바로잡아도 절반은 성공했다고 볼 수 있습니다.

아빠들이 흔히 하는 실수가 애들을 불러서 다짜고짜 대화하자고 하는 겁니다. '이렇게나 바쁜 내가 너와의 대화를 시도하고 있다니 나는 정말 신식 아빠다.' 하는 착각을 하면서 스스로를 자랑스러워하죠. 어느 조사에서 '자녀들에게 문제가 발생할 경우 아이들은 아빠와 상의할까?' 하고 물었더니 응답한 아버지의 60퍼센트가 그럴 것이라고 답했습니다. 하지만 자녀들에게 물었을 때는 0.9퍼센트만이 그럴 것이라고 답했다고 합니다. 이 간극은 어디에서 비롯된 것일까요?

많은 아빠들이 스스로를 신식 아빠라고 생각합니다. 그런데 이건 상대적인 기준에 의한 착각입니다. 내가 이래봬도 우리 아버지에 비해서는 신식이라는 거죠. 하지만 아이들은 결코 그렇게 생각하지 않아요. 아버지에 대한 가장 큰 환상 중 하나가 바로 프렌디, 즉 '친구 같은 아버지'인데요, 저는 세상에 그런 아버지는 없다고 생각해요. 제가 아는 한 그런 아버지는 불가능합니다. 왜냐면 아이들은 아빠랑 친구하고 싶어하지 않거든요.

가령 여기 계신 A님과 제가 친구라고 합시다. 저랑 술 한잔 하고 싶어서 A님이 저를 불러냈는데 자꾸 바쁜 일이 생겨서 못 만나는 거예요. 이런 일이 자주 생기면 A님은 저를 친구라고 생각할 수가 없겠죠. 아이들도 마찬가지입니다. 내가 필요할 때, 내가 아빠랑 같이 놀고 싶을 때는 곁에 없다가 아빠가 시간 난다고 같이 놀자고 하면 그게 무슨 친굽니까. 상호 간의 교류와 소통이 있어야 친구가 될 수 있죠.

안물안궁*을 기억하세요

아이들과의 관계에서든, 부부 사이에서든 누군가와 이야기할 때 내가 할 말을 전하는 데에 급급해하지 마시고 상대의 이야기를 잘 들어보세요. 절대 중간에 끊지 말고 들어보세요. 대화의 질이 달라질 겁니다. 채현국 선생님이나 황현산 선생님처럼 존경할 만한 어른들의 경우 공통된 특징이 있습니다. 사적인 친분은 없지만 그분들은 젊은 친구들의 이야기를 정말 잘 들으신다고 합니다. 이런 분들은 나이를 따지지 않고 들을 준비가 되어 있는 경우가 많아요.

상대의 말을 끊지 않고 잘 들은 다음, 자신의 말을 할 때는 질문을 받았을 때만 대답해보세요. 이교도들이 부처에게 와서 물을 때 부처는 세 번 되물었다고 하지요. '진정으로 듣고 싶은가? 그대가 진정으로 내 대답을 듣고 싶은가? 진실로 듣고 싶은가?' 이것은 질문자에게도 그 질문에 대해 한 번 더 생각해볼 수 있는 기회가 됩니다. 제가 상담실에서 내담자들에게 참 많은 질문을 받는데요, 제일 많이 받는 질문 중에 하나가 "선생님, 그래서 저 이혼할까요, 말까요?"입니다. 부부관계 문제를 상담하시는 분들은 거의 예외 없이 이걸 물으세요. 그러면 저는 그분들에게 되묻습니다. "정말로 답을 듣기를 원하십니까? 진실로 제 답을 듣기를 원하시나요?"

그러면 "꼭 그런 건 아닌데 답답해서 그럽니다." 이렇게 말씀을

---

* 묻지 않은 것, 궁금하지도 않은 것을 이야기할 때 쓰는 인터넷 용어.

하세요. 끝까지 제 답을 듣고 싶다는 분들에게는 한 가지 더 묻습니다. "제가 답을 드릴 테니 그대로 행하시겠습니까?" 그러면 거의 예외 없이 "꼭 그런 건 아니지만 선생님 의견도 듣고 싶어서"라고 이야기합니다. 아무리 상담자라 할지라도 개인 삶의 중요한 문제들을 판단하고 결정해줄 수는 없습니다. 다만 그 결정과 판단을 잘할 수 있도록 도와줄 뿐이지요.

상대가 물어볼 때만 답을 한다면 좋은 어른이 되실 겁니다. 가르쳐주고 싶어 미치겠다 싶은 충동이 끓어올라도 꾹 참으세요. 묻지 않은 것에 이야기하는 걸 듣고 싶은 사람은 별로 없습니다. 내 지혜를 가르쳐주고 싶다는 좋은 의도가 담겨 있어도 이미 그 순간 잔소리가 되고 맙니다.

지금까지 제가 다음 세대에게 물려줄 유산과 다음 세대와의 소통에 관해 이야기했는데요, 이제는 우리 자신에 대해 한번 들여다봅시다. 바로 자기와의 연대라는 것인데요, 아까 세상에서 제일 힘든 인생이 자기 인생이라고 했잖아요. 이 말은 어떤 면에서는 틀린 게 아니라는 생각이 듭니다. 내 인생은 누가 대신해줄 수 없으니까요. 타인의 인생을 내가 대신 살아줄 수도 없고요. 실제로 여러분 모두 여러 가지로 힘들게 살아오셨죠. 일한 만큼 충분한 보상을 받지 못했고 노력한 만큼 충분히 가지지 못한 것 같아요. 열심히 사회를 위해 기여한 만큼 이 세상이 똑바로 굴러가지도 않는 것 같고요. 이렇게 열심히 살아왔는데 세상이 제대로 굴러가지 않는 모습을 보면 자괴감이 듭니다. 그런데 그럴 때일수록 우리는 자신을 잘 보호할 줄 알아야 합니다.

무기력과 우울에서
나를 지키는 법

상담 받으러 오는 분들 중에는 무기력한 분들이 정말 많습니다. 사람이 무기력할 때는 내가 저걸 해서 뭐하나, 이걸 꼭 해야 하나 싶은 생각이 들고 온 몸에 힘이 빠지면서 세상 모든 게 다 무의미하게 느껴집니다. 살면서 이런 무기력 상태를 경험한 분도 있을 것이고 지금 이런 상태인 분도 있을 것이며 누구나 앞으로 이런 경험을 할 가능성을 갖고 있습니다. 이런 무기력의 경험은 착취의 경험과 밀접한 관련이 있어요. 오랫동안 착취를 당했을 때 자신을 지키고자 하는 보호본능이 무기력을 불러옵니다.

내가 열심히 노력하고 일했는데 정작 엉뚱한 사람이 승진을 하고 잘나간다면 굉장히 힘이 빠지죠. 좋은 성과를 거두어도 적절한 보상이 돌아오지 않는 경우도 마찬가지고요. 그런 상황이 반복되다 보면 우리는 그 일 자체에 대한 가치를 느낄 수가 없게 됩니다. 그 일에 전념한 내 삶의 가치에 대해서도 충분한 무게를 둘 수 없게 되지요. 무기력하다는 것을 부정적인 감정으로 생각하기 쉽지만 이건 내가 나를 보호하겠다는 최소한의, 그러면서도 아주 강력한 방어기제입니다. 긍정적인 내적 신호인 것입니다. 무기력해지면 그 상태를 벗어날 때까지 계속 무기력해지는 게 자신을 지킬 수 있는 제일 좋은 방법이 될 수 있어요. 빨리 일어나서 이 상태를 극복해야겠다고 무리하게 시도하지 마세요. 무기력한 자신을 탓하지 마세요. 여러분은 잘못한 게 전혀 없습니다. 자신을 착취한 누군가가 있을 뿐입니다.

무기력은 쉽게 우울로 이어집니다. 우울증은 적절하게 분노하지 못한 사람들이 경험합니다. 화를 내야 할 때 화를 못 내는 겁니다. 가령 직장 상사가 부당하게 계속 일을 시키면 가서 한번 확 터뜨릴 수도 있잖아요. 그런데 그런 걸 못 하는 겁니다. 화를 적당히 표출하는 것을요. 친구 관계도 깨뜨리고 싶지 않고 직장동료 관계도 깨뜨리고 싶지 않은 거예요. 자기가 화를 내면 모든 관계가 깨질 것 같고 또 자신이 나쁜 사람으로 평가되는 것들에 대한 두려움이 있습니다. 그래서 처음에는 상대가 부당한 짓을 해도 대응을 못 하다가 나중에 돌아서면 내가 왜 그랬을까 자책하게 되고요. 이런 것들이 자꾸 반복되면 상대에게 가야 할 분노가 자기 자신을 향하기 시작합니다.

공자는 논어에서 '오직 선한 자가 분노한다'라고 얘기했습니다. 세월호 사건을 떠올려봅시다. 세월호의 부당함에 대해 분노한 사람들은 선함을 지키고자 분노한 것입니다. 일상생활도 마찬가지예요. 그런데 그릇된 것을 그릇되었다고 말할 수 없을 때 사람들은 자기 자신을 자책하게 됩니다. 그러니까 분노는 결국 자신을 향한 분노로 돌아오게 되고 그것이 쌓이고 쌓이면 어느 순간 우울이라는 감정으로 발전합니다.

네덜란드의 심리학자 제인 로에빙어 Jane Loevinger가 한 개인의 심리적 자아강도가 발전하는가, 퇴화하는가에 대해 680명의 여성을 대상으로 35년 동안 연구한 케이스가 있습니다. 동일한 여성들을 18세부터 54세까지 35년 동안 추적 관찰하면서 18세, 25세, 32세, 42세, 그리고 50대 초반에 각각 자아강도 테스트를 한 거예요. 최종적으로 400여 명의 설문지가 완성되었고 그들의 자아강도를 분류해봤더니 인간의 자아강도를 상위 3단계, 중위 3단계, 하위 2단계 이렇게 8개의 단계로 나눌 수 있었습니다.

이 연구결과의 재미있는 점이 있습니다. 열여덟 살에 측정했던 자아강도의 수준이 나이가 들고 경험이 쌓이고 교육을 받으면 더 올라갈 것이라고 생각하잖아요. 그런데 실제로 그렇지 않다는 결과가 나온 겁니다. 연구 대상이 되었던 대부분의 사람들은 70~80퍼센트 이상이 유사한 수준에 머물렀습니다. 그리고 10퍼센트 정도의 사람은 계속 상승했는데요, 이 부류들을 따로 모아서 분석해보기로 했습니다. 이들의 삶에 나타난 특징이 무엇인지 심층 인터뷰를 한 것입니다.

그 결과 이분들의 공통적인 특징은 문제가 발생할 때마다 항상 새로운 해결책을 모색했다는 점이었습니다. 반대로 자아강도가 낮은 사람들은 문제가 발생할 때마다 각각 다른 문제가 발생해도 항상 똑같은 해결책을 사용했다고 합니다. 가령 어떤 여성이 전자기기를 사면 그것을 조작하기 위해 늘 아들을 부르거나 주변의 남자를 불러서 가르쳐달라고 했다고 합니다. 그런데 어느 날 이래선 안 되겠다 싶어서 매뉴얼을 처음부터 끝까지 꼼꼼하게 읽기 시작했어요.

그리고 매뉴얼대로 조작을 하기 시작했는데 거기서 얻는 자기희열이 굉장했다고 고백합니다. 자아강도가 지속적으로 상승하는 사람들의 특징은 난관에 부딪칠 때마다 지금까지 해왔던 방법을 들이대지 않고 다른 해결책이 있지 않은가를 먼저 고민했다는 것입니다.

자아강도는 또한 자기효능감과 밀접한 관련이 있습니다. 어떤 문제가 발생했을 때 내가 저 문제에 개입하면 상황이 달라질 수 있다고 믿는 사람이 자기효능감이 높은 사람입니다. 그런데 문제가 발생해도 내가 개입해봤자 달라지지 않을 거라고 생각한다는 건 자기효능감이 낮은 것이지요. 이 자기효능감은 나이가 들수록 떨어지기 마련인데요, 그것은 사람을 위축되게 만듭니다. 끊임없이 스스로를 가두는 것이죠. 그런데 문제를 해결하는 방식을 새롭게 고민하고 보완하고 젊은 친구들에게 조언을 구하고 새로운 것을 받아들이면 이 효능감은 계속 상승하게 됩니다.

삶의 의외성을
의연하게 받아들일 것

자아강도를 높이기 위해서는 또한 의외성을 받아들일 줄 알아야 합니다. 50+세대들은 사실 어릴 때부터 굉장히 규격화되고 틀에 박힌, 의외성이 허용되지 않는 사회에서 자랐지요. 그래서 삶에서 예측되지 않는 것, 갑작스럽게 벌어지는 상황 같은 것들이 그저 당황스러울 거예요. 저희 아버지가 함경도 분이신데 옛날에는 백두산도 여러 번 다녀오시고 대륙을 넘나들며 다녔다고 합니다. 하지만 우리는 이제 대륙을 넘질 못하잖아요. 우리의 상상력도 이 휴전선 이남으로 갇혀버린 겁니다. 유럽여행 가보신 분들은 아시죠. 길 건너면 벨기에고, 길 건너면 프랑스니까 그들은 대륙 간 이동에 대한 자유뿐만 아니라 상상력에도 경계가 없습니다. 그런 점에서 유럽여행이나 해외여행은 삶의 의외성을 받아들일 수 있는 좋은 기회가 될 수 있습니다. 하지만 실제로 그런 의외성을 받아들인다기보다는 보통 패키지로 여행 가서 스트레스 풀고 돌아와 다시 열심히 일하시잖아요. 우리의 지리적 한계가 생각의 한계까지 영향을 미치고 있는 것입니다.

제 이야기를 조금 할게요. 제가 뉴질랜드로 유학 가겠다고 했을 때 주변의 많은 사람들이 저를 뜯어말렸어요. 아니 무슨 심리학이라는 듣도 보도 못한 그런 공부를 하러 가느냐, 유학을 갈 거면 컴퓨터나 경영학을 공부해야 하지 않냐 하면서요. 저는 뉴질랜드에서 정신분석을 공부한 유일한 한국인이 됐어요. 주변의 한인들은 다들 무슨 그런 쓸데없는 짓을 하고 다니냐고 했습니다. 하지만 저는 뉴질랜드에서 유일한 아시안 심리치료사가 됐고, 그러고 나니 보건복지부에서도 부르고 교육부에서도 부르고 여기저기 저를 찾는 곳이 많아졌습니다.

제가 조금 전에 삶의 의외성을 이야기했는데요, 어느 날인가는 하자학교 선생님이 저를 부르셨어요. 저는 그곳의 취지에 공감했기 때문에 크게 고민 안 하고 바로 달려갔어요. 그때 제가 하자학교에서 교감으로 있으면서 받은 월급은 뉴질랜드에서 냈던 세금보다 더 적었습니다. 그래도 저는 좋았어요. 굶어죽지도 않았고 지금까지 제 삶에 만족하며 잘 살아 있습니다. 딸이 저에게 이런 얘기를 합니다. 아빠는 자기를 참 긴장시킨다는 거예요. 이게 나쁜 의미의 긴장이 아니라 자기 삶에 대해서 계속 질문하게 만드는 사람이라는 겁니다. 딸에게 이런 얘기를 듣는다는 건 정말 최고의 찬사인 거죠.

여러분들도 지금까지 힘들게 열심히 살아오셨습니다. 그렇게 열심히 살아온 만큼 남은 인생 역시 질 높은 삶을 살아갈 권리와 의무가 있어요. 새로운 것을 받아들이고 예측되지 않는 삶의 의외성을 즐기기도 하고 새로운 문제가 발생하면 새로운 해결책을 고민해보세요. 그게 여러분들의 노후를 통합하는 가장 좋은 방법이 될 것입니다. 자신의 삶과 싸워 이겨내지 마시고 그저 자신의 삶에 충만한 인생을 사셨으면 좋겠습니다.

Q&A

최근에 내신 책 중에 《대한민국 부모》라는 책을 읽었습니다. 그 책에서 학교와 학생, 부모가 많은 것들을 내려놓아야 한다는 얘기가 있었는데요, 한편으로는 오늘 말씀하신 대로 부모와 자녀들이 소통할 수 있어야 한다는 생각이 듭니다. 이 두 가지를 어떻게 양립시키며 조화를 이룰 수 있을지 의견을 듣고 싶습니다.

아이들에게는 입시, 성적, 경쟁 이런 것들이 지금 가장 중요한 숙제가 되어버렸죠. 그래서 부모가 시간을 내더라도 아이가 시간이 안 되기도 하고 서로 여러 가지 타이밍이 안 맞으니까 교류와 소통의 시간을 갖기가 참 어렵습니다. 하지만 저는 시간이라는 것이 양의 문제가 아니라 질의 문제라고 생각합니다. 물론 많은 시간을 같이 보내는 게 가장 좋은 방법이지만 그럴 수 없다면 현실적으로 생각했을 때 함께 보내는 시간을 어떻게 보내는지에 집중하자는 것이죠. 가령 아이랑 같이 텔레비전만 본다고 해서 그것이 아이와 함께 시간을 보내는 것은 아니잖아요. 아버지가 집에서 책을 읽거나 책을 읽는 모습을 보이면 나란히 함께 시간을 보내지 않아도 그 모습 자체가 아이들에게 강력한 영향을 미칩니다. 독서에 대한 영향이나 자극을 자연스럽게 받게 되는 것이죠. 사실 요즘 아버지들이 퇴근하고 집에 돌아오면 텔레비전 보고 핸드폰만 들여다보니까 아이들과 아무리 많은 시간을 같이 있어도 활동의 공감은 없는 것입니다. 그러니 아이와 보내는 시간의 질에 대해서 더 많은 고민을 해야 한다고 생각합니다.

3

베이비붐 세대의
배턴 터치

박 성 호

정 치 평 론 가

물리학을 전공하고 IT 관련 사업을 했으나 성공하지 못했고, 정치평론가로 활동했으나 유명세는 얻지 못했다. 세상 돌아가는 모든 일에 호기심을 가지고 '잉여로움'을 극대화해 어떤 일이든 뿌리까지 추적하는 집요함을 지녔다. 정치, 역사, 교육, 언론, 종교, 군사, IT, SF, 미국 드라마, 그리고 인간의 '먹고사니즘'과 밀접한 관련이 있는 노동이 주요 '덕질' 분야다. 〈딴지일보〉에 정치 관련 글을 기고하고 있으며, 지은 책으로 《정치가 밥 먹여준다》《어쩌다 한국은》이 있다.

6·25 전쟁 후 태어난 베이비붐 세대는 그들의 인생 자체가 대한민국의 현대사와 닮아 있기에 그들의 삶의 지혜가 필요한 시점이라고 그는 말한다. 베이비붐 세대의 자녀들인 에코 세대는 유례없는 사회불안과 실업의 공포 속에 내몰려 있고, 그들의 노력만으로 사회를 바꾸기에는 힘이 부족하다는 것이다. 한국 사회를 바꾼 경험을 가지고 있는 50+세대, 과연 이들은 누구일까?

다음 세대를 위해
우리가 해야
할 일

처음에 이 강연을 맡아달라는 제안을 받았을 때 솔직히 말씀드리면 굉장히 당황했습니다. 저는 주로 2,30대 혹은 40대 정도의 청중을 대상으로 강연해왔기 때문에 50+ 분들을 접할 기회가 별로 없었거든요. 그래서 또한 이 기회가 더 소중하고 의미 있게 받아들여지기도 했습니다. 여기 계신 분들은 저에게 인생의 선배님들이기도 하고, 소위 베이비붐 세대로 분류되는 세대이기도 합니다. 그래서 오늘 베이비붐 세대, 그러니까 해방과 전쟁 이후에 탄생한 세대가 우리 사회에 어떤 영향을 주고 있는지, 또 그분들이 어떤 역할을 하고 있는지에 대해 이야기해보려고 합니다.

저는 정치학 전공을 한 교수도 아니고 굉장한 작품을 써서 이름을 얻은 베스트셀러 작가도 아닙니다. 제가 뭔가 엄청난 이야기를 할 만큼 현명하고 똑똑한 사람도 아닙니다. 어쩌면 저의 이야기는 어디선가 들어봤을 법한 이야기고 저 정도는 나도 알고 있다 싶은 내용들일지도 모릅니다. 그러니 자신이 알고 있는 많은 사실들이 무엇을 의미하고 있는지, 그 사실들이 어떤 사회적 맥락을 보여주고 있는지를 정리하고 짚어내는 데에 저의 이야기가 도움이 되었으면 좋겠습니다.

너무 많은 것을
겪어버린 세대

베이비붐 세대는 모종의 이유로 출산율이 급격히 높아졌던 시기에 태어난 분들입니다. 출산율이 높아진 데에는 여러 이유가 있을 수 있을 겁니다. 그 시절에 특별히 살기 좋아졌거나 경제가 활성화됐을 때 보통 출산율이 높아집니다. 그러나 급속하게 출산율이 높아지면서 인구비율이 올라가는 가장 큰 이유는 대부분 전쟁입니다. 전쟁이 끝나면 출산율이 비정상적으로 상승하게 됩니다. 우리나라뿐만이 아니라 일본이나 미국, 유럽도 마찬가지입니다. 유럽에서는 제2차 세계대전 직후에 베이비붐이 발생했고 미국도 1943년 제2차 세계대전 전후로 출산율이 급격하게 상승하기 시작했습니다. 그런데 우리나라가 다른 여타의 나라와는 다른 것이 그 비율입니다.

다른 나라들은 제2차 세계대전이 끝나는 시점에 자신들이 겪던 전쟁이 끝났다고 생각했지만 우리나라는 제2차 세계대전 직후에는 해방을 겪었고 10년 뒤에 굉장히 큰 전쟁을 겪었습니다. 우리는 제2차 세계대전이 끝난 직후에 베이비붐이 일어날 수가 없었어요. 그래서 우리나라의 베이비붐은 1955년부터 1966년 사이, 미국이나 일본에 비해 약 10년 정도 늦게 시작된 겁니다. 현재의 연령으로 보면 대략 53세부터 61세 사이로 보면 되겠네요.

이 베이비붐 세대 직후에는 베이비붐 세대만큼은 아니지만 서서히 출산율이 증가하는 세대가 나타납니다. 사회적인 환경이 좋아지면서 자연스럽게 출산율이 올라가는 겁니다. 이 세대를 중간 세대라고 부릅니다. 저도 바로 이 중간 세대에 속해 있습니다. 뒤이어 오는 것이 에코 세대입니다. 에코 세대라고 해서 친환경과 관련된 것이 아니라 베이비붐으로 인해 폭발적으로 증가한 인구가 성장하여 결혼 적령기에 접어들면 또 한 번의 폭발적인 출산율 증가가 나타나

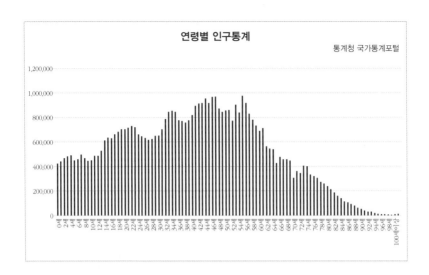

게 되는 겁니다. 베이비붐 세대의 자녀세대가 여기에 속하고, 이를 에코 세대라고 부릅니다.

베이비붐 세대가 우리 사회 전체 인구분포에서 차지하는 비율은 약 14퍼센트 정도 됩니다. 현재의 연령대로는 50+에 해당되기 때문에 한 사회의 대기업이나 국가기관, 공공기관 등 중요한 기관들의 최종 결정권자들이 대부분 여기에 포함되는 거죠. 쉽게 말해 이 사회의 결정을 최종적으로 책임지고 있는 세대가 바로 지금 이야기하고 있는 베이비붐 세대인 것입니다. 실제로 여러분들은 우리 사회에서 굉장히 중요한 역할을 맡고 있는 세대입니다. 그런 점에서 어느 정도 자부심을 가져도 되겠죠.

베이비붐 이전 세대, 그러니까 55년도 이전에 태어나신 분들이죠, 60대 이상인 분들은 모두 다 합쳐서 17.4퍼센트 정도입니다. 베이비이 사회의 결정을 최종적으로 책임지고 있는 세대가 바로 지금 이야기하고 있는 베이비붐 세대인 것입니다. 실제로 여러분들은 우리 사회에서 굉장히 중요한 역할을 맡고 있는 세대입니다. 그런 점에서 어느 정도 자부심을 가져도 되겠죠.

통계청 국가통계포털

세대	베이비붐 이전 세대	베이비붐 세대	중간 세대	에코 세대
연령 출생년도	60세 이상 1955년 이전	51~59세 1955~1963년생	36~50세 1964~1978년생	22~35세 1979~1992년생
인구수 (구성비)	8,818 (17.4%)	7,194 (14.2%)	12,721 (25.1%)	9,904 (19.5%)

(단위: 천 명)

*선정기준: 베이비붐 여성이 출산한 전체 자녀의 연도별 비율이 3% 이상이며, 해당연도 출생아 중 어머니가 베이비부머인 비율이 30% 이상

붐 세대는 10년도 안 되는 기간 동안 태어났는데 전체의 14.2퍼센트를 차지하고요, 25퍼센트 정도가 중간 세대, 그리고 에코 세대가 19.5퍼센트 정도를 차지합니다.

베이비붐 세대의 한가운데에 1958년생 분들이 있어요. 58년 개띠라고 많이 들어보셨을 겁니다. 굉장히 특이한 세대죠. 학교에 들어가기 전 대여섯 살 정도에 4·19와 5·16을 경험하게 됩니다. 아주 어린 시절에 사회체제가 완전히 뒤바뀌고 군사정변이 일어나는 기억을 갖게 된 거죠. 너무 어린 시절이니 정확하게 그게 무엇인지는 모르더라도 평생을 관통하는 강렬한 인상을 받게 되었을 겁니다. 그리고 1965년 정도에 학교에 들어갑니다. 60년대 중후반부터 70년대까지 초·중·고등학교 생활을 하는데, 요즘 세대는 전혀 이해하지 못하는 까만 교복, 여학생들은 세일러복을 연상시키는 교복을 입고 생활하게 됩니다. 베이비붐 세대들은 중학교 3년, 고등학교 3년 내내 그런 교복을 입고 생활했을 겁니다.

이분들이 겪는 결정적인 변화는 중학교에서 고등학교로 올라갈 때 일어납니다. 고교입시가 없어진 거예요. 속된 말로 '뺑뺑이를 돌려서' 고등학교에 가는 추첨제 방식이 도입됩니다. 시험을 치르지 않고 고등학교에 들어간 58년생들이 70년대 말에 대학에 들어가면 정국이 아주 꽁꽁 얼어붙습니다. 시위도 자주 일어나고 전두환이 정권을 잡네 마네 하던 시기에 대학에 다니죠. 그리고 80년대에 접어들어 사회로 진입합니다. 그때 사회에 진출한 세대는 굉장히 독특한 경험을 합니다.

당시에는 국립대나 어지간한 수도권 대학만 졸업하면 원하는 대기업에 골라서 들어갔어요. 그때는 대학만 들어가도 1, 2학년 때 이미 삼성, 엘지 이런 데서 입사 원서를 들고 찾아옵니다. 입사 원서에 서명만 하면 대학 내내 등록금도 내주고 용돈도 주겠다, 졸업하면 우리 회사에서 근무하면 된다, 이랬던 시절이거든요. 요즘 젊은 친구들은 이런 얘기 들으면 믿지 못할 겁니다. 이런 시절을 겪은 분들은 요즘 경제가 안 좋아서 일자리가 부족하긴 하지만 대충 서울대, 연세대, 고려대 정도 나오면 그냥 취직되는 거 아닌가 싶을 거예요. 그러나 실제로는 서울대를 졸업해도 좋은 일자리를 구하기는 하늘의 별따기인 것이 요즘 우리 사회의 현실입니다.

이분들이 1980년대 말을 맞이하면서 사회가 또 바뀝니다. 민주화 물결이 시작되고 정권이 크게 바뀌죠. 젊은 직장인들이 양복 입고 거리로 나와 민주화 시위를 했던 것 기억하십니까? 사회초년병 시절에 이런 큰 변화를 겪은 것이 바로 베이비붐 세대이며, 당시 젊은 직장인들이었던 그들이 학생들에게 지지를 보내기 시작하자 세상이 바뀌었습니다. 실질적으로 베이비붐 세대가 1987년 민주화를 주도한 겁니다. 이 경험은 평생에 걸쳐서 내가 한 표를 던짐으로써 이 사회를 바꿀 수 있다는 신념으로 남게 됩니다. 정치적 자신감을 갖게 된 거죠.

실제로 4,50대의 지방선거, 총선, 대선 등의 실질적인 참여율이 가장 높습니다. 이분들은 자기가 투표해서 자기 손으로 정권을 바꿔본 경험이 있는 거예요. 이건 굉장히 큰 정치적 자신감입니다. 요즘 시대에 투표권을 얻은 젊은 친구들은 아직 경험하지 못한 것들이죠. 자기 손으로 투표해서 무언가를 바꾸거나 어떤 위력을 발휘해본 적이 없거든요. 그래서 그 친구들은 투표를 별 의미 없는 것으로 생각해버리는 경우가 많아지는 것이죠.

촘촘한 경험, 부족한 여유, 그럼에도 유연한 우리

베이비붐 세대의 일생에서 가장 화려했고 재미있었고 의욕 넘치던 시절은 바로 90년대 초반입니다. 여러분도 곰곰이 생각해보시면 그럴 겁니다. 또한 주변 친구나 동료, 친척들도 가장 좋았던 시절을 떠올려보라고 하면 90년대 초반을 떠올리실 겁니다. 80년대 후반부터 전 세계적으로 기이할 정도의 국제적 호황기가 닥쳐왔었거든요. 더

군다나 우리나라는 그 호황기에 성장한 주요 수출국가였죠. 그 덕에 90년대 한국사회의 경제 규모는 어마어마한 속도로 거대해지기 시작합니다. 70년대에도 경제가 급성장하긴 했지만 그때는 베이비붐 세대가 학생이었으니까 체감하기 어려웠을 것이고요. 그렇게 90년대 경제적 호황에 힘입어 지사장도 되고 과장, 부장도 되면서 밑에 직원들이 몇백 명씩 들어오는 경험도 했죠. 개인 사업하시는 분들도 마찬가지입니다. 90년대 초반은 경제적으로 가장 왕성한 발전을 했던 시기였습니다.

그리고 90년대 후반에 접어들자 상상을 초월하는 경제 위기가 도래합니다. 바로 IMF 사태죠. IMF 사태는 일부 세대만이 아니라 대한민국에 사는 모든 국민의 가치판단 체계를 뒤바꿔버립니다. 이전까지 우리는 한 번도 내가 사는 국가의 경제가 발전하다가 꺾일 수 있다는 걸 경험해본 적이 없었습니다. 전쟁 직후 50년대부터 지금까지 경제는 계속 발전하고 규모는 커져만 갔고 88올림픽을 기점으로 경제가 거의 폭발적인 수준으로 성장했거든요. 그렇게 계속 앞으로 나아가서 조만간 선진국이 될 거라 생각했는데 어느 날 갑자기 우리 사회의 부족한 부분이 드러나기 시작한 겁니다.

희망찬 90년대를 마치고 2000년대, 앞자릿수가 바뀌는 뉴 밀레니엄을 맞이했는데 난데없이 강력한 정서적 트라우마를 떠안게 돼버렸습니다. 그때 수도 없이 많은 중소기업들이 도산을 했고 잘나가던 기업들이 문을 닫았고 자영업자들에게도 악몽이 다가왔습니다. 그때의 기억은 여러분도 아마 생생하게 갖고 계실 겁니다. 그렇게 엄청난 위기를 어찌어찌 잘 이겨내고 우리 사회는 겨우 제자리를 찾게 됐습니다. 그런데 2008년, 딱 10년 만에 금융위기가 또다시 닥쳐옵니다.

IMF는 우리가 처음 겪은 위기였기 때문에 그냥 드물게 벌어진 실수였나 보다 생각했지만 이런 상황이 10년 주기로 다시 돌아오자, 이제 경제라는 것은 올라갈 수도 있고 내려갈 수도 있는 것이라는 걸 인지하게 됩니다. 최근 30~40년 사이에 세계 각국의 경제적 논쟁들이 굉장히 많았는데 우리는 그걸 아주 짧은 시간에 그냥 단기 속성으로 배워버린 겁니다. 바로 베이비붐 세대가 말이죠. 이 세대가 이제 50대가 되어서 한국사회의 미래를 책임지는 세대가 되어버린 것입니다. 정말 파란만장하지 않습니까? 어떻게 이같이 극과 극을 오가는 세대가 있을 수 있을까요.

한국의 경제 규모 성장 곡선을 보면 IMF 시절에 바닥을 치고 다시 복구해서 올라가다가 국제금융위기 시기에 또 바닥을 칩니다. 그럼에도 불구하고 6, 70년대와 비교하면 우리는 비교도 안 되는 눈부신 성장을 했습니다. 그런데 왜 우리는 경제 규모에 걸맞은 세계적 선진국의 역할을 못 하고 있을까요?

바로 그 눈부시게 빠른 성장에 답이 있을 겁니다. 우리의 경제성장은 가파르게 이어져왔지만 그에 걸맞은 정치적, 문화적인 사회 제반의 시스템은 제대로 발전하지 못한 것입니다. 이것은 베이비붐 세대의 특성과도 유사합니다. 베이비붐 세대는 굉장히 다양한 경험을 했고 현재 우리 사회의 주도권을 잡고 있는 세대지만, 너무 급하게만 살아와서 천천히 앉아 자신의 인생을 관조하고 고민할 시간적 여유가 없었던 겁니다. 우리는 무엇을 해왔는가, 우리는 무엇을 잘 못했는가, 우리는 무엇을 잘하는가, 이런 것들을 돌이켜볼 여유가 없었어요. 지금의 베이비붐 세대가 갖고 있는 역사적, 현실적 정체성은 대한민국이라는 나라가 갖고 있는 그것과 굉장히 유사하다는 생각이 듭니다. 대한민국이 잘하는 것과 부족한 것은 지금의 베이비붐 세대가 잘하는 것과 부족한 것과 서로 맥이 통합니다.

대한민국은 사실상 6·25 전쟁 이후에 생긴 거나 다름없지요. 해방 전에는 일본이었고 그 이전에는 조선이었으니까요. 이렇게 급격하게 발전해나간 나라이기 때문에 지금의 베이비붐 세대는 대한민국처럼 급하게 살아오신 분들이 대부분입니다. 대한민국의 경제 규모와 베이비붐 세대의 재산 증가 그래프 역시 유사합니다.

그렇다면 50+ 베이비붐 세대와 바로 윗세대, 그러니까 지금의 60대 이상인 분들과는 어떻게 다른가요? 어떤 기업에서 진행한 연구가 있었는데요, 베이비붐 세대는 기존의 실버 세대와는 완전히 다르게 변했다는 것입니다. 지금의 청년들이 보기에는 베이비붐 세대가 굉장히 고루한 어르신이나 노인이라고 생각하겠지만 실제로 실버 세대에 비하면 굉장히 빠르게 변하고 있어요. 실버 세대가 완고하고 보수적이라면 베이비붐 세대는 밝고 유연하며 합리적이고 긍정적이라고 합니다. 요즘의 50대는 과거의 50대와는 차원이 다르다는 이야기죠. 일단 라이프 스타일부터 다르고 그에 따른 사고방식도 달라요. 이분들의 삶은 굉장히 다채롭게 변합니다.

베이비붐 세대와 실버 세대,
어떻게 다른가

예전에는 결혼한 자녀와 같이 산다는 걸 당연하게 생각했다면 베이비붐 세대는 결혼하고 자리 잡으면 무조건 따로 살자고 먼저 이야기한다고 합니다. 그런데 베이비붐 세대의 부모세대는 자녀들이 자신을 봉양하기를 기대합니다. 그러니 베이비붐 세대는 자식들을 독립시키면서도 실버 세대를 봉양합니다. 이런 결정은 사실 쉬운 일이 아닙니다. 하지만 지금의 자녀세대들은 그 결정의 어려움을 잘 이해하지 못하죠. 그것이 당연하다 여기기 때문이에요.

심지어 자녀들은 베이비붐 세대가 어떤 과정을 통해, 어떤 고생과 노력을 통해 오늘날의 자산을 모았는지도 잘 알지 못합니다. 자기들은 태어날 때부터 자산이 있었거든요. 베이비붐 세대는 태어났을 때 부모의 자산이 하나도 없었잖아요. 그러다 보니 조금씩 갈등이 생기기 시작합니다.

베이비붐 세대와 중간 세대는 갈등이 별로 없어요. 마주칠 일이 없거든요. 하지만 베이비붐 세대와 에코 세대는 갈등이 있습니다. 에코 세대는 그들의 자식들이니까요. 그래서 베이비붐 세대가 빠르게 변화하고 있음에도 그 속도에서 자녀들 세대를 따라잡을 수가 없습니다.

베이비붐 세대와 실버 세대를 구분할 수 있는 또 하나의 단어가 바로 기러기 아빠입니다. 실버 세대는 자식 교육을 시키되 가족이

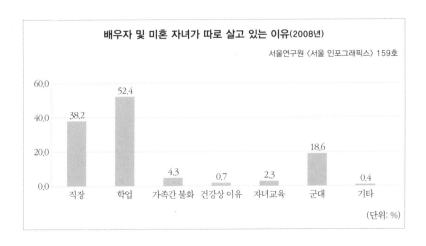

배우자 및 미혼 자녀가 따로 살고 있는 이유(2008년)

서울연구원 〈서울 인포그래픽스〉 159호

	직장	학업	가족간 불화	건강상 이유	자녀교육	군대	기타
	38.2	52.4	4.3	0.7	2.3	18.6	0.4

(단위: %)

완전히 떨어져 사는 것까지는 용납하지 않았습니다. 유학 보내는 것 자체를 굉장히 힘들어했죠. 돈도 돈이지만 정서상 자식을 곁에 두려는 성향이 강했습니다. 그런데 베이비붐 세대는 훨씬 더 전향적입니다. 교육이 중요하다는 철칙은 같지만 그들은 교육을 위해 자녀와 배우자를 해외로 보내버리기까지 해요. 가족 중에서 배우자 및 미혼 자녀와 별거하고 있는 이유의 52.4퍼센트가 학업이라는 통계가 있습니다. 사실 가족은 함께 사는 것이 맞겠지요. 그럼에도 베이비붐 세대는 기꺼이 별거를 택합니다. 그러지 않고서는 자신들이 이뤄왔던 성취와 성장을 내 아이 세대가 이어갈 수 없으리라고 생각하기 때문이죠. 불안감에서 비롯된 것입니다. 저는 이것이 굉장히 중요한 지점이라고 생각합니다.

지금 우리 사회는 극단적인 경쟁과 그로 인한 불안이 팽배해 있습니다. 이것은 그 어떤 서구사회에서도 찾아보기 힘든 상황이죠.

서구에서는 아이들이 대학만 가면 밖으로 내보냅니다. 그래서 미국의 경우 가족 간의 별거를 주제로 통계를 내는 것 자체가 드물어요. 대학에 간 아이들이 집을 나가면 그것은 독립된 가족이라는 것이죠. 우리나라에서 직업을 선택할 때 가장 중시하는 요인은 무엇일까요? 2014년 통계청에서 실시한 조사에 의하면 베이비붐 세대는 33.4퍼센트가 안정성, 41.3퍼센트가 수입, 10.8퍼센트가 적성과 흥미라고 답변합니다. 그런데 에코 세대는 27퍼센트가 안정성, 34퍼센트가 수입, 22.5퍼센트가 적성과 흥미라고 답했습니다. 제일 눈에 띄는 변화는 직장의 안정성이 중요하다는 사람이 33.4퍼센트에서 27퍼센트로 줄었다는 것입니다. 안정적인 직장이 충분히 있는데도 사람들의 생각이 바뀌어서 안정성보다는 적성에 맞는 직장에 가겠다고 하는 것일까요? 그건 아닐 겁니다. 에코 세대에게는 안정적인 직업이라는 개념 자체가 없어진 것입니다. 이것이 IMF를 거치면서 우리 사회에서 발생한 가장 큰 변화 중 하나입니다.

IMF 이전까지는 모든 대기업들이 평생직장이라는 말을 입에 달고 살았습니다. 한 번 삼성에 들어오면 죽을 때까지 삼성에서 일하

세대별 직업관 비교

통계청(2014년)

세대	베이비붐 이전 세대	베이비붐 세대	중간 세대	에코 세대
직업선택 시 중시 요인	수입 44% 안정성 34.9% 적성/흥미 7.8%	수입 41.3% 안정성 33.4% 적성/흥미 10.8%	수입 41.8% 안정성 30.0% 적성/흥미 14.4%	수입 34.4% 안정성 27% 적성/흥미 22.5%

다가 삼성에서 은퇴하는 게 상식이었어요. 그때는 안정성이 없는 직장은 언제 망할지 모르는 중소기업들이었습니다. 안정적인 기업은 결코 직원을 자르지 않죠. 그런데 IMF를 거치고 2008년 국제금융위기를 거치면서 젊은이들에게 그런 안정성을 제공하는 일자리 자체가 없어졌어요. 유일하게 남은 것은 바로 공무원이죠. 그러니까 직업을 고를 때 안정성을 보겠다는 친구들은 모두 공무원 시험에 뛰어들고 있는 겁니다. 그러다 보니 이렇게 된 바에는 내가 좋아하는 일, 내 적성에 맞는 일을 하는 게 낫다는 인식이 생겨나게 된 것입니다. 인식이 바뀌어서 적성을 찾는 게 아니라 우리 사회의 대기업들이 더이상 안정적인 일자리를 공급하지 못하게 되니까 포기한 겁니다. 이건 강제된 변화죠. 이걸 잘 들여다봐야 합니다.

수입을 기준으로 직장을 선택하는 비율은 왜 줄었을까요? 이에 대해서는 전반적인 보유 자산이 늘었기 때문이라고 해석하는 경우가 많습니다. 수입보다는 자기가 좋아하는 일을 우선시하겠다는 것은 가정 경제가 상당히 여유 있는 경우에나 할 수 있는 선택이겠죠. 하지만 이것이 정확한 분석이라고는 생각하지 않습니다.

세대 갈등의
시작

어쨌거나 이렇게 직업 선택의 기준이 바뀌기 시작하면서 세대 간 갈등이 나타나기 시작합니다. 아이가 대학을 졸업하고 직장을 선택하는데 부모님은 그 직장이 마음에 안 드는 거죠. 돈도 많이 안 주고 언제 망할지 모르는 직장인데 왜 거길 가려 하냐고 하면 자식은 내가 가고 싶다, 나는 그 일을 하고 싶다고 하면서 싸움이 시작됩니다. 이게 바로 세대별 판단 기준 자체에 변화가 생기면서 발생하는 세대 간 갈등입니다.

베이비붐 세대 중에 스스로 진보적인 정치적 스탠스를 갖고 있다고 답한 사람이 14.6퍼센트였다면 에코 세대는 30퍼센트에 육박합니다. 이 정도로 정치적 성향에 차이가 나면 집에서 정치 이야기를 하지 못하는 가정이 늘어납니다. 이야기를 꺼내는 순간 밥상머리 싸움이 벌어질 것이 불을 보듯 뻔하거든요.

베이비붐 세대는 대한민국에 대한 자긍심을 갖고 있다고 답하는 비율이 80퍼센트에 달합니다. 공장 하나 없고 멀쩡한 건물도 없던 시절에서 지금 세계적인 경제 성장을 이룩한 것을 지켜봤는데 어떻게 국가를 자랑스럽게 생각하지 않을 수가 있겠습니까. 그런데 에코 세대는 벌써 70퍼센트 이하로 줄어들었습니다. 이 사회와 시스템을 믿지 못하겠다는 거죠. 에코 세대는 왜 우리 사회의 시스템과 정부에 대한 신뢰가 떨어졌을까요?

우리나라에서 일반인의 해외여행 자유화가 시작된 건 90년대 이후의 일입니다. 요즘 젊은 친구들은 이런 얘길 들으면 깜짝 놀라죠. 요즘 대학생들은 배낭여행, 어학연수 이런 건 쉽게 가니까요. 가까운 일본의 경우 당일치기로 갔다 올 만큼 시간도 돈도 많이 들지 않

세대별 사회의식 비교(2014)

통계청 〈한국의 사회동향 〉

	베이비붐 이전 세대	베이비붐 세대	중간 세대	에코 세대
이념성향	보수 50.1% 중도 40.6% 진보 9.3%	보수 43.8% 중도 41.5% 진보 14.6%	중도 47.7% 보수 26.9% 진보 25.3%	중도 50.9% 진보 29.5% 보수 19.7%
국민 자긍심	80.6%	79.0%	68.3%	66.9%
북한에 대한 인식	둘 다 아님 46.6% 적 42.4% 친구 11.0%	둘 다 아님 50.5% 적 34.6% 친구 14.8%	둘 다 아님 61.2% 적 25.8% 친구 12.9%	둘 다 아님 56.7% 적 33.3% 친구 10.0%
대인 신뢰	가족 95.7% 이웃 71.6% 낯선 사람 15.1%	가족 95.8% 이웃 72.1% 낯선 사람 16.5%	가족 95.9% 이웃 63.7% 낯선 사람 15.5%	가족 95.6% 이웃 52.6% 낯선 사람 11.9%
기관 신뢰	대기업 42.7% 중앙정부 37.7%	대기업 41.6% 중앙정부 36.8%	대기업 35.7% 중앙정부 30.3%	대기업 34.2% 중앙정부 28.5%

죠. 이런 시대인데, "얘야 90년대 초반까지만 해도 우리는 마음대로 해외에 나갈 수 없었단다"라고 얘기하면 이해가 가겠습니까? 그렇게 자유로운 해외여행을 다니고, 또 인터넷의 발전으로 해외 미디어를 너무나 쉽게 접하는 세대가 에코 세대입니다. 그러니까 에코 세대는 우리나라의 잘못된 점을 스스로 인지하고 사회에 문제가 많다고 생각하는 경우도 물론 있겠지만, 그보다 더 중요한 원인은 바로 선진국과의 비교가 쉬워졌기 때문이라고 봐야 할 것입니다. 선진국과 비교한다면 우리는 아직도 뒤떨어지는 것이 많은 게 사실이니까요. 요즘 친구들이 부르는 '헬조선'이라는 말은 외국과 비교해서 더 극명하게 두드러지는 후진성에서 비롯된 말이죠.

이런 것을 이해하지 못하고 너는 왜 우리나라를 싫어하냐고 이야기하는 것은 더 이상 설득력을 얻지 못합니다. 북한에 대한 인식은 뜻밖에도 거의 변화가 없는데요, 북한은 실제로 가볼 수도 없고 정보를 얻는 것도 여전히 힘듭니다. 그러니 북한에 대해서는 주로 밥상머리에서 아버지에게 배웁니다. 자료가 없으니 인식의 변화도 없는 것이죠. 또한 북에 대해 친구라고 생각하지도, 적이라고 생각하지도 않습니다. 그냥 관심이 없어지고 있어요.

베이비붐 세대는 실향민들의 자녀가 많습니다. 그들의 부모를 통해 북한은 전쟁 전까지만 해도 같은 나라였고 언젠가는 통일해야 한다는 인식을 이어받았죠. 같은 민족이고 친구라는 개념을 갖게 됐습니다. 하지만 이게 한 세대만 건너 뛰어서 손자세대가 되면 "너희 할아버지가 실향민이었고 거기 가면 땅도 있고 친척도 있어"라고 해봤자 관심 없습니다. 희석되는 거죠. 그러니까 북한에 대해 실질적으로 존재하는 나라 같은 느낌을 못 받는 겁니다.

이것도 여러 가지 의미가 있습니다. 사람을 얼마나 믿느냐는 질문에 베이비붐 세대는 이웃을 믿는다고 답한 비율이 72퍼센트인 반면 에코 세대는 52퍼센트만 그렇다고 답했습니다. 낯선 사람을 믿는 비율은 지속적으로 떨어집니다.

일제 때 전쟁 전까지만 해도 인구의 대부분은 농촌에 살았습니다. 농촌은 씨족사회고 모두가 한마을에 모여 살죠. 한마을에 5촌 당숙, 9촌 당숙이 함께 살았으니 이웃집 아줌마, 아저씨들이 모두가 다 한집안이었습니다. 그러니 이런 문화가 남아 있을수록 이웃에 대한 신뢰는 높아집니다. 실버 세대와 베이비붐 세대는 전쟁을 겪으면서 좌우로 갈려서 서로 죽이고 죽는 경험을 했음에도 불구하고 70퍼센트 이상이 이웃을 믿는다고 답합니다. 그런데 급격하게 도시화가 진행되면서 이분들이 도시로 진출해 옆집에 누가 사는지도 알 수 없는 아파트에 살게 됐습니다. 그곳에서 태어나 자란 에코 세대에게는 이웃이란 한 집안 사람이 아니라 생판 모르는 남인 겁니다. 사실 이웃을 믿는다는 50퍼센트의 비율도 꽤 높게 나온 거라고 봅니다.

낯선 사람을 믿는 비율이 떨어져가는 것은 아마 범죄에 대한 매스컴의 태도도 원인으로 작용할 겁니다. 실제 범죄율이 증가해서라기보다는 기존에는 범죄라고 인식하지 못했던 걸 잡아내니까 그럴 수도 있습니다. 또한 경찰력이 발전하면 범죄율은 늘어납니다. 어떤 특정한 병이 갑자기 발병률이 높아지는 것은 그 병을 진단하는 기술이 발전하는 것과 관련이 있듯 말이죠. 범죄가 자주 보도되면서 현대사회가 전보다 더 비인간적이고 흉포해진 것 아니냐는 생각을 하기 쉽지만, 인터넷이나 언론을 통해 빠르게 자주 보도되기 때문에 그렇게 느껴지는 측면이 있습니다. 실제로 매년 검찰에서 발행하는 〈범죄백서〉를 보면 범죄율 자체는 큰 변동이 없습니다.

부동산의 혜택
부동산의 공포

요즘의 젊은 세대들은 중앙정부나 대기업이 자신들이 한 말을 안 지킨다고 생각합니다. 그들이 가장 중요하게 생각하는 일자리 문제는 매번 모든 선거에서 가장 앞쪽에 등장하는 공약이지만 그것이 실제로 지켜지는 것을 경험한 적이 별로 없습니다. 선거가 끝나고 정부가 조금 압박을 하면 삼성이나 엘지 같은 대기업에서 올해 인턴사원 몇만 명 뽑겠다 이런 기사가 나옵니다. 기성세대들은 이제 기업에서 일자리를 좀 늘리나 보다 생각하겠지만 젊은 세대는 잘 압니다. 길어봐야 2~3개월짜리 인턴 자리라는 것을요.

일단 일자리 문제는 잠시 제쳐놓고 삶의 불안 요소에 대해 이야기해보겠습니다. 우리가 살아가면서 어떤 판단을 내리고 어디에 집을 구해서 살며 어떤 직장을 얻을 것이며 누구와 결혼할 것인가 하는 중요한 문제들에 결정을 내릴 때 큰 영향력을 미치는 것이 바로 불안 요소입니다. 베이비붐 세대와 에코 세대가 불안하게 생각하는 것은 조금 다릅니다.

베이비붐 세대가 불안감을 느끼는 요소는 사생활 침해가 40퍼센트, 폭력범죄가 35퍼센트, 실업과 빈곤이 40퍼센트, 주택난이 46.5퍼센를 차지하는데요, 에코 세대의 응답을 보면 가장 눈에 띄게 증가한 것이 바로 주택난입니다. 실제로 에코 세대와 베이비붐 세대는 인구분포곡선에서 보면 인구의 큰 차이가 없습니다. 그런데 왜 에코 세대는 주택난에 대한 공포를 더 느낄까요?

우리나라는 정부와 건설업체들이 끊임없이 아파트 등의 공동주택을 짓고 있고 주택의 절대량이 감소한 적은 없습니다. 또 아파트들을 재개발하거나 재건축할 때마다 그 지역 내의 주택 호수는 항

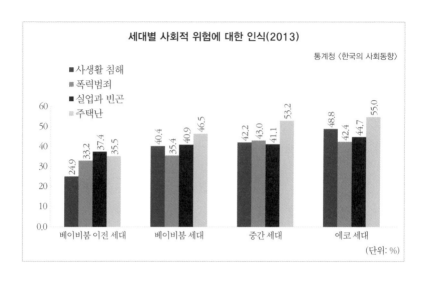

세대별 사회적 위험에 대한 인식(2013)

통계청 〈한국의 사회동향〉

■ 사생활 침해
■ 폭력범죄
■ 실업과 빈곤
■ 주택난

(단위: %)

상 늘어났습니다. 그러니까 주택의 절대 수량은 결코 부족하거나 줄지 않는다는 거죠. 그렇다면 실제 인구도 줄어들고 있으니까 주택난에 대한 공포는 줄어들어야 하는데 오히려 10퍼센트 가까이 늘어났습니다. 이것은 주택난에 대한 공포가 아니라 부동산 가격에 대한 공포입니다. 집은 많습니다. 집은 많은데 내가 살 수 있는 집은 없습니다. 집은 이미 충분히 지어졌는데도 불구하고 나는 저 집을 살 수 없을 거라는 불안과 공포가 만연한 것입니다.

부동산 문제에 대해서는 할 말이 너무나 많습니다만, 간단히 얘기해서 현재의 50대, 베이비붐 세대가 갖고 있는 자산을 축적하는데 가장 큰 역할을 한 것이 바로 부동산입니다. 열심히 돈을 모아서 적금을 들고 적금 든 걸로 융자 끼고 아파트를 샀는데 그 아파트 가격이 올라서 30평이 40평 되고 50평이 돼서 50대가 된 지금 수도

권 변두리라도 50평짜리 아파트를 하나 갖고 있게 된 거죠. 사실 매달 월급 받아 생활하면서 돈을 모은다는 건 정말 어려운 일이잖아요. 그런데 어떻게 맨주먹으로 5억, 10억, 20억 되는 자산을 모을 수 있었을까요. 바로 땅값입니다. 그렇게 만들어졌던 부동산 가격의 증가라는 것은 양날의 칼입니다. 지금 사회에 진출하는 친구들은 평균적인 임금을 받아가지고는 도저히 집을 살 수 없을 정도로 부동산 가격이 올라버렸어요. 그들은 애초에 집을 살 수 없다고 생각해버립니다.

지금 수도권의 아파트 한 채가 5억, 10억씩 합니다. 5억이면 싼 편이고 서울 시내 아파트는 기본이 10억에 육박하죠. 요즘 젊은 친구들이 아무리 좋은 학교를 나와서 취직을 한다 해도 한 달에 월급 200만 원씩 받아요. 연봉 2500만 원, 3500만 원 받으면 그나마 잘 받는 편이라고 하거든요. 그러면 한 달에 좀 여유 있게 300만 원 받는다 치고 10억짜리 아파트를 사려면 어떻게 살아야 할까요? 이건 거의 불가능한 이야깁니다.

설사 그 아파트를 그렇게 고생해서 산다 해도 70년대, 80년대만큼 아파트 값이 오르지도 않습니다. 오히려 10억짜리를 샀다가 8억, 9억으로 떨어질까 봐 걱정해야 하는 상황인 겁니다. 이제 에코 세대들은 집을 살 만큼 돈을 벌 기회도 별로 없습니다. 그러니까 주택난에 대한 공포가 가장 큰 것입니다. 고층 아파트들이 즐비한 곳을 바라보면서 더 속이 상할 겁니다. 저 많은 아파트 중에 내가 살 수 있는 곳이 하나도 없다니… 하면서요.

그걸 지켜보는 베이비붐 세대, 즉 부모님 세대도 답답하기는 마찬가지입니다. 나는 옛날에 주공아파트 13평짜리 샀더니 값이 올라서 그다음에 30평 사고 그랬는데 왜 요즘 아이들은 아무것도 못할까 싶으시죠. 이건 베이비붐 세대의 잘못일까요, 아니면 에코 세대의 잘못일까요? 누구의 잘못도 아닙니다. 사회가 변한 겁니다.

베이비붐 세대에서는 실업문제 이전에 빈곤문제가 가장 심각했을 겁니다. 집안에 너무 가진 게 없어서 그냥 빈손인 거죠. 그런데도 불구하고 일단 대학을 졸업하고 밖으로 나가면 어디에든 취직할 수 있었어요. 월급 받고 꾸준히 다니다 보면 어느 순간 과장 되고 부장 되고 승진하면서 살았거든요. 그러니까 베이비붐 세대가 사회를 살아가면서 필요한 가장 중요한 덕목은 성실성이었을 겁니다. 헛짓거리 안 하고 착실하게 회사 다니고 나쁜 짓 안 하고 살았더니 꽤 안정적으로 잘살게 되었다는 것이죠.

에코 세대는 다릅니다. 성실함이 가장 중요한 덕목이라면 현재의 대학생들은 80년대 대학생들에 비해 엄청난 수준입니다. 정말로 지금 대학생들은 성실의 끝을 보고 있어요. 할 수 있는 성실은 다 하고 있을 겁니다. 80년대만 해도 대학생들이 데모하고 막걸리 마시고 노느라고 바빴는데 요즘 대학생들은 자발적으로 모두 도서관에 앉아 있습니다. 전부 취업에 대비한 공부를 하고 있는 것이죠. 이제는 성실성을 갖고 뭘 어떻게 할 수 있는 사회가 아닙니다.

요즘 인터넷을 보면 다들 꿈이 건물주라고 자조 섞인 농담을 합니다. 월세 받는 건물주 말입니다. 이런 시대가 되어버린 겁니다. 실업과 빈곤의 문제라고 했을 때 에코 세대는 빈곤에 대해서는 그리 큰 걱정을 하지 않습니다. 부모들이 밥은 먹여주고 있거든요. 하지만 실업에 대한 걱정, 일자리를 얻지 못할지도 모른다는 불안감은 치솟고 있습니다. 앞선 세대와는 고민의 방향이 달라졌어요.

본격적으로 실업률을 한번 보겠습니다. 우리나라 실업률은 계속 올라가고 있습니다. 여기서 20대 실업률, 청년 실업률은 2011년부터 2015년 사이 8.5퍼센트에서 11.1퍼센트까지 올라갔습니다. 미국이나 유럽은 일단 직장에 들어가면 그 일을 하는 데에 필요한 역량 교육을 회사에서 시켜줍니다. 그런데 우리나라는 회사에 들어가기 전에 이미 자격증을 갖고 있거나 학원을 다녀서 그 능력을 다 갖추고 있어야 해요. 그러니 취업준비생들은 온갖 학원들에 다니고 있죠. 그러면 그렇게 학원에 다니고 있는 학생들까지 다 취업 인구로 잡혀버립니다. 뭔가를 하고 있다는 거죠. 기본적으로 통계의 전제에 약간 문제가 있습니다. 그래서 학원에 다니는 학생들을 뺀다면 우리나라 실업률은 7~8퍼센트 가량 더 올라갑니다. 특히 청년 실업률이 그렇습니다. 그렇게 보자면 현재의 실업률은 가볍게 20퍼센트를 넘어가는 거죠.

그럼 지금 이렇게 실업률이 치솟고 있는데 과연 이 문제에 대한 대책을 세울 수 있는가, 왜 못 세우고 있는가, 왜 청년들에게 일자리를 주지 못하고 있는가. 이런 근본적인 질문을 본격적으로 해야 하는 시점입니다. 제가 지금까지 각자의 세대들이 갖고 있는 관점의 차이들에 대해서 설명을 드렸고 실업률 얘기를 계속하고 있는데요,

왜 그토록 실업률이 중요한지 생각해봅시다.

일자리가
사라지고 있다

1810년대에 영국에서는 방적기계라는 것이 발명되는 획기적인 사건이 일어납니다. 방적기계는 옷감을 짜는 기계인데요, 예전에는 사람이 직접 베틀 같은 걸로 옷감을 짰는데 그걸 자동화시킬 수 있는 공장과 기계가 만들어진 거죠. 그래서 당시 옷감을 만들어서 수출하는 영국의 모든 공장이 방적기계를 도입하기 시작합니다. 방적기계가 하나 도입되면 그것으로 몇백 명의 노동자가 만들 만큼의 섬유를 만들어낼 수 있었습니다. 그러다 보니 한계 상황에 몰려 있던 섬유공장 노동자들이 분노하게 됩니다. 저 기계 때문에 우리가 일자리를 잃었다는 거죠. 기술의 발전으로 일자리가 감소한 대표적인 사례입니다.

분노한 노동자들이 로빈 후드처럼 떼로 몰려다니면서 밤중에 공장에 가서 방적기를 불태우고 공장을 때려 부쉈습니다. 러다이트 운동이 일어난 거죠. 러다이트 운동의 핵심은 기술이 발전하면서 일자리가 줄어드는 것을 비판하고 그에 대한 분노를 표출하는 것이었습니다. 하지만 일자리가 감소한다고 해서 기술을 발전시키지 않을 수는 없잖아요. 러다이트 운동을 폄훼하는 것은 아닙니다. 그 운동으로 인해 단결권, 단체교섭권, 단체행동권 같은 노동 3권을 만들어내는 중요한 성과가 있습니다만 여기서 말씀드리는 것은 기술이 발전한다고 해서 무조건 일자리가 감소하는 것은 아니라는 겁니다.

가령 자동차가 발명되면 마차를 타던 사람들이 마차를 버리고 자동차를 타게 되죠. 그러면 마부나 몰이꾼보다 훨씬 더 많은 숫자의 운전사가 필요하고 차를 만드는 공장의 직공이 필요하고 차를 정비하는 정비사가 필요해집니다. 그러니까 기술이 발전하면 일자리가 줄어드는 것처럼 보이지만 그 기술로 인해서 더 많은 새로운 일자리가 창출된다는 게 지금까지의 정설이었습니다. 실제로 70년대부터 90년대까지도 이 말은 맞는 말처럼 보였습니다.

그런데 어느 순간부터 역전이 되기 시작합니다. 기술이 어느 정도 이상으로 발전하자 일자리가 없어지는 속도가 새로운 일자리가 생기는 속도보다 더 빨라지기 시작했습니다. 몇 가지 예를 들자면, 구글에서 무인운전차량을 몇 년 전부터 계속 개발해서 최근 거의 완성 단계에까지 왔습니다. 앞자리 문을 열면 핸들이 없어요. 차가 알아서 목적지로 데려다줍니다. 구글은 왜 이 차를 만드는 걸까요. 구글은 이 무인운전차량을 택시사업에 투입하려고 합니다. 택시기사가 없는 택시입니다. 스마트폰으로 목적지를 누르면 차가 오고 스마트폰으로 결제를 하면 목적지까지 안전하게 태워줍니다. 빠르진 않더라도 사람의 운전보다 안전하죠. 컴퓨터는 음주운전을 하거나 난폭운전을 하지 않으니까요. 이렇게 되면 택시기사라는 직업 자체가 사라집니다.

구글의 이런 움직임에 대항해 벤츠에서는 무인트럭을 만들었습니다. 컨테이너 박스 두 개씩 달고 다니는 엄청나게 큰 트럭 말이죠. 벤츠는 구글보다 더 빠르게 개발에 성공했습니다. 그래서 이제 고속도로에서 무인차가 컨테이너를 싣고 다닐 수 있도록 법안까지 개정하는 중입니다. 이렇게 되면 역시 화물트럭 기사는 실직하게 됩니다. 그가 벌어 먹여 살리는 조수도 마찬가지입니다.

인터넷 쇼핑을 볼까요. 아마존은 미국시장에서 가장 잘나가는 온라인 쇼핑몰인데 최근 드론을 이용한 배달을 도입하고 있습니다. 도시와 도시 간의 큰 물건들, 다량의 물건은 운전사가 없는 무인트럭이 싣고 달리고 개인의 집까지는 드론이 배달한다면 트럭 운전사도, 택배기사도 필요 없어집니다.

자동차 생산도 마찬가지입니다. 한때 현대차 울산 공장에 직원이 8만여 명이었던 시절이 있었습니다. 하지만 지금은 2만2000명 정도밖에 되지 않습니다. 그렇게 줄어든 인력은 로봇으로 대체되었습니다. 심지어 최근에 나온 전기차 테슬라는 처음부터 끝까지 사람의 손을 한 번도 타지 않고 만들어진 차라고 합니다. 지금 이런 단계까지 와 있습니다.

이런 식으로 기술이 발전하면서 어마어마한 양의 일자리가 사라져가고 있는데 그 일자리를 대신할 만큼의 새로운 일자리가 생기고 있을까요? 직업이 없어지고 기업에서 필요한 인원은 계속 줄어들기 때문에 새로운 인력을 채용하지 않고, 젊은 친구들은 일자리를 구하지 못해서 실업문제는 점점 더 심각해집니다. 정부와 대기업이 일자리를 공급하겠다고 매번 약속해놓고 지키지 않기 때문에 국가 자체에 대한 신뢰도는 떨어질 수밖에 없고요.

일자리가 없어져서 일자리 구하기가 힘들다는 것을 아버지 세대들이 이해하지 못하니까 세대 간의 갈등은 점점 심화되는 것입니다.

사실 우리나라에서 발생하는 거의 모든 세대 간의 갈등은 약간의 과장을 조금 보태자면 실업문제 때문에 생기는 거라고 봐도 과언이 아닙니다. 누구든 쉽게 일자리를 구해서 연봉 5000만 원, 1억 원씩 받으면 그까짓 아파트가 대수겠어요. 그런데 연봉 2000만 원, 3000만 원짜리 직장도 없는 거예요. 그런 얘기들 하시죠. 중소기업이 일자리가 많다. 요즘 아이들이 눈이 너무 높아서 그런 데를 안 가려고 그런다. 그러니까 해외 이주노동자들이 거기를 장악하고 있지 않느냐 하는 말들이요. 하지만 그런 자리들은 5년, 10년 이내에 다 없어질 자리입니다. 젊은 친구들이 당장 돈을 적게 줘서 그런 직장에 안 가는 게 아니라 비전이 없기 때문에 안 가는 겁니다. 5년, 10년 죽도록 일해봤자 결국 잘릴 거라는 걸 알기 때문이죠. 전망이 없는 거예요. 당장의 문제가 아니라는 겁니다. 그러니까 모든 학생들이, 심지어 이공계 학생들까지 전부 도서관에 앉아 9급 공무원 시험을 준비하고 있는 거죠.

중국도 이제는 사람한테 일 안 시킵니다. 단순한 경기불황이나 경제 성장률이 낮아져서, 세계적으로 금융 불안이 와서 생긴 일시적인 현상이 아닙니다. 많은 경제학자들도 최근 이런 흐름에 대한 원인을 급속도로 빨라진 기술의 발전에서 찾고 있습니다. 그렇기 때문에 구조조정이나 러다이트 운동 정도로 해결할 수 있는 수준의 문제가 아닌 것입니다. 자본주의 사회에서 기술의 발전이 가져올 수밖에 없는 필연적인 결과인 것이죠.

부유한 복지국가가 기본소득을 이야기하는 이유

그렇다면 이 문제를 어떻게 해결해야 할까요? 기본소득이라는 얘기 많이들 들어보셨을 겁니다. 이 사회에 살고 있는 모든 사람, 한 살 짜리 아기부터 아흔아홉 살 노인까지 모든 사람에게 똑같은 금액을 매월 정기적으로 아무 조건 없이 지급하자는 것이 기본소득의 개념 입니다. 이렇게 들으니 황당하다는 생각이 드시죠.

사실 이 기본소득의 아이디어는 이미 1970년대에 미국에서 논의 가 이뤄졌던 이야기입니다. 굉장히 극단적인 우파 경제학자로 알려 진 밀턴 프리드먼이 시작한 논의죠. 밀턴 프리드먼은 음의 소득세 Negative Income Tax라는 개념을 내세웠는데 기본소득과 유사하면서 도 조금 다릅니다. 모든 경제활동을 하는 사람들은 세금을 냅니다. 그런데 일을 못 해서 돈을 못 버는 사람들은 어떻게 할 것인가 하는 문제가 생기죠. 그래서 밀턴 프리드먼은 세금을 내는 소득의 기준 선을 정하자고 주장했습니다. 예를 들어 연간 2000만 원이라는 기 준선을 정해서, 어떤 사람이 2500만 원을 벌었다면 2000만 원을 제외한 500만 원에 대한 세금을 걷고, 어떤 사람은 1500만 원을 벌었다면 정부가 부족한 500만 원을 지급해서 2000만 원을 채워주자는 얘기입니다. 그렇게 해주면 모든 사람들에게 기본적으로 2000만 원의 소득이 생기지 않습니까. 그러니까 일체의 복지제도를 없애버리자고 주장했습니다. 의료보험, 기초연금제도 같은 복지 제도를 없애버리고 2000만 원을 줬으니까 알아서 잘 살아라, 국가가 해주는 역할은 여기까지다 하고 선을 긋자는 것이었죠. 당시 닉슨의 상대 후보였던 조지 맥거번George McGovern의 대선 공약에도 올라왔던 내용입니다. 이미 그 시절에 기본소득의 원형이 구상되고 있었다는 것이죠.

그런데 이게 왜 지금 와서 핀란드나 스위스, 독일 같은 곳에서 논의가 활발해졌을까요? 핀란드의 경우 집권 여당이 작년에 계획을 발표했습니다. 실질적인 추진 계획안을 만들고 2016년 말에 의회에 상정하겠다고요. 핀란드는 기준 금액을 1인당 월 150만 원 정도로 상정했습니다. 핀란드에 살고 있는 사람이라면 누구에게나 한 달에 150만 원을 주는 거죠. 어린아이들에게도요. 그러니까 아버지, 어머니, 자녀 둘이 있는 4인 가족이라면 한 달에 600만 원이 들어오는 거예요. 미국과 캐나다는 국가 차원이 아니라 주별로 논의가 되고 있는 상태입니다.

지금 말씀드린 나라들은 사실 다 부유한 국가들이잖아요. 그래서 그런 게 가능한 게 아니냐고 반문하실 수도 있겠습니다. 우리나라에서의 기본소득 기준을 1인당 50만 원으로 생각하는데 그렇게 4인

가족이면 한 달에 월 200만 원이 들어갑니다. 우리나라 인구가 대략 5000만이죠? 12개월이면 1인당 600만 원이 필요하니까 곱하기 5000만을 하면 1년에 300조 원입니다. 대학민국 정부의 1년 예산이 400조 가까이 되는데 예산을 어떻게 여기에 다 쏟아붓느냐고 하는 거죠. 그런데 사실 그중에 이미 120조 정도가 복지 예산입니다. 복지 중에는 기본소득과 겹치는 게 상당히 많습니다. 기초생활보장법에 의한 기초생활수급 같은 게 여기에 포함되겠죠. 그런데 기본소득 개념으로 접근하면 이런 기초생활수급, 노인연금 같은 것들은 없애도 되는 겁니다. 그러니 불가능한 이야기가 아니라는 겁니다.

거기에 더불어 기업의 법인세를 올리자는 주장도 있습니다. 우리나라 법인세 세율은 상당히 높은 편이지만 면세 조항이 너무 많습니다. 그래서 실질 조세 비율, 그러니까 실제로 세금을 내는 비율은 법정 세율보다 훨씬 낮습니다. 그래서 기본소득을 주장하시는 분들은 OECD 평균 실질 조세 비율에 맞추기만 해도 연간 200조 원 정도의 세수가 더 확보될 것이라고 합니다. 기업들은 당장 돈이 더 나가는 것이기 때문에 반대하겠지만 실제로 그렇게 나온 돈이 국민에게 가면 결국 소비가 늘고 그 소비로 인해 혜택을 보는 것은 기업이라는 추정을 하는 겁니다.

저는 작년까지만 해도 기본소득이라는 건 적어도 2,30년은 있어야 실행될까 말까 하겠다고 예측했는데 아까도 말씀드렸듯이 기술이 발전하면서 일자리가 사라지는 속도가 너무 빨라졌습니다. 핀란드는 우파정권이 정권을 잡고 있는데 기본소득을 도입하겠다고 나선 이유가 실업률이 15퍼센트를 넘었기 때문입니다. 복지국가를 만들었지만 복지국가도 실업률에는 장사가 없습니다. 실업률이 올라가면 세수가 줄어들기 때문에 직접적인 영향을 받게 됩니다. 그래서 북유럽의 사민주의 국가들은 실업률을 굉장히 중요하게 생각하는 것입니다.

경험과 정보의 조화로운 결합이 필요한 시대

지금 이 기본소득 논의가 베이비붐 세대와 무슨 관련이 있을까요? 베이비붐 세대들은 굉장히 오랜 시간 동안 대한민국이라는 사회에 살면서 다양한 경험을 했고 파란만장한 사회 변화를 겪었습니다. 그렇기 때문에 풍부한 경험에 따른 원숙한 판단력이 있습니다. 문제는 지금 현재 벌어지고 있는 2016년의 변화와 미래사회에 대한 경험, 그리고 정보가 부족하다는 것입니다. 이전에 살아온 시절에 대해서는 누구보다 잘 알 것입니다. 유신정부가 어땠는지, 전두환 정부 때는 어땠는지, IMF 위기는 어떻게 극복했는지 다 기억하실 겁니다. 하지만 현재의 변화에 대해서는 비교적 둔감한 편입니다.

이명박 정권을 보면 잘 알 수 있습니다. 4대강 사업이 바로 과거에 통했던 방법으로 현재의 문제를 해결하려 했던 대표적인 케이스입니다. 그 많은 돈을 퍼부어서 공사를 했지만 우리 사회에 일자리가 늘어난 것도 아니고 경제가 되살아나서 소비가 증가되지도 않았고 투자한 돈만 사라져버렸습니다. 이명박 전 대통령도 나름대로 현대건설을 움직이면서 과거에 굉장히 많은 경험을 축적한 노련한 경영인인데 왜 이런 결과가 나왔을까요? 지금의 현대사회는 과거의 방법으로 문제를 해결할 수 있는 시대가 아니기 때문입니다.

그런데 여러분들의 자녀세대인 에코 세대들은 현재 벌어지고 있는 사회의 실상을 그 어떤 세대보다 정확하게 알고 있습니다. 그들은 현재 사회가 어떻게 망가지는지, 그리고 자신들의 일자리가 왜 없어지는지에 대해 온몸으로 체감하고 있습니다. 하지만 문제를 해결할 방법을 찾는 데에 필요한 원숙한 판단력은 조금 부족할 수 있습니다. 그래서 이런 대비가 만들어지는 것입니다. 그렇다면 답은 명확해집니다.

정보는 전달이 가능합니다. 그러나 경험과 판단력은 전달이 잘 안됩니다. 평생을 살아오면서 느낀 경험들을 어떻게 전달하시겠습니까. 그리고 그 경험에서 비롯된 원숙한 판단력을 어떻게 젊은 층에게 가르치겠습니까. 지금 에코 세대가 겪고 있는 현대사회의 문제점들은 대부분 정보에 의해 인식됩니다. 그러니 베이비붐 세대들은 현대사회가 어떻게 돌아가고 있고 어떤 문제를 가졌는지 정보를 통해 파악하고 젊은 세대에게 필요한 적절한 판단을 내려줄 필요가 있습니다.

외람된 말씀이지만 앞으로 다가올 사회의 주인은 베이비붐 세대가 아니에요. 여러분들은 앞으로 남은 인생을 잘 살아가시면 됩니

지금 에코 세대가 겪고 있는 현대사회의 문제점들은 대부분 정보에 의해 인식됩니다. 그러니 베이비붐 세대들은 현대사회가 어떻게 돌아가고 있고 어떤 문제를 가졌는지 정보를 통해 파악하고 젊은 세대에게 필요한 적절한 판단을 내려줄 필요가 있습니다.

다. 앞으로의 사회는 에코 세대의 몫이거든요. 그보다 더 어린 세대들의 몫이기도 하고요. 하지만 그들의 힘만으로는 이 사회를 바람직하게 변화시키거나 발전시킬 대안을 만들 역량이 아직은 부족합니다. 그러니 여러분이 정보를 받아들이셔야 합니다. 에코 세대가 어떤 생각을 하는지, 어떤 고통에 빠져 있는지, 어떤 고민을 하고 있는지 먼저 나서서 물어보고 답을 들어야 합니다. 할 수 있는 한 최선을 다해서 새로운 사회를 만들어갈 수 있는 대안을 만들어내고, 그 대안을 사회에 제시하셔야 됩니다. 이게 여러분들이 이 사회에 해줄 수 있는 가장 중요한 역할입니다.

저는 문재인이 어떻고 안철수가 어떻고 박근혜가 어떻고 말하는 게 21세기의 정치라고 생각하지 않습니다. 우리 사회가 어떻게 살아날 수 있는가에 대해 고민하며 어떤 문제가 있고 어떤 갈등이 있는가를 이해하고 대화와 타협을 통해 대안을 만들어낼 수 있는 의사결정 자체가 정치의 핵심이라고 봅니다. 지금 여러분이 해야 할 가장 중요한 일은 미래를 어느 방향으로 이끌고 갈지를 결정하는 것입니다. 그 결정권을 갖고 계시기 때문에 결정할 의무가 있는 것입니다.

그렇게 하기 위해서는 나 하나만 올바른 생각을 가지고 나 하나만 열심히 살면 문제가 해결될 것이라는 자세를 버리셔야 합니다. 지금 20대들이 겪는 문제들은 결코 나 혼자 열심히 한다고 해결되는 문제들이 아닙니다. 사회 구조의 문제를 누군가 신경 써야 하는 시대가 됐습니다. 가까이에 있는 에코 세대들, 아마도 여러분의 자녀들이겠죠. 그 자녀들과 이런 얘기를 나눠보십시오. 처음에는 대화가 잘 이어지지 않더라도 차근차근 이야기를 이어나가고 대안을 찾을 수 있도록 도와주세요. 아주 뻔하지만 가장 의미 있는 일을 하셔야 합니다. 바로 세대를 넘어선 대화를 통해 다음 세대에게 필요한 게 뭔지 판단하고 그들에게 도움을 주는 것 말입니다.

4

공유하고 소통하고
나누는 집

기   노   채
하우징쿱주택협동조합 이사장

우리나라 최초의 주택소비자협동조합인 하우징쿱주택협동조합(이하 하우징쿱) 이사장으로 서울주택도시공사(SH공사) 이사회 의장과 서울특별시 건설심의위원회 위원으로 활동하고 있으며, 아틀리에건설㈜이라는 중소건설업체를 운영 중이다. 서울대학교 건축학과를 졸업한 후, 1984년 현대건설㈜ 입사를 시작으로 현재까지 국내외 수많은 건설 프로젝트에서 건설사업 기획, 사업성 검토, 디자인 자문, 건설시공, 건설기술 자문, 주택정책 자문 및 건설경영 활동을 계속하고 있다. 2010년부터 공급자 중심이 아닌 소비자 중심의 협동조합주택과 공유주택에 관심을 가지고 다양한 사업 구상과 이론 정립을 거친 후, 2013년 6월 주택소비자와 주택전문가들과 함께 하우징쿱을 설립하여 여러 형태의 협동조합주택과 공유주택의 공급을 추진하고 있다.

그는 이번 강의에서 사회 구조와 주거문화의 급격한 변화를 맞고 있는 한국사회 50+세대들에게 협동조합주택과 공유주택이라는 새로운 개념의 공동체 중심 주택을 제시한다. 실제로 이러한 새로운 공동체 중심 주택을 기획하여 보급하고 있는 그의 생생한 경험과 현실적 조언은 아파트 중심의 주거 문화에서 벗어나, 이웃과 함께하는 새로운 주거공간을 희망하는 50+세대들에게 주택에 대한 새로운 가치정립과 대안 모색의 기회를 한껏 선사할 것이다.

은퇴 후 나는
어떤 집에서
살 것인가

저는 오늘 여러분들과 우리가 살아가는 집에 대한 이야기를 나눠보려고 합니다. 저는 강의를 전문적으로 하는 전문 강사가 아니라, 상당히 오랫동안 건설 및 주택 분야에 관련된 다양한 현장 실무활동을 해온 건설경영인이기 때문에, 주택 분야에 대해 조금이나마 여러분에게 구체적이고 실질적인 도움을 드릴 수 있지 않을까 생각합니다.

일단 저에 대해 대략적인 설명을 드려야 할 것 같은데요, 저는 1984년 현대건설 입사를 시작으로 건설산업에 뛰어든 지 대략 33년 정도 됐습니다. 1993년 건축시공기술사 자격을 취득했고, 건설산업과 주택산업 분야에서 다양한 경험과 연구를 해왔기 때문에 적어도 이 분야에서는 전문가라고 자부할 만하다고 생각합니다. 저는 2000년 초까지 대형 건설업체에서 근무하다가, 2000년부터 직접 작은 건설업체를 설립하여 운영해오고 있습니다.

회사가 점차 안정화되기 시작한 2010년 초 어느 날, 문득 건설이라는 분야만큼 철저히 소비자를 배제시키는 분야가 있을까 하는 생각이 들더라고요. 그래서 관점을 공급자 입장에서 소비자의 입장으로 바꿔보는 것이 큰 의미가 있겠다는 생각을 하게 되었습니다. 주택소비자협동조합을 구상하게 된 것이지요. 당시에 일반 협동조합에 대한 자료는 많이 있었지만 주택협동조합에 대한 연구나 자료가 거의 없어서 인터넷을 통해 해외자료를 찾아보고, 매월 정기적으로 주택건설협동조합포럼을 개최해 다양한 분야의 전문가와 함께 연구와 토론을 진행해왔습니다. 이러한 활동이 이후 하우징쿱 설립 배경과 기반이 되었습니다.

집이 달라지고 있다

우리의 주택 환경은 인구 구조의 변화와 함께 빠르게 바뀌고 있습니다. 특히 저출산으로 인한 유소년 인구의 감소와 인구의 노령화, 인구성장률 및 절대인구수의 감소 같은 인구통계학적 현상들은 앞으로 주택산업의 방향에 가장 큰 변수로 작용할 것입니다. 또한 제4차 산업혁명의 본격적인 진행, 경제성장력 둔화, 일자리 부족, 빈부격차의 지속적인 확대, 사회적 갈등의 심화 같은 사회적 요인들도 주택산업에 큰 영향을 끼칠 겁니다.

이런 환경 변화는 50+세대들에게 몇 가지 시사점을 던져줍니다.

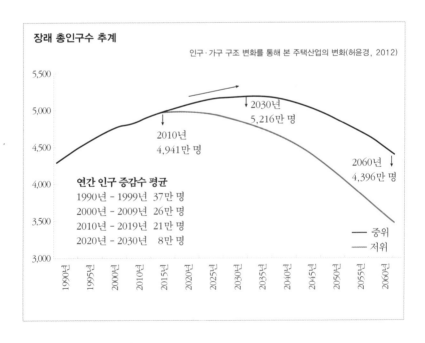

장래 총인구수 추계

인구·가구 구조 변화를 통해 본 주택산업의 변화(허윤경, 2012)

2010년
4,941만 명

2030년
5,216만 명

2060년
4,396만 명

연간 인구 증감수 평균
1990년 - 1999년 37만 명
2000년 - 2009년 26만 명
2010년 - 2019년 21만 명
2020년 - 2030년   8만 명

중위
저위

첫째, 이웃과 함께하는 새로운 유형의 주택개발과 보급이 필요하다는 것입니다. 오늘날 우리나라에 공급되는 주택 형태는 대부분 아파트에 집중되어 있습니다. 그런데 아파트에서 만들어진 문화는 단적으로 말해 단절의 문화를 상징하죠.

경부고속도로 서울 구간 옆에 대기업이 공급한 최고급 아파트인 J아파트가 있어요. 고속도로 밑에는 고속도로로 인해 끊어진 아파트단지와 단독주택 지역을 연결하는 작은 통행로가 있는데 얼마 전 아파트 진입 통행로 입구에 이런 경고문이 붙어 있는 것을 보았습니다.

경고문: 단지 내 외부인 출입금지 – 보안근무자가 순찰 시 세대 키 확인 후 외부인일 경우 퇴출조치 합니다.

아파트 단지 내 입주민들은 기존 단독주택 지역으로 마음대로 들어갈 수 있는데, 아파트 입주민을 제외한 사람들은 허가 없이 아파트 단지로 들어가지 못 한다는 거예요. 건물 내부공간에 들어간다면 문제가 될 수 있겠지만, 이웃 아파트에 있는 아름다운 정원 정도는 자유롭게 구경할 수 있는 거잖아요. 그런데 아파트에 거주하지 않는 외부 사람을 무슨 잠재적 범죄자 취급하듯 하는 것을 보니, 이웃이 사라진 우리 문화의 단상을 보는 것 같아 마음이 쓸쓸했습니다. 이렇게 단절된 주거문화, 바꿔야 하지 않을까요?

둘째, 주택 가격과 유지비용 문제를 지적할 수 있습니다. 경제 성장이 둔화되고 있고 50대 이상일수록 가계수입은 급속히 줄어들기 때문에 주택 가격(또는 임대료)과 유지관리비가 적은 주택이 필요합니다.

셋째, 향후 주택은 정보통신기술, 즉 인공지능과 같은 과학기술과 결합하여 스마트홈 같은 새로운 주택으로 진화합니다. 주택 소비자들은 이렇게 새로운 주택을 통해 좀 더 편리한 주거서비스를 받을 수 있고 넓은 세상과 새로운 소통 채널을 만들어갈 수 있을 겁니다.

넷째, 환경보전을 위해 다양한 대체에너지 관련 기술이 주택에 급속히 도입될 것이라는 점입니다. 환경문제에 대한 국제적 협력과 실천이 이루어지는 가운데, 대체에너지를 이용하고 주택의 에너지 효율성을 높여 인간과 자연이 공존할 수 있는 주택을 개발하는 쪽으로 변화가 이루어질 것입니다.

앞으로의 주거 환경은 어떻게 변화될까요? 2030년을 정점으로 우리나라 인구수가 점차 감소될 것이라고 합니다. 인구증가율뿐만 아니라 절대 인구가 감소될 것으로 추정되고 있는데, 그렇다면 앞으로 주택 수요는 없어질까요? 그렇지 않습니다. 신규 주택의 대규모 양적 공급은 줄겠지만, 불안전하고 낮은 품질의 주택을 대체하는 대체 수요와 새로운 소비자 욕구를 반영한 새로운 유형의 주택 수요는 지속적으로 증가하게 될 것이기 때문이죠. 고령화의 급속한 진행에 따라 주택과 정보통신 및 인공지능이 결합한 스마트홈 시스템과, 핵가족화의 가속화로 나타나는 인간소외 현상을 극복하기 위한 대안 주택인 협동조합주택과 공유주택 등이 그러한 예라고 할 수 있습니다. 새로운 유형의 주택 수요는 획일화된 공동주택을 공급하는 대규모 도시재개발과 재건축보다는 개인의 구체적 욕구를 담아낼 수 있는 소규모 도시재생에 대한 필요성으로 이어집니다.

은퇴 이후,
우리는 어디에 살아야 할까

한국개발연구원에서 발표한 연령계층별 생산가능 인구 지표에 따르면 2010년에는 전체의 73퍼센트가 생산가능 인구인데, 2060년으로 가면 49퍼센트까지 떨어집니다. 생산가능 인구의 고령화가 급속히 진행되고 있다는 거예요. 하지만 인구의 고령화가 노동력의 상실을 의미하는 것은 아닙니다. 오히려 문제가 되는 것은 독거노인 가구를 포함하여 1~2인 가구가 급증하는 가족 해체 현상입니다. 이러한 환경 변화는 소형주택 수요와 소외현상을 극복하기 위한 새로운 대안주택 수요를 한층 높여주겠지요.

베이비붐 세대는 1955년부터 1963년까지 출생한 세대로 이미 은퇴를 했거나 본격적으로 은퇴가 진행되는 시기에 놓여 있습니다. 베이비붐 세대의 인구수는 총 808만 명으로 전체 인구의 16.1퍼센트를, 가구수는 총 430만 가구로 전체 가구의 24.8퍼센트를 차지하고 있습니다. 이 세대는 인구의 74.5퍼센트가 고등학교 이상의 고학력자들이지만, 순자산은 생각보다 그리 많지 않습니다. 2012년 통계

중위가정에 의한 연령계층별 생산가능인구 전망(2010~2060)

통계청 〈장래인구추계〉(2005)

연 도		2010	2020	2030	2040	2050	2060
총인구		49,410	51,435	52,160	51,091	48,121	43,959
생산가능인구		35,983	36,563	32,893	28,873	25,347	21,865
구성비		72.8	71.1	63.1	56.5	52.7	49.7
15~64세 인구	15~24세	6,677	5,679	4,494	4,396	3,971	3,201
	25~49세	20,427	18,650	16,243	13,759	11,454	10,698
	50~64세	8,878	12,234	12,156	10,718	9,923	7,966
구성비 (%)	계	100	100	100	100	100	100
	15~24세	18.6	15.5	13.7	15.2	15.7	14.6
	25~49세	56.8	51.0	49.4	47.7	45.2	48.9
	50~64세	24.7	33.5	37	37.1	39.1	36.4

(단위: 천 명, %)

를 보면 베이비붐 세대의 평균 총자산은 2억8000만 원인데, 이 중 부채가 9000만 원이니까 순자산은 불과 1억9000만 원 정도밖에 되지 않습니다. 은퇴를 앞뒀는데 순자산이 이 정도 규모라는 건, 현재 수입원이 사라졌을 때 많은 사람들이 중산층에서 빈곤층으로 쉽게 떨어질 수 있다는 것을 의미합니다.

베이비붐 세대 자산 구조에서 더 심각한 문제는 총 자산의 84퍼센트가 금융자산이 아닌 주택과 부동산에 집중되어 있다는 것입니다. 소유자가 직접 사용하는 주택은 자산이기는 하지만 일종의 소비성 자산이기 때문에 어떤 수익을 창출하지는 못합니다. 따라서 베이

베이비붐 세대 사회경제적 특성

베이비붐 세대 주택 수요 특성 분석(김찬호, 주택산업연구원, 2012)

항목		특징		
인구 특성	인구수	총 808만 명 (전체 인구 중 16.1%)		
	특징	1955년 ~ 63년 출생 인구로 사회적 은퇴 본격적으로 진행		
가구 특성	가구수	총 430만 가구(전체 가구 중 24.8%)		
	가구원수 분포	1인 가구(9.7%)	2인 가구(18.9%)	3인 가구(24.8%)
		4인 가구(35.1%)	5인 이상(11.5%)	
교육·직업 특성	학력	고등학교 졸업 이상 74.5% (대학 졸업 30.1%)		
	직업	근로자 약 64%, 자영업 약 35%		
		서비스업 20%, 단순노무 15.2%, 사무직 13.8%, 기능직 11.1%		
경제적 특성	자산	총자산 2억8,000만 원(주택64%, 주택 외 부동산20%, 금융16%)		
		순자산 1억900만 원, 부채 9,000만 원		
	소득 및 지출	월 총소득 344만 원		
		월 지출: 생활비 180만 원, 주거비 27만 원, 저축 93만 원, 기타 44만 원		

비붐 세대는 은퇴 후 정기적인 수입원이 없어지게 될 때를 대비해 자산에 대한 포트폴리오를 잘 분석하고 재조정하는 것이 어느 때보다 중요해지는 것입니다. 만약 자산소득이 없고 국민연금 수령액도 적다면 새로운 일자리를 통해 수입을 얻지 않는 한 생계가 무척 어려워지게 되는 것이지요. 따라서 베이비붐 세대는 자신의 자산규모를 고려해 주택 규모를 축소 조정하고 이웃과 주택 공간의 일부를 공유함으로써 주택투자 비용과 유지관리 비용을 줄여나갈 수 있어야 합니다. 물론 새로운 주거가 새로운 일자리와 연계된다면 더욱 좋겠지요. 베이비붐 세대에게는 주택을 '짓는' 문제보다 총자산에서

특히 한국과 미국, 일본의 베이비붐 세대 은퇴 상황을 비교해보면, 한국의 베이비붐 세대의 금융자산은 일본과 미국에 비해 월등히 적고 국민연금이나 노령연금도 아주 낮은 수준이라는 걸 알 수 있어요. 이미 은퇴 연령도 계속해서 낮아지는 추세이고, 임금피크제의 도입으로 정년에 가까워올수록 월급이 삭감되는 기업도 많습니다.

주택 관련 자산규모 조정 문제, 그리고 주거와 일자리를 어떻게 연결할 것인가 하는 문제가 훨씬 중요한 것입니다.

특히 한국과 미국, 일본의 베이비붐 세대 은퇴 상황을 비교해보면, 한국의 베이비붐 세대의 금융자산은 일본과 미국에 비해 월등히 적고 국민연금이나 노령연금도 아주 낮은 수준이라는 걸 알 수 있어요. 이미 은퇴 연령도 계속해서 낮아지는 추세이고, 임금피크제의 도입으로 정년에 가까워올수록 월급이 삭감되는 기업도 많습니다. 50대에 들어 은퇴를 했거나 은퇴를 코앞에 둔 베이비붐 세대들은 철저한 준비와 대책이 필요합니다.

베이비붐 세대의 주거 특징을 보면 연령대가 높을수록 지방 거주 비율과 단독주택 거주 비율, 자가 점유 비율이 높고 또한 주택규모가 큽니다. 여러 가지 상황을 고려할 때 베이비붐 세대의 은퇴 이후 자산 포트폴리오 재구성을 위한 주택의 급격한 매도 가능성은 그리 크지 않을 것 같습니다. 그동안 수차례 경험해온 주거 불안정에 대한 두려움 때문이죠. 많은 사람들이 향후 주택가격이 안정되거나 하락할 가능성이 높다고 예상하고 있지만 한편으로는 주택을 소유하지 않을 경우 지불해야 할 주택 임대료에 대한 불안감 역시 갖고 있습니다. 그래서 은퇴 후 주택 자산을 어떻게 해야 할 것인가에 대한 고민이 많은 것 같습니다. 수익형 부동산에 대한 관심은 많이 있는데 축적해놓은 금융자산이 많지 않기 때문에 이를 실현할 방법들이 현실적으로 많지 않은 것이지요.

베이비붐 세대가 은퇴 후 희망하는 주거지를 보면 대략 22퍼센트

한·일·미 베이비붐 세대의 은퇴 상황 비교

이판용, 농협경제연구소(2011)

구분	한국	일본	미국
대상자	1955~1963	1947~1949	1946~1964
대상자수	712만 명(인구의 14.6%)	680만 명(인구의 5%)	7,700만 명(인구의 30%)
자산(가구별)	2억8,000만 원	5,556만 엔	64만 달러
금융자산(가구별)	6,000만 원	2,202만 엔	41만 달러
수령연금	국민연금 (18%만 해당)	국민연금 (1인당 6만 엔) 후생연금 (1인당 10만 엔) 기업연금 (1인당 10~15만 엔)	사회보장연금 개인연금(15%만 해당) 퇴직연금
예상 가계소득 및 부족액	200만 원 이하 가계 70%	월 가계 부족액 4만 엔	월 가계 부족액 2,500 달러(개인연금 제외)
국민연금 고갈 시기	2050년	2020년	2040년
퇴직연금 현황	29조5,000억 원	79조 엔	6.6조 달러
정년	대기업정년 60세 권고 실제 55세	65세	법적정년 금지 사회통념상 65세

만이 대도시를 선택합니다. 현재는 대도시의 공동주택에 살지만, 은퇴 이후에는 지방으로 옮겨가 전원형 단독주택에 살고 싶다고 말해요. 하지만 많은 사람들이 꿈꾸는 전원주택 생활이라는 것이 사실 그리 만만치가 않습니다. 저는 건설업을 하기 때문에 전원주택을 많이 지어봤고 은퇴 후 전원생활 하시는 분들을 많이 봤는데, 치밀한 준비 없이 귀촌을 실행하시면 큰 낭패를 볼 수 있어요. 실제 전원생활은 이상과는 큰 거리가 있기 때문이지요.

요즘 은퇴자가 가장 거주하고 싶어 하는 지역은 천혜의 자연경관을 가진 제주도입니다. 저는 얼마 전 하우징쿱을 통해 제주특별자치도 서귀포시 표선면 가시리에 은퇴 세대를 대상으로 하는 협동조합 주택을 16세대 지었습니다. 2년 전인 2014년에 사업부지를 평당 34만 원에 매수했는데 현재는 평당 120만 원으로도 사기 어려울 정도로 폭등했습니다. 폭등한 지가와 높아진 주택 가격도 문제지만 더 큰 문제는 이주자의 현지 적응입니다. 치밀한 준비 없이 이주하게 되면, 원주민들과 융화되지 못하고, 특별한 일자리도 없이 매일 반복되는 삶에 오히려 더 큰 스트레스와 외로움을 느끼게 됩니다. 세찬 바람과 궂은 날씨 같은 새로운 기후에 적응하는 것도 쉽지 않아, 얼마 지나지 않아 귀촌을 후회하게 됩니다.

이러한 문제점을 극복하기 위해 단독 이주가 아닌 친구들이나 동호회원들과 함께 집단으로 이주하는 경우도 있습니다. 하지만 이러한 경우도 보통은 집단 내 갈등과 분열이 생겨 공동체가 깨지는 등의 다양한 문제가 발생합니다. 철저한 준비 없는 전원생활은 좋지 못한 결과로 이어지는 경우가 많아요.

질 좋은 집을
지어야 하는 이유

그렇다면 주택협동조합 방식으로 집을 짓는 것은 어떨까요? 주택협동조합은 자신이 원하는 최소한의 공간을 가진 주택, 좋은 이웃들과 함께 어울려 살 수 있는 주택, 자산과 소득 대비 부담 없는 가격의 주택, 보여주기 위한 화려한 집이 아닌 건강하고 친환경적인 주택을 마련할 수 있는 방안을 함께 모색할 수 있는 길을 열어줍니다.

건축물과 관련된 비용에는 생애주기비용Life Cycle Cost이라는 것이 있습니다. 건축물에 대한 사업기획, 기본설계 및 상세설계, 건축 시공, 준공 후 유지관리, 철거까지 건축물에 투입된 총비용을 말하는 것이죠. 이 가운데 사업기획, 설계, 시공 단계의 비용을 초기 투자비용이라고 하는데 그 비율은 대략 15~25퍼센트로 알려져 있습니다. 달리 말하면 건축물은 초기 투자비용보다 유지관리에 더 큰 비용이 지불된다는 것이죠. 이러한 수치를 보면 건설회사와 소비자의 관점 차이가 명확하게 보입니다.

주택에 직접 거주하는 소비자는 유지보수비까지 포함한 총비용이 가장 적은 주택을 원합니다. 하지만 건설회사는 소비자가 향후 지불할 유지보수비를 줄이는 것보다 이익을 극대화하기 위해 시공 원가를 줄이는 데 더 주력하게 되죠. 이처럼 주택의 공급자는 소비자와는 다른 입장을 가집니다.

여기서 눈여겨보셔야 할 것이 바로 사업기획 비용과 설계 비용입니다. 전체에서 고작 1~3퍼센트밖에 안 되는 아주 적은 금액이지만, 사실 건물의 가치에 가장 절대적인 영향을 미치는 요소입니다. 가령 도심에 있는 저렴한 다세대주택 한 채의 가격이 15억 원 정도 된다고 합시다. 건설시장에서는 보통 건축 설계비로 2000만 원 정도만 할애합니다. 그런데 이처럼 저렴한 비용으로 진행한 설계는 다세대 주택이라는 건물의 자산가치와 건물의 품질을 규정해버립니다. 기획과 설계에 많은 공을 들여야 하지만 많은 공급자들이 단기이익을 위해 이것의 중요성을 간과하고 있어요.

여러분이 건물을 짓게 된다면 기획과 건축설계 비용을 아끼려고 하면 절대 안 됩니다. 생애주기비용에서 보면 사업기획비, 건축 설계비와 건설 공사비를 절감하는 것보다 유지보수비를 낮추는 것이 훨씬 더 중요합니다. 특히 은퇴 세대들은 자산소득이 적고 안정적인 수입이 적기 때문에 유지관리비가 적은 주택을 선택하셔야 합니다.

다음으로 콘크리트 구조의 건축물 내용연수를 보면 미국, 영국 등 대부분의 선진국은 100년이 넘습니다. 그런데 한국은 20여 년에 불과할 정도로 매우 짧습니다. 단순하게 표현하면 한국에서는 매년 건물가치의 5퍼센트가 감가상각되어 사라진다는 거예요. 저는 주택을 포함한 건축물이라는 것은 최소한 100년 가는 건물이어야 한다고 생각합니다. 엉성하게 20년 가는 건물을 짓기보다는 제대로 지어서 오래 사용하는 구조가 되어야 자원도 절감할 수 있고 궁극적으로 우리의 주거비용을 줄일 수 있겠죠.

실례로 제가 직접 방문한, 대형건설회사가 지은 아파트에 대해 말씀드릴게요. 이 아파트는 준공된 지 5년이 채 안 됐는데 외벽에는 곰팡이가 잔뜩 슬었습니다. 실내 단열을 하지 않아 냉기가 외벽의 일부를 타고 들어와 결로가 생긴 것이죠. 여기에 시공한 벽지는 고급 수입벽지인데 최저가 입찰을 통해 협력업체를 선정하니 시공품질은 현저히 떨어져 시간이 지나자 벽지가 일어나고 있습니다. 단기적으로는 최고급 자재로 인해 멋져 보이지만 중장기적으로는 낮은 시공품질로 문제가 발생하는 거죠. 지붕에서는 누수 보수를 위해 실리콘을 잔뜩 발라놨어요. 또 집 안의 전기램프를 보시면 거의 대부분이 할로겐램프입니다. 이 램프는 발열이 엄청나고 효율성도 떨어져 전기소비가 매우 큽니다. 도면을 보니까 아파트 한 채의 소비전력이 6.5킬로와트예요. 매월 전기요금으로 계산하면 수십만 원이 나옵니다. 하지만 건설회사는 할로겐 빛이 삼파장 빛에 비해 아름답게 보이기 때문에 주택소비자의 감성을 자극해 분양을 촉진하려고 이러한 램프를 채택했을 겁니다.

주택협동조합이라는
대안

소비자의 잠재적 욕구를 주택건설에 반영한다는 것은 공급자의 이익과 상치되는 순간 쉽지 않은 것이 되어버립니다. 그래서 소비자 입장에서 신규주택을 공급할 새로운 주체, 즉 소비자주택협동조합이 필요한 것입니다. 주택협동조합이란 '공동으로 소유되고, 민주적으로 운영되는 주택공급과 관리사업을 하는 법인체를 통하여, 안전하고, 경제적이고, 편리하고 아름답고 쾌적한 주택 및 커뮤니티에 대한 필요와 욕구를 충족시키기 위하여, 주택소비자들이 자발적으로 모여 결성한 자율적 단체'를 의미합니다.

협동조합은 원래 영리를 목적으로 한다기보다는 조합원이 기여하는 노동, 자산, 상품서비스 이런 것에 대한 보상을 극대화하는 것입니다. 주택협동조합은 주택사업을 해서 사업이익을 극대화하는 것이 아니라 조합원에게 좋은 주택을 합리적인 가격으로 공급하는 것이 일차적인 목적이고, 일반 협동조합처럼 국제협동조합연맹의 7대 원칙을 준수합니다. 일반 협동조합과 차이가 있다면, 원래 협동조합은 외부의 도움 없이 자발적으로 가입한 조합원의 출자금으로 사업을 추진하는 것이 일반적이지만, 주택은 인간의 기본권인 주거권에 관한 것이고 매우 고가의 상품이라 저소득층이 스스로 문제를 해결하기 어렵기 때문에, 저소득층 대상 주택협동조합의 경우 공공의 개입과 지원이 꼭 필요하다는 점입니다.

주택협동조합은 19세기 중반에 일반 소비자협동조합과 비슷한 시기에 등장했습니다. 과거 우리 조상들이 모내기할 때 함께 도우며 한 것처럼, 조합원들이 노동력과 자금을 조금씩 모아서 협업으로 집을 짓는 것에서 시작되었어요. 20세기에 들어오면서 산업화, 도시화의 급속한 진행과 대규모 전쟁으로 인해 도시지역 주택이 절대적으로 부족해지면서 다양한 도시 보건문제와 사회문제가 발생하게 되었습니다. 그러자 공공은 저소득층을 위한 사회주택의 공급과 함께 공공과 민간의 중간적 성격을 갖는 주택협동조합의 역할에 주목해 다양한 지원을 하기 시작했죠. 택지를 저렴하게 공급한다든가, 낮은 금리로 주택건설자금을 빌려준다든가, 세제혜택을 준다든가 하는 식의 공공지원을 통해 주택협동조합이 저렴한 주택을 공급할 수 있는 기반을 만들어 준 거예요. 당시는 소비자 입장에서의 좋은 집을 짓는 것보다는 가능한 저렴하게 건축해서 입주자 소득 대비 적정가격으로 입주할 수 있게 하자는 것이 주된 목적이었습니다. 그래서 국가별 차이는 있지만 대체적으로 유럽에서는 20세기 전반기에 주택협동조합이 빠르게 성장했습니다.

유럽의 협동조합주택을 보면 전체의 5.1퍼센트가 협동조합 주택이고 9.1퍼센트가 사회임대주택입니다. 물론 국가별로는 상당한 차이가 있는데요, 스웨덴의 경우 39.1퍼센트가 협동조합주택과 사회주택이니까 주거복지가 상당히 안정되어 있다고 볼 수 있겠죠. 한국은 공공임대주택이 6퍼센트를 약간 넘는 정도이고 협동조합주택은 이제 시작하는 단계라 할 수 있습니다.

그런데 우리나라의 경우 주택 보급률이 2013년에 이미 100퍼센트가 넘었습니다. 과거 20세기 전반기 유럽과는 달리 주택이 양적으로 부족한 것이 문제가 아니라 저소득층의 불량주택과 중산층 대상의 저렴하고 좋은 주택이 부족하다는 것이 문제인 것이죠. 그래서 과거 유럽 선진국의 경우와는 다른 사업추진 목표와 방향을 찾아야 했습니다. 소득 대비 적정주거비만을 목적으로 무조건 저렴하게 짓는 것이 아니라 우리나라 상황에 맞는 주택협동조합의 방향 정립에 대한 고민이 시작된 것이지요. 서구의 경우에도 20세기 후반기에 들어서는 양적 공급이 충족되자 그 뒤에 새롭게 대두된 문제가 바로 커뮤니티의 중요성이었습니다. 경제의 발전과 개인주의화, 그리

유럽·북미 협동조합주택과 사회임대주택 현황

데이터 재구성 Profiles of a Movement:
CO-OPERATIVE HOUSING Around the World (2012) ICA

국가명	인구수(a)	주택수(b)	협동조합 주택수(c)	사회임대 주택수(d)	협동조합주택 비중(c/b)	사회임대주택 비중(d/b)	(c+d)/b
유럽							
에스토니아	1,340,000	651,000	392,000	-	60.2%	0.0%	60.2%
스웨덴	9,482,855	4,508,000	997,969	766,360	22.1%	17.0%	39.1%
오스트리아	8,390,000	4,200,000	368,000	966,000	8.8%	23.0%	31.8%
폴란드	38,200,037	13,302,500	2,583,000	1,330,250	19.4%	10.0%	29.4%
프랑스	64,876,618	31,264,000	323,622	5,940,160	1.0%	19.0%	20.0%
영국	62,698,362	27,108,000	45,000	4,879,440	0.2%	18.0%	18.2%
노르웨이	5,000,000	2,400,000	261,250	100,800	10.9%	4.2%	15.1%
스위스	7,639,961	4,000,000	172,000	300,000	4.3%	7.5%	11.8%
체코	10,548,527	3,900,000	432,000	-	11.1%	0.0%	11.1%
아일랜드	4,588,252	1,940,000	5,300	151,320	0.3%	7.8%	8.1%
스페인	47,190,493	25,129,000	1,439,104	502,580	5.7%	2.0%	7.7%
벨기에	10,951,665	5,043,000	11,000	353,010	0.2%	7.0%	7.2%
헝가리	9,985,722	4,303,000	300,000	-	7.0%	0.0%	7.0%
포르투갈	10,642,841	5,880,000	180,000	194,040	3.1%	3.3%	6.4%
이탈리아	60,626,442	30,038,200	672,000	1,201,528	2.2%	4.0%	6.2%
유럽소계	433,961,775	203,802,700	10,362,245	18,531,744	5.1%	9.1%	14.2%
북미							
캐나다	34,605,300	12,437,470	96,742	613,500	0.8%	4.9%	5.7%
미국	312,913,872	130,599,000	1,200,000	1,200,000	0.9%	0.9%	1.8%
북미 소계	347,519,172	43,036,470	1,296,742	1,813,500	0.9%	1.3%	2.2%

고 핵가족화로 인한 소외현상이 본격적으로 대두되기 시작한 것입니다. 이러한 배경에서 공간의 공유를 통한 주거비 절감과 커뮤니티 복원을 통한 소외현상 극복을 위한 주택을 짓자는 움직임이 일어났습니다. 그것이 바로 공유주택의 시작입니다.

왜
협동조합인가

주택협동조합은 설립 목적에 따라 크게 주택건축협동조합과 주택
관리협동조합으로 구분할 수 있습니다. 주택건축협동조합이란 조
합이 주택의 개발과 건설이라는 공급업무를 담당해 조합원에게 양
질의 주택을 저렴하게 공급하는 목적이라 할 수 있어요. 조합원은
조합을 통해 주택을 마련하려는 소비자이고, 주택의 소유권은 조합
이 아니라 입주자 개인이 갖습니다. 주택관리협동조합은 건설과정
뿐만 아니라 주택 입주 이후 주택의 유지, 보수 및 관리 과정까지 사
업영역을 확장해 그 역할을 하면서 유지되는 주택협동조합을 말합
니다. 조합원은 특정 주택 또는 주택단지에 입주한 사람이나 주택분
양 확정 후 입주예정자가 됩니다. 이 경우 일반적으로 주택소유권은
조합원 개인이 아닌 주택협동조합에 있고, 개인은 단지 협동조합의
지분만을 보유하게 됩니다.

즉, 주택관리협동조합은 '조합원이 공동으로 투자하여 지분으로
소유되고, 민주적으로 운영되며, 주택과 토지를 소유 또는 점유하
고, 조합원으로부터 운영경비를 받아 유지되는 비영리 법인체'를 의
미합니다. 공공의 지원을 받은 유럽과 북미의 많은 조합이 이런 방
식으로 운영되는데 거주권 확보와 커뮤니티 활성화라는 주택협동
조합의 기본 목적에 더 부합하는 주택협동조합이라 볼 수 있습니다.

그럼 다음으로 주택협동조합의 기대효과에 대해 말씀드리겠습니

다. 우선 경제적 효과입니다. 주택협동조합은 보다 저렴한 가격으로 실용적이고 좋은 품질의 주택을 마련하는 것을 가능하게 합니다. 공공의 지원이 없더라도, 주택협동조합은 마케팅비용이 거의 들지 않고, 소비자에게 꼭 필요한 기능만 건축하고, 무엇보다 개발 이익의 상당 부분을 소비자가 가질 수 있기 때문입니다. 공공의 지원이 있으면 그 효과는 더 크게 되겠지요. 또한 생애주기비용이 낮은 양질의 주택을 건설하고, 유지관리비도 필요원가 수준에서 정하기 때문에 비교적 낮게 결정됩니다. 최근 하우징쿱이 직접 토지매수부터 준공까지 총 사업관리를 하여 공급한 고양시 여백 공유주택의 최종 공급가격이 인근 분양 시세에 비해 20퍼센트 이상 저렴하다는 것에서도 이런 사실을 알 수 있습니다. 더구나 이 집은 개인의 욕구를 반영해 공급되었기 때문에 소비자 만족도도 높고 주택의 고유 기능에 충실한 주택이지요.

두 번째 효과는 커뮤니티의 활성화와 민주주의 의식 고양과 같은 사회문화적 효과입니다. 주택협동조합은 다양한 협동조합 관련 회의, 교육 등을 통해 조합원 상호 간 긴밀한 소통을 가능하게 하고, 조합원은 조합이 수행하는 활동이나 업무에 능동적으로 참여하기 때문에 커뮤니티 내의 소통이 매우 활성화됩니다. 또한 자발적이고 민주적인 참여, 교육훈련을 통해 조합원의 민주주의 의식이 고양되고 사회적 활동을 통한 개인의 리더십 능력이 개발되는 것도 중요한 부수적 효과라 할 수 있습니다.

같은 듯 다른 집,
공유주택

다음으로 협동조합주택과 비슷한 점이 많아서 많은 사람들이 주택협동조합과 혼동하여 사용하는 공유주택에 대해 말씀드릴게요.

공유주택이란 '인근에 거주하는 비혈연적인 관계의 개인이나 가구들이 일상적으로 함께 사용할 수 있는 공동의 공간과 시설을 갖추고 있어 거주자 간 소통이 원활하도록 한 유형의 주택'를 말하는데 우리나라에서는 일반적으로 코하우징과 셰어하우징으로 구분해 말합니다. 일반적으로 코하우징은 '거주자들이 개별적인 가정생활을 독립적으로 유지할 수 있는 단위 주택이 있고, 이와 별도로 모든 거주자들이 함께 사용하는 공간과 시설이 갖추어진 주거형태'를 말하고, 셰어하우징은 '비혈연적인 관계의 개인이나 가구들이 하나의 단위주택 공간을 사용하는 데 있어서 개인침실은 각 개인이 독립적으로 사용하고 부엌과 식당, 거실, 화장실 등의 공용공간은 개인이 원하는 바에 따라 공유하는 주거형태'를 의미합니다.

한편 미국공유주택협회The Cohousing Association of the United States는 일반 주택과 다른 공유주택의 특징을 다음과 같이 정리했습니다.

① 공동체 만들기의 (자발적인) 참여 ② 사회적 상호교류 활성화를 위한 옥외 공유 공간 (옥외 공동 휴식공간, 보행자 도로, 공원 등) ③ 개인주택과 이를 지원하는 공유시설을 통한 혜택 ④ 거주자들에 의한 완벽한 신규

입주자 관리 ⑤ 비계층적 구조: 개인 리더가 아닌 공동체에 의한 민주적 의사결정 ⑥ 독립적인 소득원(Cohousing is not a commune!)

여기서 주의할 점이 있는데, 공유주택은 거주자 혜택을 위한 적절한 수준의 공유시설(하드웨어)과 사회적 교류 활성화에 관한 프로그램과 공동체 내부규약(소프트웨어)을 필수적으로 갖춰야 한다는 것입니다. 즉, 공유주택은 공유공간을 가진 주택만을 의미하는 것이 아니기 때문에, 주민들의 자발적 자치규약과 공유주택이 가진 특징이 없다면 물리적인 공유공간과 시설이 있어도 공유주택이라고 할 수 없다는 것입니다.

공유주택은 1968년 도시화와 가구분화로 소외 현상이 극심해지면서, 주거 커뮤니티를 복원하고 여성의 사회 참여로 인한 육아 및 가사 공백을 분담하며 주거 비용도 줄여보자는 목적으로 덴마크에서 처음 시작되었습니다. 그 이후 미국, 캐나다, 호주, 뉴질랜드, 독일, 프랑스, 일본 등 많은 나라에서 공유주택이 건설되어 운영되고 있습니다. 우리나라의 경우에는 최근에 와서야 도입되어 점차 확산되고 있어요.

그런데 공유주택은 현재 우리나라 건축법에서 정의한 법적인 용어가 아니기 때문에 별도의 규정이 없습니다. 가령 공동주택에 개별 주택과 별개의 공유시설이 주택 부대시설이 아닌 근린생활시설로 용도 변경할 것을 요구합니다. 또한 셰어하우스의 경우도 여러 세대가 거주하는 것으로 계획하더라도 주택의 전용면적이 85제곱미터를 초과하게 되면 다른 주택처럼 부가가치세가 발생하게 되고, 저소득층 대상의 임대사업을 목적으로 한 주택협동조합 소유인 경우라도 토지와 건물의 신규 취득 시 취득세 감면 혜택도 받지 못하게 됩니다.

그렇다면 공유주택은 어느 정도가 적정 세대수일까요? 보통 공유주택을 건설하면 한 세대당 1~3평 정도의 공유공간을 만듭니다. 따라서 세대수가 많아지면 공유공간이 커져 부엌, 식당, 거실, 게스트 룸, 세탁실, 작업실, 사우나, 도서관, 미디어 룸, 플레이 룸, 체육관, 사무 공간, 클럽하우스 등 많은 공유시설을 넣을 수 있습니다. 하지만 세대수가 많아지면 구성원 간 교류와 소통에 문제가 생기기 때문에 적정한 규모는 15세대에서 50세대로 알려져 있습니다. 물론 공유시설은 개인의 재산과 비용이 관련되어 있기 때문에 건설과정에서 시설과 비용에 대해 철저한 토론을 해야 하고 건설 후 유지관리를 위한 자치관리규약을 만들어야 합니다.

안타깝게도 처음 공유주택을 만든 덴마크 등 서구에 비해 우리나라의 주거공동체는 고도성장기를 거치는 동안 더 철저하게 파괴되었어요. 주거가 불안정해서 매년 총가구 중 이사하는 비율이 20퍼센트 전후라고 합니다. 동네에서는 이웃끼리 교류할 필요성이 사라져버린 거죠. 자꾸 이사를 다니다 보니 새로운 사람을 사귀는 데도 많은 에너지가 필요하게 됐으니까요. 물론 공동체 파괴에 대한 반성과 과거 주거공동체에 대한 동경과 향수도 많이 있습니다. 이러한 반성이 앞으로 새로운 공유주택을 발전시키는 원동력이 될 것입니다.

공유주택의 구체적인 사례를 말씀드리겠습니다. 스웨덴 스톡홀름에 있는 페르드네펜 실버공유주택 Färdknäppen Cohousing for the second half of life은 1993년 건설된 것입니다. 40대 중반 이후 중장년층 43세대를 대상으로 했는데, 작은 주방이 있는 다양한 규모의 주택과 350제곱미터 규모의 넓은 공용공간으로 구성되어 있습니다. 이 공유주택의 거주자들은 함께하는 여러 가지 활동 중, 자발적으로 함께 준비하는 공동식사를 가장 중요하게 여겨서 주 5일을 함께 식사합니다. 거주자들은 공동거실에 모여 함께 담소를 나누고, 공동식당에 모여 함께 요리와 식사를 합니다. 가끔 어린 손자, 손녀를 불러 함께 파티도 하고, 함께 오케스트라, 합창, 기타연주, 연극공연 준비도 하며, 학습과 공예품 만들기도 같이 합니다. 정원에서는 함께 텃밭을 가꾸기도 하고 야외정원에서 담소를 나누며 건물 유지보수를 자체적으로 하기도 합니다. 이런 소통과 공유의 자치적 활동은 노년기를 더욱 풍요롭고 행복하게 만들어줍니다.

우리나라에서도 실버공유주택이 성공할 수 있을까요? 물론 가능하겠지만 저는 개인적으로 약간 염려스러운 점이 있어요. 군사독재 시절에 성장기를 보낸 우리 베이비붐 세대에게는 무언가를 민주적인 절차에 따라 진행하는 훈련과 경험이 좀 부족하지 않나 하는 우려 때문이에요. 가부장적인 문화가 뿌리 깊고, 치열한 경쟁사회를 살아온 세대가 수평적이고 상호 협조적인 문화에 적응하는 것이 그리 쉽지 않은 일이니까요. 따라서 저는 현시점에서 우리나라의 경우는 노인세대만을 대상으로 하는 실버공유주택보다는 3,40대를 포함한 다양한 세대가 섞인 세대믹스형 공유주택이 더 건강하고 공동체의 지속성이 있다고 생각합니다.

협동조합형 공유주택과 하우징쿱

많은 분들이 협동조합주택과 공유주택을 많이 혼동합니다. 그래서 이 두 개념을 간단히 비교해보겠습니다.

우선 추진 주체 면에서 협동조합주택은 공공지원이 많거나 공공이 주도하는 경우가 많은 반면, 공유주택은 주로 민간이 주도합니다. 주택 소유권도 협동조합의 경우 조합 소유나 공공 소유가 많은 반면, 공유주택은 개인의 지분 소유가 많습니다. 또한 참여 동기가 협동조합주택은 저렴한 주거비용이 주된 동기인 반면, 공유주택은

협동조합주택과 공유주택 비교

구분	협동조합주택	공유주택
추진 주체	공공지원이 많거나 공공 주도	대부분 민간 주도
소유권	조합 소유나 공공 소유가 많음	개인의 지분 소유가 많음
참여 동기	소득대비 적정주거비(Affordability)	커뮤니티의 자발적 참여
공유시설	공유시설이 없거나 적음	거주자 특성에 맞는 공유시설
규모	다양한 규모(중소~대규모단지)	보통 15~50세대 규모

커뮤니티의 자발적 참여가 가장 큰 동기라는 점이 다릅니다. 협동조합주택은 다양한 규모의 주택이 있고, 공유주택은 거주자 특성에 맞는 다양한 공유시설이 있으며, 대부분 규모가 50세대를 넘지 않는 것이 특징입니다.

이처럼 협동조합주택과 공유주택은 차이가 있지만, 1995년 국제협동조합연맹에서 추가된 협동조합 7대 원칙 중 하나인 커뮤니티 조항에 의해 협동조합주택은 공유주택이 가진 커뮤니티 중심의 기본원칙을 수용하게 되었습니다. 이것은 우리나라 협동조합주택과 공유주택 발전을 위한 기본방향 수립에 큰 시사점을 던져주었습니다. 우리나라의 경우 주택의 양적 부족이 어느 정도 해소되었지만 전세 시장의 퇴조와 임대료 상승으로 중저소득층과 청년계층의 주거불안은 오히려 심해지고 있어요. 이런 상황에서 '가구 소득 대비 부담 가능한 공유주택Affordable Cohousing'을 공급하는 것은 어떨까요?

제가 몸담고 있는 하우징쿱의 사업과 공급 사례를 몇 가지 소개해드리겠습니다. 하우징쿱의 사업 목적은 '조합원의 자발적 참여와 협동조합 활동을 통하여, 인류와 환경 모두에게 이로운 주택을 합리적인 가격으로 공급하고, 공동체적 가치 추구와 지속 가능한 환경 보전을 실천하고, 상생의 인본주의 경제 환경 조성에 이바지'하는 것입니다.

우리 조합은 주택 공급의 네 가지 기본 가치를 정립했어요. 첫째, 개인과 가족의 행복을 담는 주택. 소비자 개인의 특성과 주거 취향에 맞춘 안전하고 편리하고 아름다운 주택을 공급한다는 것이죠. 그래서 설계과정에서 입주예정자들과 소통의 기회를 넓혀 그들의 요구를 철저히 분석하고 개별 취향에 맞는 주택을 함께 만들어갑니다. 둘째, 이웃과 함께하는 커뮤니티 중심의 주택. 이웃과 어울리고 상부상조하며 살아가는 커뮤니티가 활성화된 주택을 공급하자는 것입니다. 조합은 입주 이전에 입주예정자를 모아 교류하고 학습하고 토론하며 함께 살아갈 이웃에게 마음을 여는 기회를 제공합니다.

셋째, 부담 가능한 경제적인 주택. 공급 과정의 개선과 효율적인 공간 사용 등을 통해 가구소득으로 부담 가능한 경제적인 주택을 공급한다는 것입니다. 특히 주택가격의 가장 큰 원가요소인 택지가격을 낮추기 위해 개발사업 시행, 토지급매물 매수, 경매와 공매를 통한 매수 등 다양한 방법을 활용합니다. 마지막으로 지속가능한 친환경주택입니다. 자연생태환경의 지속적인 보존을 위해 친환경 자재를 사용하고 화석연료 사용을 최소화하는 주택공급을 의미합니다.

하우징쿱은 현재 10개의 프로젝트를 완료했거나 진행하고 있습니다. 이 중에서 1차 은평구 구름정원사람들 공유주택(8세대)과 2차 제주도 오시리가름협동조합주택(16세대), 3차 서대문구 하나의협동조합주택(8세대)은 완료되었고, 4차 과천문원 공유주택(5세대)과 5차 고양 여백 공유주택(10세대)은 1~2개월 이내에 완료될 예정입니다. 6차 도봉구 은혜공동체협동조합주택(13세대)과 7차 강북구 푸른마을협동조합주택(11세대) 및 8차 서대문구 홍은 공유주택(7세대)은 현재 설계 인허가를 마치고 착공준비 중입니다. 9차 용인테라스하우스(13세대)와 10차 고양 화전 공유주택(18세대)은 대상지를 선정하고 기본설계 중입니다. 이외에도 제주 지역과 수도권 지역에 새로운 사업부지 확보를 위한 검토 작업을 하고 있습니다. 오늘은 현재 사업이 완료되었고 입주를 마친 1차, 2차 사업에 대해 간략히 소개해드리겠습니다.

은평구 불광동
구름정원사람들

하우징쿱이 첫 번째로 추진한 프로젝트는 불광동에 있는 구름정원사람들 공유주택입니다. 이 주택은 협동조합 방식의 주택건축으로 많은 언론의 주목을 받았습니다. 2015 서울시 건축상을 수상하기도 했고 홍새라 작가의 《협동조합으로 집짓기》라는 도서를 통해 많이 알려진 주택이지요. 이 건축물은 2층에서 4층까지는 공동주택(다세대주택) 8세대가 자리하고 있고 지하 1층과 1층은 임대용 근린생활시설이 있는 소규모 주상복합건물입니다.

창호는 로이3중 유리를 포함한 고급시스템 단열창호를 사용했고, 단열재는 법적 단열기준을 충족하는 외단열에 추가하고, 실내에 반사형단열재와 폴리에스터 흡음단열재를 추가로 설치해 단열을 대폭 강화했습니다. 조명기구는 절전형 LED를 사용한 최고급 등기구를 설치하고, 일부에는 간접조명을 설치해 공간의 분위기를 살리기

구름정원사람들 공유주택 전경

도 했고요. 층간 단열도 철저하게 한 뒤 옛날 온돌에서 사용한 것처럼 단열재 위에 콩자갈을 깔아 축열층을 보강한 것도 이 주택만의 특징이지요. 나머지 마감재들은 고가의 재료보다는 일반적으로 분양주택에서 사용하는 것 중에서 가능한 유해성분이 적게 발생하는 것을 선정해 사용했습니다. 기타 부대시설로는 CCTV, 엘리베이터, 로비폰과 비디오폰, 위성안테나와 인터넷전용선, 전 세대 생수공급을 위한 지하수공급시설, 조합원 모임을 위한 커뮤니티 공간과 부대시설 그리고 공동창고 등이 있습니다. 5세대는 지붕에 태양광 시설

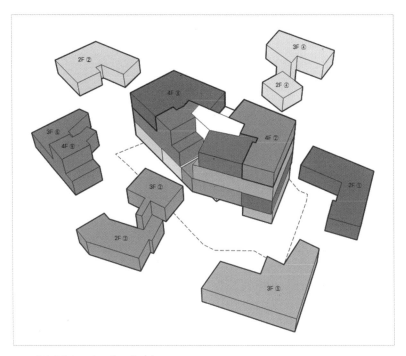

구름정원사람들 공유주택 공간구성도

을 설치했고요.

　사업비를 보면 토지비에 약 12억500만 원, 철거비와 지하수 개발을 포함한 직접건축비에 약 13억6300만 원, 설계 감리비에 6000만 원, 전기, 수도, 가스 등의 인입비용에 1800만 원, 하우징쿱 사업관리를 포함한 기타 경비로 3400만 원이 투입되어 총26억8000만 원이 투입되었습니다. 층별, 복층 여부, 마감재 여부, 다락방 유무 등에 따라 차이가 있지만 평균적으로 세대당 토지비로 1억5000만 원, 건축 및 제경비로 1억8500만 원이 투입되어, 취득세를 제외한 최

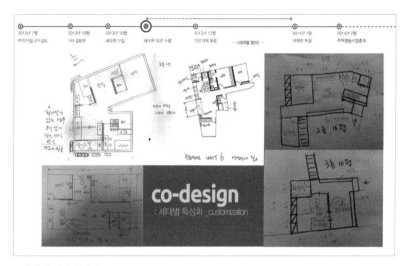

조합원의 디자인 참여

구름정원사람들 공유주택 실내공간

종 부담금액은 세대당 평균 3억3500만 원 수준입니다. 이 중 대략 8000만 원은 상가에 투입되었으므로 순수하게 실내 사용면적 25평 정도의 주택에 투자된 금액은 세대 평균으로 약 2억5500만 원 수준입니다. 물론 넓은 공유공간과 공동보일러실 그리고 지하에 넓은 공동창고가 있어 실제 사용가능한 면적은 훨씬 넓습니다.

1차 사업을 시작할 때는 실적이 없어 사업자에 대한 신뢰도도 낮고 사업추진 방법에 대한 노하우도 없어서 입주자를 모집하는 데만도 5개월이 걸렸어요. 그 이후 교육하고 설계하고 착공하거 준공하는 기간까지 총 1년 3개월이 걸렸습니다. 일반적인 소형 주상복합 건물의 건설기간에 비해 상당히 많이 걸린 것이죠. 일반 분양주택과 달리 공유주택에서는 디자인 과정에 개인의 요구를 충분히 반영하기 때문입니다. 주택 주변 환경에 대한 검토, 각 세대별로 다양한 조망을 할 수 있는 방안 마련, 공유공간 규모에 대한 검토, 조명에 대한 이론과 개인 의견 수렴, 공유주택과 협동조합주택에 대한 이론학습 등 거의 매주 모여 토론을 하고 합의를 해나갔습니다. 사업기획부터 준공할 때까지 40회 이상의 입주자 모임을 가졌습니다.

구름정원사람들 공유주택은 중저가의 재료를 사용한 건물이고 외관은 매우 단순하지만, 디자인적으로는 2015 서울시 건축상을 수상할 정도로 우수한 건축물입니다. 건물을 단순화하여 공간을 아름답게 하면서도 건축비를 절감하고, 실내에서도 고급재료로 장식하기보다는 장식을 최소화하면서 상대적으로 좋은 빛을 만드는 조명기구를 사용한 것이 특징입니다. 제가 가진 철학 중 하나는 '주택은 배경이지 주인공이 아니다'라는 것입니다. 주택이 주인공이 되면 그 안에 있는 사람이 초라하게 보이거든요. 주택은 언제나 인간의 아름다운 삶을 담아내는 그릇이나 배경이 되어야 합니다.

구름정원사람들 공유주택은 중산층 소비자에게 자신이 원하는 공간을 담을 수 있는 기회를 제공했습니다. 좋은 이웃과 어울리며 살아갈 수 있도록 커뮤니티가 활성화된 공유주택이라는 새로운 주택 모델을 제시하기도 했고요. 주택 성능은 높고 가격은 대폭 낮춰서 주택 구입에 대한 부담을 줄이고 단열시공도 철저하게 해서 개별 난방비를 절감할 수 있도록 했죠.

하지만 진행과정에서 제도적인 문제를 포함한 여러 어려운 점이 있었습니다. 협동조합명의나 입주자공동명의로 토지를 구입하는 경우, 토지라는 담보 물건이 있는데도 은행은 대출을 회피하거나 대출 규모를 대폭 축소합니다. 조합원들은 이 사업을 신설 협동조합 명의로 추진하고 싶어 했는데, 수도권과밀억제권역에서 5년 이하의 신설법인이 주택 이외의 토지와 건물을 취득할 경우 취득세 중과 규정이 있어서 추진할 수 없었습니다. 좀 더 많은 세대를 입주시켜 전체 부담금을 줄이려고 해도 주차장법과 관련된 조항이 발목을 잡았습니다. 또한 입주자를 모집하고 세대별 다양한 의견을 수렴하는 데도 상당히 많은 시간과 인력이 소요되어 사업을 추진하는 조합으로서는 큰 부담이 되었습니다.

서귀포시 표선면
오시리가름협동조합주택

최근에 준공한 제주특별자치도 서귀포시의 표선면 가시리에 있는 오시리가름협동조합주택에 대해서도 말씀드릴게요. 가시리는 마을 활동가들의 다양한 노력으로 최근에야 알려지기 시작한 전형적인 제주 시골 마을로, 훼손되지 않은 자연경관을 가진 아름다운 지역입니다. 또한 가시리는 200만 평 이상의 공유지를 가지고 있는 부자마을입니다. 이 공유지를 풍력발전용 부지로 임대해 막대한 수입을 올려서, 상당 부분 주민들의 전기료 보조와 마을복지기금과 기반시설 기금으로 사용하고 있다고 합니다.

하우징쿱 2호 프로젝트인 오시리가름협동조합주택은 1호 프로젝트인 구름정원사람들 공유주택과는 달리 거주자 개인이 아닌 오시리가름주택협동조합이 전체 토지, 주택 및 공유시설에 대한 소유권을 가지고 있습니다. 즉 오시리가름주택협동조합은 전형적인 주택 관리협동조합입니다. 주택협동조합이 주택을 신축해 소유하는 것은 우리나라에서는 처음 있는 일로, 공동체의 지속가능성을 가장 큰 가치로 생각하는 초기 조합원들이 만장일치로 합의를 해서 추진할 수 있었던 것입니다.

소비자 입장에서 볼 때 본인이 전액을 출자금과 임대보증금으로 지불하면서도 소유권을 조합에 넘기는 방식은 일반 분양주택과는 큰 차이가 있습니다. 가장 큰 차이는 재산권 행사의 문제입니다. 소

오시리가름협동조합 주택단지 전경

유권이 조합에 있기 때문에 자산을 담보로 한 개인대출은 쉽지 않습니다. 물론 조합이 대출을 받고 개인이 보증금을 줄이고 대출이자 수준의 임대료를 지불하는 방법으로는 가능하지만, 조합 총회의 승인을 받아야 가능합니다. 또한 본인이 주택을 매각할 때도 그 권한이 조합에 있어 신규 매수인에 대한 승인을 조합 총회에서 결정합니다. 조합의 주거공동체 성격과 부합되는 사람만 신규 조합원으로 받을 수 있기 때문에 조합의 공동체적 지속가능성은 매우 높아지게 되는 것이죠.

오시리가름협동조합주택 개발사업도 사업기획, 토지매수, 조합원 모집, 조합 설립 및 건축설계에 무려 8개월이나 소요되었고 공사기간으로 13개월이 소요되었습니다. 착공 이전까지는 거의 매주 교육과 설계 그리고 토론과 친목을 위한 시간을 가졌고, 착공 이후에는 매월 1~2회의 정기모임을 가져 사업을 완료할 때까지 약 50회 정도의 조합원 모임을 가졌습니다. 단지의 배치와 공유공간의 규모 그리고 단지 내 기반 시설은 모두 조합원 개개인의 의견을 반영해 진행했어요. 그렇게 총 2138평의 토지에 전용면적 30평 전후의 2층 단독주택 16동과 24평 규모의 작은도서관 및 커뮤니티하우스를 건축하게 된 것이죠.

오시리가름협동조합주택은 베이비붐 세대가 은퇴 이후 자연환경이 좋은 곳에서 의미 있는 제2의 인생을 보낼 수 있는 기회를 제공한다는 점에서 큰 의미가 있습니다. 다행스럽게 조합원 대다수가 지역주민과 담쌓고 소비만 하는 귀촌생활이 아닌 지역주민과 교류하고 상생하는 다양한 활동을 계획하고 있어요. 현재 조합은 매주 조합원과 함께 식사하는 비공식 행사를 개최하고, 매월 1회 조합원의 날을 만들어 공식적인 정기 모임을 개최하고 있고, 자체적으로 민주적인 내부토론을 거쳐 정교하고 치밀한 자치조직과 정관, 관리규정을 마련하고 있어, 오시리가름협동조합이 향후 건강한 귀촌 주거공동체의 모델이 될 것이라 믿습니다.

오시리가름협동조합주택 외관

주택 내부

작은도서관 외관

커뮤니티 하우스 내부

나의 여생을
담아낼 집

만약 베이비붐 세대인 여러분들이 주택을 짓게 된다면 저는 총자산에서 주택 투자비율을 50퍼센트 미만으로 잡는 게 좋다는 말씀을 드리고 싶습니다. 소비성 자산인 주택에 너무 많은 자산을 묶어두지 말라는 말씀입니다. 대신에 경작을 할 수 있는 농지든 임대용 부동산이든 수익을 낼 수 있는 수익성 자산을 확보하라고 말씀드리고 싶어요. 자산이 넉넉하지 않다면 도심지를 벗어나 공기 좋고 지가가 저렴한 곳에 공유주택을 마련하여 저렴한 주거비로 좋은 이웃과 제2의 삶을 만들어가는 것도 좋은 방법이라 생각합니다. 공유주택을 준비하는 과정에서는 하우징쿱 또는 관련 분야 전문가의 자문을 받아 진행하는 것이 큰 실수를 줄일 수 있는 길입니다.

주택과 관련된 대출에서 저는 대부분 주택가격의 30퍼센트 미만으로 대출받을 것을 제안 드립니다. 조만간 은퇴를 앞두고 있고 이후 안정된 수입이 없다면 가능한 한 주택 관련 대출을 받지 말 것을 권합니다. 안정적 수입이 없는 베이비붐 세대에게 은행대출은 큰 부담이 됩니다. 현재 금리가 낮다 해도, 저금리 기조의 금융시장이 앞으로는 어떻게 변할지 아무도 모르는 일이에요. 대출을 받아 주택을 살 가치가 있을 정도로 부동산이 오를 가능성도 그리 높지 않은 상황이기도 하고요. 향후 주택은 가족과 행복하게 사는 용도로 생각해야지 결코 투기나 투자 목적으로 보시면 안 된다고 생각합니다.

은퇴 후 주택과 일자리는 새로운 관점으로 접근하면서 대비하시면 좋겠습니다. 전원생활에 대한 동경으로 경관 좋은 산골에 주택만 건축해서 이주하면 단조로운 생활에 질리고 외로워서 금방 후회하게 되어 건축비만 날리게 됩니다.

대부분의 베이비붐 세대에게 연금액은 그리 크지 않고, 국가가 복지예산을 대폭 늘릴 여력도 거의 없어 오직 자기 자신만이 자신과 가족을 책임져야 하는 세상에 살고 있습니다. 은퇴 후 주택과 일자리는 새로운 관점으로 접근하면서 대비하시면 좋겠습니다. 전원생활에 대한 동경으로 경관 좋은 산골에 주택만 건축해서 이주하면 단조로운 생활에 질리고 외로워서 금방 후회하게 되어 건축비만 날리게 됩니다. 귀촌을 결심하더라도 집을 짓지 말고 대상 지역에 있는 주택을 빌려 기존 마을 공동체 사람들과 교류하면서 살아보세요.

그것이 여의치 않다면 같은 생각을 하는 분들과 어울려 함께 계획하고 준비해서 승산이 있을 경우 공유주택을 한번 기획해보세요. 베이비붐 세대에게는 은퇴 이후의 일자리가 주택보다 더 중요한 일일지도 모릅니다. 이러한 일은 다양한 세대와 함께 만들어가는 것이 더 좋은 결과를 낼 것으로 봅니다.

베이비붐 세대가 이러한 준비들을 하는 데 공공의 직간접 지원이 있으면 좋겠지만 단기적으로 공공이 이러한 일을 할 것으로 기대하기 어렵습니다. 정책적으로 보완하고 정비해야 할 것들이 너무나 많은데 정책당국의 관심은 그리 높지 않기 때문입니다. 민간에서도 이러한 주택을 공급하는 소비자주체들이 많이 나와야 되는데 아직은 더 많은 시간이 필요할 것 같습니다. 수익성에 비해 업무량이 무척 많고, 주택개발사업의 높은 리스크를 관리하는 데 고도의 전문성이 요구되어 일반인이 배워서 하기가 쉽지 않기 때문입니다. 또한 공간의 가치를 높일 수 있는 우수한 건축가의 참여도 중요하고 무엇보다 많은 주택소비자의 적극적인 관심과 참여도 필요합니다.

마지막으로 제2의 인생을 준비하는 나에게 '집이란 과연 어떤 의미가 있는가'를 다시 한 번 곰곰이 생각하고, 인생의 변곡점에서 나의 여생을 담아낼 집에 대한 현명한 의사결정을 하시라는 말씀을 드립니다. 감사합니다.

5

사랑에는 은퇴가 없다

배　　　정　　　원

행복한성문화센터 대표

보건학 박사. 성전문가이자 성칼럼리스트, 애정생활코치로 활동 중이다. '성性과 인간에 대한 관심'을 가진 성학자sexologist로서 연구와 강의, 저술활동을 해오고 있다. 1998년 (사)청소년을위한내일여성센터 상담부장, 교육팀장을 겸임했고, 〈경향신문〉 미디어칸 성문화센터 소장, 대한성학회 사무총장과 부회장, 국방부 및 육군 정책자문위원 등을 역임했다. 현재 행복한성문화센터 대표로 재직 중이며, 세종대학교 겸임교수, 한국양성평등진흥원 초빙교수, (사)탁틴내일 자문위원이다. 저서로 《여자는 사랑이라 말하고 남자는 섹스라 말한다》《똑똑하게 사랑하고 행복하게 섹스하라》《니몸 네맘, 얼마나 아니?-사실 십대가 진짜 알고 싶었던 솔직한 성이야기》《섹스 인 아트》 등이 있다.

20년 동안 성상담과 성교육 활동을 해온 그는 50+세대들에게 지속적인 성생활을 통해 파트너와 사랑을 키워갈 것을 권한다. 또한 "아주 잔잔한 로맨스가 우리의 사랑을 살린다"며, 은퇴를 하거나 은퇴를 앞둔 세대들에게 이렇게 말한다. "사랑과 섹스, 로맨스에서 절대 은퇴하지 마시고 계속 나아가시길 바랍니다."

몸의 언어로
다시
사랑하자

여자와 남자. 참 많이 다르죠. 다르면서도 또 같은 점이 많습니다. 어떤 분들은 여자와 남자를 강아지 중에 셰퍼드와 스피츠가 아니라, 개와 고양이처럼 완전히 다르다고 이야기하기도 하더라고요. 우리는 흔히 그런 얘기를 많이 합니다. '여자는 사랑이라 말하고, 남자는 섹스라고 말한다.' 그래서 여자는 감각이 중요하고 남자는 관계가 중요하다는 말을 많이 하잖아요. 실제로 그런 것 같으세요?

살다 보면 여자와 남자가 달라서 부딪치는 부분도 있고 이해를 못하는 부분도 많을 거예요. 가령 남자와 여자가 같이 드라이브를 하는데 저기 휴게소가 보여요. 그러면 여자는 "자기, 커피 마시고 싶지 않아?" 이렇게 물어봅니다. 그럴 때 남자가 "난 지금 안 마시고 싶어"라면서 지나치면 백발백중 싸움으로 이어집니다. 여자는 지금 커피 마시고 싶으니 휴게소에서 차를 세우라는 이야기를 하고 싶던 것이었으니까요.

서로의 화법이 너무나 다르기 때문에 이렇게 소통이 안 되는 경우가 참 많습니다. 여자와 남자는 왜 화법이 이토록 다르고 성에 대한 생각과 심리가 다른지에 대해 오늘 이야기를 풀어보겠습니다.

여성과 남성의 생식 본능,
왜 다를까?

인류의 조상은 처음에는 네 발로 기어 다녔고 그러다가 일어섰어요. 직립보행을 하기 시작하면서 성생리가 많이 달라지기 시작했습니다. 두 발로 걸어 다니게 되면서 여자는 유인원과 많은 차이가 생기게 됐어요. 두 발로 걸어 다니면서 골반이 좁아졌거든요.

진화심리학에서는 인간의 임신 기간이 22개월이었을 거라고 얘기해요. 여러분들 혹시 이런 게 이상하다고 생각한 적 있으세요? 사슴이나 소, 돼지, 심지어 닭들조차도 병아리가 털이 보송보송 마르면 얘들이 제일 처음 하는 게 일어서는 거잖아요. 일어서지 않으면 얘들은 죽는 거나 마찬가지죠. 일어서서 먹이도 먹을 수 있어야 되고 걸어 다녀야 살아날 수 있다고 하는데요, 그렇게 하려면 어른 뇌의 45퍼센트 정도에 달하는 성숙한 상태로 태어나야 한대요. 그런데 우리 인간들은 두 발로 걸어 다니다 보니까 골반이 좁아졌어요. 뇌는 굉장히 커졌고요. 그래서 처음에는 임신 기간이 22개월이었는지 모르겠는데 자꾸 조산을 하게 된 거예요. 머리가 커지니까 애를 낳다가 죽는 경우가 많았는데, 조산을 하다 보니까 엄마와 아기의 생존율이 점점 높아지는 거예요. 그런데 이 아기가 걸어 다니고 자기 손으로 밥을 먹고 이러려면 한 1년 넘게 키워야 돼요. 그러면 얼추 22개월이 맞아요. 그래서 배 속에 9개월 반 정도만 아기를 데리고 있고 미숙아 상태로 낳게 되는 겁니다. 문제는 너무 미숙아이기 때문에 엄마가 애를 안고 다니며 젖을 주고 챙기지 않으면 인간의 아기는 살 수가 없어요. 그래서 인간의 여자가 선택한 것은 남자를 옆에 붙여두는 것이었어요. 남자가 여자에게 먹을 것을 갖다주고 지켜주고 또 아이를 돌볼 때 도와주는 방식으로 진화하게 됐고 이러면서 둘 다 생존율이 높아지게 된 것입니다.

침팬지 같은 경우는 발정기가 되면 암컷은 부족의 모든 수컷을

다 받아줍니다. 아들만 빼고요. 종족번식 때문에 그렇겠죠. 그런데 왜 그렇게 많은 수컷들과 교미해야 할까요? 그들도 이상형이 있다고 하던데. 그래서 손잡고 정글로 들어가서 사랑을 나누기도 한대요. 침팬지가 교미를 하는 시간은 겨우 8초밖에 안 되지만 다 받아줘요. 그 이유가 뭘까요? 종족보존에 그게 어떤 도움이 될까요? 확률 때문일까요? 그런데 사실 섹스를 너무 많이 하면 오히려 임신이 좀 더 어려울 수도 있어요. 오르가슴을 느끼면 자궁이 수축해서 수정란이 붙었다 떨어질 수도 있거든요. 불임치료 할 때 보면 섹스를 하고 나서 기간을 두지 않으면 오히려 수정란이 떨어질 수도 있어서 잦은 섹스를 권하지 않습니다. 그런데 침팬지들은 왜 이렇게 자주 할까요? 바로 누구 새끼인지 모르게 하려고 모든 수컷과 다 관계를 한다고 합니다. 침팬지들은 수컷들의 과시행동 때문에 새끼들이 많이 죽는대요. 〈동물의 왕국〉을 보면 나무 끌고 다니고 뛰어내리고 소리 지르고 뭘 던지고 뿌리고 이러잖아요. 그러다가 새끼를 던지기도 해서 많이 죽는다고 합니다. 그런데 자기 새끼한테는 덜 그런다는 거예요. 누가 자기 새끼인지 모르면 함부로 새끼를 던질 수가 없겠죠.

그런데 인간 여자는 한 남자를 잡아서 그 남자를 옆에 붙여놓는 전략을 쓰게 됐어요. 인간 여자들은 자기도 모르게 배란기를 숨기게 된 거죠. 지금 폐경하신 분들도 많겠지만 생리를 할 때 자신의 배란기를 아셨던 분 계세요? 아주 예민한 분은 배란통을 느끼기도 한다지만 대부분 잘 모르실 겁니다. 발정기의 침팬지처럼 성기가 변하지도 않죠. 남자가 여자의 배란기를 알면 배란기가 끝난 뒤에 다른 여자한테 갈 수 있다는 거예요. 그래서 남자한테 지원을 받기 위해서 배란기를 숨겼다는 게 진화생물학에서 얘기하는 여자의 생리입니다.

그런데 남자하고 여자는 생리가 다르죠. 남자는 마치 공장처럼 계속 정자를 만들어내요. 우리는 몇 살까지 섹스할 수 있죠? 여러분은 몇 살까지 하시겠어요? 우리는 나이가 들어도 섹스를 계속 해야 하는데 그만두신 분들이 너무 많아요. 그리고 각방 쓰시는 분들이 너무 많아요. 남자는 몸이 건강하고 정자가 나오는 한 아이를 만들 수 있죠. 물론 젊었을 때처럼 건강한 정자가 나오느냐는 다른 문제지만 정자가 나오면 아기를 만들 수 있습니다. 하지만 여자는 폐경을 하면 못 낳죠. 남자는 사정을 시작한 청소년기부터 계속 정자를 만들어냅니다. 난자와 정자는 일대일로 만나야 아이가 생기잖아요. 그런데 난자는 한 달에 한 번, 심지어 어떤 사람들의 난자는 몇 개월에 한 번 만들어지기도 해요. 남자는 정자를 계속 만들어내고 여자는 한 달에 한 번 만들어내요. 이 두 세포로 수정을 해서 한 생명을 만들어야 하는데, 그렇다면 누가 더 신중하게 상대를 고를까요?

한 남자가 365일 동안 한 여자와만 매일 섹스를 하면 1년 뒤에 몇 명의 아이를 낳을 수 있을까요? 한 명이나 두 명 혹은 아예 못 낳을 수도 있겠지만 한 명쯤 낳는다고 치죠. 그런데 남자가 매일 여자를 바꿔서 365일 동안 섹스를 하면 1년 뒤에 몇 명을 낳을 수 있을까요. 365명까지는 아니어도 한 200명 이상 낳을 수 있을 거예요. 그러면 어떤 걸 선택하시겠어요? 한 여자하고 하느냐, 365명하고 하느냐. 한쪽은 내 자식이 한 200명 정도 생기는 거고요. 한쪽은 한 명 정도 밖에 안 생기는 거죠. 지금처럼 아기 하나 기르는 데 많은 돈과 책임이 필요한 게 아니라 그냥 원숭이처럼 낳아서 지들끼리 막 자란다면 200명씩 낳으면 얼마나 좋겠어요.

여자의 경우는 1년 동안 한 사람하고 섹스를 하면 1년 후에는 하나나 둘 정도 낳을 수 있겠죠? 그런데 남자를 매일 바꾸면요? 그렇죠. 똑같습니다. 그럼 어떻게 하시겠어요? 대개의 경우 여자는 한 남자하고 하기를 원해요. 여러분들이 결혼을 하셨다면 내 아내는 나를 다른 누구보다 뛰어나다고 생각해서 선택했을 거라 생각하시기 바랍니다. 그건 사실입니다. 모자라는 남자를 선택하는 여자는 없으니까요. 또 여자들은 나보다 나은 남자를 선택하려고 하죠. 그런데 남자들은 나보다 조금 못해도 결혼하는 경우가 굉장히 많은데요. 실제로 이혼하는 걸 보면 여자가 남자보다 너무 능력이 뛰어나고 학력이 높을 경우에 이혼율이 굉장히 높아요.

섹스 이후에
벌어지는 일

어쨌든 남자고 여자고 365일 섹스를 해도 이렇게 다르잖아요. 그런데 섹스를 한 번 하고 나면 남자는 그냥 가면 돼요. 물론 요즘은 그냥 갈 수 없지만. 여자는 섹스를 해서 임신이 되면 9개월 반 동안 임신을 유지해야 하죠. 정말 쉽지가 않아요. 그리고 아기를 낳을 때도 거의 목숨을 걸어야 하고 아이를 3~4년 정도 아주 적극적으로 키워야 돼요. 요즘은 육아 기간이 더 길어졌어요. 30세가 돼도 독립을 못 하잖아요. 그러면 섹스 한 번에 누가 더 무거운 책임을 지는 건가요? 당연히 여자입니다. 그러니 여자가 남자를 고를 때 훨씬 더 신중하고 관계에 대해 생각을 많이 할 겁니다.

첫 섹스를 할 때 여자와 남자는 생각하는 게 다릅니다. 첫 섹스를 할 때 남자들은 '어떻게 하면 저 여자를 황홀하게 해서 나를 못 잊게 할까?'에 신경을 쓰는데 여자들은 '내가 저 남자를 진짜 사랑하나? 저 남자가 정말 나를 사랑하나? 임신하면 어떻게 하지?' 이런 생각들을 한다는 거예요. 또 여자들이 관계에 더 집착하는 이유는 외도할 때도 마찬가지예요. 남자들은 감각 위주의 외도를 많이 시작하죠. 여자와 남자가 서로를 선택하는 방식은 굉장히 많이 다릅니다. 실제로 기네스북에 오른, 아기를 제일 많이 낳은 남자는 888명을 낳았어요. 이 기록의 주인공은 이슬람의 술탄이었죠. 하지만 세계에서 아이를 가장 많이 낳은 여자는 67명을 낳았습니다.

여자와 남자는 생식에 있어서도 이렇게 다릅니다. 섹스 이후에 벌어질 상황들이 여자들에게 훨씬 무겁고 책임도 크기 때문에 여자들이 섹스를 거부하려는 경우가 많다는 거예요. 머리가 아파요. 허리가 아파요. 날씨가 너무 더워요. 애들이 올지도 몰라요. 계속 이런 핑계를 대고 그러잖아요. 폐경이야말로 여자가 가장 확실하게 섹스를 거부하는 이유가 되고요.

인간이 얼마나 많은 섹스를 하냐면요, 여러분 동물 키워보시면 알
겠지만 얘들은 발정하고 임신하고 나면 더 이상 섹스를 안 해요. 인
간은 임신 중에도 합니다. 생리 중에도 하고 임신 중에도 하는 동물
은 인간이 거의 유일하다고 합니다. 섹스를 굉장히 많이 하는 동물
이죠. 그런데 이렇게 여자와 남자의 성 생리가 다르기 때문에 여러
가지 성 차이가 생겼습니다. 남자는 새 파트너가 굉장히 중요하다고
합니다. 여자는 친밀한 관계가 중요하다고 합니다만 여자도 사실은
감각(몸의 즐거움)이 중요합니다. 옛날에는 바람피우는 이유가 여자들
은 정서적인 외로움 때문이라는 얘기를 많이 했는데 요즘은 섹스가
좋지 않아서 바람피우는 여자들도 꽤 많아졌어요.

섹스를 하면 누가 더 좋을까요? 그리스·로마 신화를 보면 제우
스와 헤라가 나오잖아요. 제우스는 굉장히 바람둥이고 헤라는 가정
을 지키는 조강지처예요. 그런데 헤라가 굉장히 성격이 세죠. 싸우
면 절대로 안 지고 굉장히 무섭잖아요. 어느 날 둘이 막 싸우기 시작
했는데 헤라가 절대로 안 지는 거예요. 그래서 제우스가 너무 열 받
아서 뱀들이 교미하는 걸 방해해서 저주를 받은, 그래서 반은 여자
로 살고 반은 남자로 살았던 테레시아스를 불렀어요. 여자로 살 때
가 좋았느냐, 남자로 살 때가 좋았느냐 물었습니다. 그랬더니 여자
로 살 때가 아홉 배 더 좋았다고 얘기를 하더래요.

암컷은 생식의 주체이고 아기를 낳고 기르는 주체이기 때문에 섹
스가 좋지 않으면 그 많은 책임이 따라오는 걸 즐겨 할 리가 없어요.

섹스에는 당연히 생식이 따라오지만 섹스가 좋아야 계속하겠죠? 그렇기 때문에 섹스에 있어서는 여자가 훨씬 더 좋다는 겁니다. 여러분들이 이걸 잘 안 믿으시는 이유는 남편 탓입니다. 남편들이 못해서 그래요. 우리나라는 남자들이 섹스를 잘 못합니다. 남자들이 섹스에 대해서 배워본 적이 없어서 그렇습니다. 대체로 포르노 같은 거 보면서 배웠을 텐데요, 거기에는 너무 많은 거짓말이 있어요. 남자들이 제일 질겁하는 게 그거래요. '쟤네들은 페니스가 왜 그렇게 커? 나는 왜 이렇게 작아? 쟤들은 왜 저렇게 정액이 많이 나와? 난 왜 이렇게 조금 나와?' 그런데 그건 거의 인조음경이에요. 물론 큰 사람을 뽑기도 해요. 하지만 대체로 그렇게 크지는 않아요. 그리고 사정을 하면 정액이 얼마나 나올까요? 보통 2~6씨씨밖에 안 나와요. 그러니까 2~3티스푼 정도밖에 안 나오는 거예요.

호르몬이 삶의 질을
결정한다

남자는 섹스가 없으면 사랑이 없어졌다고 생각해요. 그래서 아내들이 섹스를 거부하면 남편들은 이 여자가 나를 더 이상 사랑하지 않는구나, 이제 나를 거부하는구나, 하고 생각하는 거예요. 그런데 여자들은 대화가 줄고 남편이 무관심할 때 나를 사랑하지 않는다고 느낍니다. 사실 여자도 섹스가 없어지면 남편이 자기를 더 사랑하지 않는다고 생각하죠. 섹스가 없어지면 사실 제일 문제는 여자들이에요. 굉장히 많은 부부들이 섹스리스 문제로 상담을 합니다. 그런데 실제로 남자들이 섹스리스인 경우는 거의 없어요. 남자들은 바깥에서 어떤 식으로든 성적인 서비스를 받거나 자위행위를 통해서 해결하는 경우가 많거든요. 여자들은 남편하고만 할 경우가 대부분이어서 섹스리스가 꽤 많아요.

그런데 요즘 더 문제는 혼외섹스예요. 제가 논문을 쓰면서 일정한 파트너가 있는 사람 800명을 대상으로 조사를 했어요. 자기 파트너 말고 다른 사람과 하는 경우가 남자들은 64퍼센트가 넘고 여자들도 30퍼센트가 넘습니다. 여러분들도 아시겠지만 여자들은 축소하려는 성향이 강하고 남자들은 과장하려는 성향이 강하죠. 하지만 그걸 감안해도 남자들이 좀 더 많습니다. 이 말은 곧 두 집 걸러 한 집은 바람이 났다는 거예요. 최근 간통죄에 대한 형사 처벌이 없어졌습니다. 그러다 보니 바람을 피우는 사람들이 굉장히 당당해졌어요. 요즘 외도 때문에 상담하러 오시는 분들 보면 여자들도 굉장히 많습니다. 너무 많은 외도, 바람, 불륜이 난무하고 있다는 생각이 들어서 정말 걱정이 많이 됩니다. 성병도 굉장히 많은데 거기에 대한 경각심도 없고요.

여러분 자녀들이 지금 20대 중반쯤 됐겠죠? 애들은 우리보다 훨씬 더 쉽게 섹스를 하고 있어요. 남자친구나 여자친구가 있으면 일주일에 두 번 정도 하는 애들도 많아요. 만나서 섹스하는 데까지 그리 오랜 기간이 걸리지 않고, 만남의 기간이 100일을 넘기지 않아 남자는 섹스가 없으면 사랑이 없어졌다고 생각해요. 그래서 아내들이 섹스를 거부하면 남편들은 이 여자가 나를 더 이상 사랑하지 않는구나, 이제 나를 거부하는구나, 하고 생각을 하는 거예요. 그런데 여자들은 대화가 줄고 남편이 무관심할 때 나를 사랑하지 않는다고 느낍니다.

요. 아주 길게 가면 6개월이죠. 아이들이 굉장히 섹스를 많이 하는데 문제는 피임에 대해서 잘 모른다는 겁니다. 요즘 통계청에서 낙태율이 줄었다고 하는데 저는 믿어지지 않더라고요. 피임은 안 하고 할 줄도 모르는데 섹스는 많이 한다는 거죠. 임신하는 경우도 굉장히 많을 텐데 이런 애들이 어디에 가서 어떻게 해결을 하는지 정말 그게 너무 걱정입니다.

남자와 여자는 호르몬의 영향을 굉장히 많이 받습니다. 30대가 넘어가면 남자들은 남성호르몬인 테스토스테론이 떨어지기 시작해요. 그래서 50대 정도 되면 꽤 많이 떨어지게 됩니다. 지루하고 평범하게 살면 수치가 더 떨어져요. 그러면 사는 게 무기력해지고 짜증도 나고 괜히 심장이 뛰기도 하고 식은땀이 나죠. 남자들의 갱년기 증상입니다. 에스트로겐이라고 하는 여성호르몬은 한 달 주기로 변화하는데 남자들의 테스토스테론 수치는 새벽에 가장 높습니다. 그래서 나이 드신 분들은 섹스를 새벽에 하는 게 더 좋아요. 여자들의 경우는 배란기 전 혹은 생리 직전에 성욕이 더 생깁니다.

남자들은 30대부터 남성호르몬이 뚝뚝 떨어지지만 여자는 그렇게 떨어지지 않아요. 계속 꾸준하게 가다가 폐경이 되면 뚝 떨어집니다. 폐경이 되면 얼굴이 달아오르고 막 뜨겁고 몸이 타오르는 것 같은 느낌이 들잖아요. 요즘에는 호르몬 치료를 받기도 합니다. 남자도 테스토스테론 수치가 너무 떨어져 있으면 치료를 받아요.

호주에 있는 어떤 여의사가 학회에 올 때마다 "그래도 섹스는 테스토스테론이야." 이런 얘기를 하는데요, 왜 그러냐고 물어봤더니 자기가 실험을 했다는 거예요. 테스토스테론을 발라봤대요. 원래 여자도 테스토스테론이 조금씩은 나와요. 그런데 테스토스테론을 더 발랐더니 멋있는 남자만 보면 가슴이 뛰고 막 섹스를 하고 싶어지더라는 거예요. 섹스를 하면 오르가슴을 느끼고 한 3개월을 굉장히 행복하게 지냈대요. 그런데 3개월이 되니까 부작용이 나타나기 시작하더랍니다. 목소리가 굵어지고 여드름도 나고 털도 나고 그래서 끊었는데 무슨 잔잔한 호수처럼 성욕이 착 가라앉았더라는 거예요. 테스토스테론이 얼마나 중요한지 아시겠죠?

건강한 성생활을 위해
필요한 것

건강한 성생활을 위해서는 잠을 충분히 자야 돼요. 특히 여자들의 에스트로겐은 잠과 아주 밀접한 연관이 있어요. 잠을 못 자면 살이 찌고 성욕도 안 생겨요. 여자는 피곤하면 자고 싶고 남자는 피곤하면 섹스하고 자고 싶다고 하죠. 여자들은 정말 섹스를 하려면 충분히 자야 합니다. 남자들도 건강한 잠을 자야 되는데 요즘 젊은 사람들 보면 잠을 안 자요. 술도 너무 많이 먹고 전자파 나오는 스마트폰을 항상 머리에 대고 있거나 바지 주머니에 넣고 있어요. 스마트폰을 바지에다 넣고 다니는 것은 굉장히 심각한 문제예요. 전자파 때문에 정자가 다 망가지고 좋지 않아요.

계속 앉아서 일하는 분들은 한 시간에 한 번씩 일어나서 하체 운동을 하시는 게 좋아요. 하체의 혈액순환을 도와주셔야 합니다. 전립선염이나 전립선암은 대체로 앉아서 일하시는 분들이 많이 걸려요. 그렇게 앉아 있으면 하체가 더워져요. 남자들 성 건강을 위해서는 늘 성기를 차게 하는 게 좋고 샤워나 목욕하고 나서 나올 때 찬물로 성기를 마사지해주는 게 도움이 됩니다.

여자들의 경우는 몸이 따뜻해야 돼요. 여기 계시는 분들은 이제 생리 안 하시는 분들 많겠지만 요즘 젊은 여성들은 너무 몸이 차가워요. 너무 짧게 입고 속옷도 여러 겹 안 입고 찬 걸 많이 마셔요. 찬물이나 아이스커피 같은 것들이 체온을 떨어뜨려서 건강한 난자를 못 만든다고 해요. 정자와 난자가 만나 수정란이 되려면 정자들이 난자 있는 데로 가야 되잖아요. 이에 대해서 열 추적론이라는 이론이 있어요. 난자들이 몸의 가장 뜨거운 부분에 있기에 정자들이 열을 추적해서 올라가 난자를 만난다는 이론이죠. 그런데 요즘은 몸의 온도가 많이 떨어져서 열 추적이 잘 안 되고 임신도 잘 안 된다는 겁니다.

남자분들 40대가 되면서 발기도 예전처럼 잘 안 되고 성욕도 안 생기면 제일 먼저 뭘 하세요? 보통 보신을 하시죠. 용봉탕, 장어, 개고기, 복분자, 전복, 녹용 이런 것들. 그런데 남자 몸에 좋은 것들은 좀 미끈미끈한 것들인 거 같더군요. 마, 굴, 미꾸라지, 장어 이런 것들이 남자들한테 좋아요. 여자들한테 좋은 건 콩이에요. 특히 여러분들처럼 갱년기, 폐경기를 맞으신 분들에게 좋습니다. 콩에는 이소플라본이라는 여성호르몬 전구물질이 있습니다. 그런데 콩도 Bean

이 아니라 Soy여야 해요. Bean은 강낭콩 같은 것들이고 Soy는 서리태나 메주콩 같은 것들입니다. 그래서 두부나 청국장, 된장을 드시면 좋습니다. 그리고 남자들한테는 토마토가 정말 좋습니다. 특히 전립선에 토마토가 최고예요.

그런데 테스토스테론 수치가 낮지 않고 혹은 에스트로겐 수치가 낮지 않은데 이런 보신 음식을 너무 많이 먹으면 문제가 생겨요. 제가 아는 한 교수님이 제자에게 받은 남성호르몬 크림을 바르신다는 거예요. 호르몬이 정상인데 이게 추가로 들어가게 되면 과잉 상태가 되기 때문에 몸은 호르몬을 덜 만들어내요. 그러니 그런 걸 쓰실 때는 꼭 병원에 가서 피검사를 해보고 수치가 나쁠 때만 쓰시는 게 좋습니다. 그리고 성 건강에 제일 좋은 게 있습니다. 바로 유산소 운동입니다. 걷기, 등산, 수영 그런 것들이 다 유산소 운동이에요.

사람들의 성감, 성 반응은 성욕구기, 성흥분기 그리고 성오르가슴기, 해소기로 나눕니다. 남자가 흥분하려면 어떤 자극이 제일 효과가 있을까요? 시각이죠. 남자들은 보는 게 굉장히 중요해요. 그래서 남자는 첫사랑을 기억할 때 사진을 보거나 닮은 여자를 보면 기억한다고 합니다. 여자는 흥분하려면 어떤 감각이 제일 영향을 미칠까요? 바로 후각과 촉각입니다. 사람이 직립보행을 시작하면서 가장 많이 잃은 감각이 후각인데요, 그럼에도 불구하고 여자는 후각이 굉장히 예민해서 옛 애인을 그 사람이 쓰던 스킨 냄새나 비누 냄새로 기억할 때가 많다고 합니다. 그런데 더 정확하게 말하면 여자의 흥분은 공감각에 가깝습니다.

남자는 발기가 자주 될수록 좋아요. 발기가 자주 된다는 말은 성기 끝까지 미세혈관 구석구석 피가 들어간다는 뜻이에요. 피는 영양분과 산소를 공급하잖아요. 발기가 잘된다는 것은 남자의 성기 기관이 살아 있다는 것이고 피가 돈다는 거죠. 발기가 잘 안 되고 좀 하다가 금방 사라지고 강직도도 별로 안 좋다면 피에 문제가 생기고 있다는 신호라고 보셔야 돼요. 피가 끈끈해진다든지 혈류가 약해지고 있는 거죠.

남편들이 다른 예쁜 여자를 보면 저절로 눈길이 가는데요. 그럴 때 여자들이 남편을 막 구박하잖아요. 그런데 내 남편이 예쁜 여자를 봐도 별 관심이 없으면 그게 더 문제입니다. 테스토스테론도 안 나오고 남성성도 사라져서 아무리 예쁜 여자가 지나가도 눈이 안 돌아간다면 그거 문제인 거예요.

그렇다면 남자들의 성 건강에 안 좋은 건 뭘까요? 담배와 술이죠. 술도 일주일에 한두 잔 정도는 괜찮아요. 그 이상 넘어가면 문젭니다. 술을 많이 마시면 국소마취제 효과를 보시게 될 겁니다. 잘 안 되죠, 사정도 발기도. 그리고 장기적으로는 고환이 망가집니다. 그러니 절주를 하셔야 해요. 담배는 혈류를 약하게 해요. 혈관 벽을 굉장히 두껍게 하고요. 혈관 벽을 두껍게 한다는 건 혈전이 생긴다는 겁니다. 그래서 담배 피우시는 분들은 대부분 발기부전이 옵니다. 꼭 끊으셔야 돼요. 여자들도 담배를 피우면 흥분을 못 하고 오르가슴을 잘 못 느껴요.

행복한 성생활을 위해
필요한 것

여러분들 불감증이라는 말 들어보셨죠. 실제로 불감증은 없습니다. 성감이라는 것은 촉감이에요. 그러니까 일종의 통각이죠. 내가 이렇게 아무 데나 눌러도 누르는 느낌이 있으면 나는 불감일 수가 없는 거예요. 외국에서는 불감증을 '심장이 얼어 있는 병'이라고 합니다. 이름을 기가 막히게 잘 만들었다는 생각이 들어요. 결국 남편과의 관계가 얼어붙은 거예요. 여자가 성적으로 쾌감을 못 느끼고 오르가슴을 못 느끼는 이유는 두 가지인데요. 하나는 이 여자가 너무 경험이 없어서 좋은 섹스를 경험하지 못했고 자기 몸을 잘 몰라서 성감이 개발되지 않은 경우, 그래서 어디를 어떻게 해야 자기가 오르가슴을 느끼는지 모르는 경우고요. 두 번째는 남편하고 관계가 너무 안 좋아 신경질 나고 짜증이 나서 하고 싶지가 않은 거예요. 이 남자가 나를 건드리는 게 싫다면 좋은 느낌이 올 리가 없잖아요. 그래서 육체적인, 심리적인 혹은 교육적인 부분에서 불감이 올 수는 있지만, 신체적으로 뭔가 이상이 생겨서 불감이 오는 경우는 100만분의 1도 안 된다는 거예요. 그렇기 때문에 섹스리스인 경우에 치료를 하려면 남편과의 관계를 개선하는 게 우선입니다. 그리고 감각을 가르쳐줘요. 그래서 자위행위도 하고 오르가슴을 느끼도록 해보라고 합니다.

남자는 시각적으로 자극을 받으면 즉각 발기가 됩니다. 그러나 여자는 그렇지 않죠. 여자에게는 애무가 필요합니다. 남자분들, 아내가 흥분했다는 걸 어떻게 아시나요? 80퍼센트 넘는 여자들이 거짓 오르가슴을 연기합니다. 바로 남자의 자존심을 해치지 않기 위해서죠. 그리고 빨리 끝내기 위해서 하기도 합니다. 내가 막 뭔가를 느끼는 척해야 이 사람이 빨리 사정을 하고 내려갈 거 아니에요. 그리고 자신이 굉장히 잘 느끼는 여자라는 걸 보여주려고 하기도 한대요. '나 이렇게 예민해.' 이런 걸 보여주려고.

그런데 이 거짓 오르가슴을 연기하다 보면 점점 문제가 생깁니다. 섹스는 두 사람이 하는 것이거든요. 오르가슴을 연기한다는 건 내가 섹스에서 빠져나와서 구경꾼이 된다는 것입니다. '내가 지금 연기를 잘하고 있나? 지금 느끼는 거 같아 보일까?' 그렇기 때문에 오르가슴을 연기하다 보면 내가 느끼는 감각보다는 그냥 연기만 열심히 하게 되기 때문에 섹스를 느끼지 못합니다. 더 나쁜 건 남자한테 거짓 정보를 준다는 거예요. 잘 못하는데 잘하는 것처럼 정보를 주기 때문에 이 남자가 잘할 기회를 뺏기는 거예요.

명기라는 말 들어보셨죠. 남자들이 가장 좋아하는 명기는 신음소리라고 합니다. 왜 소리를 내야 될까요? 여러분들 섹스할 때, 남편하고 관계할 때 눈 떠보셨어요? 여자들은 대부분 눈을 감고 해요. 우리나라 사람들이 섹스할 때 정말 큰 문제는 여자들이 안 움직인다는 겁니다. 여자들이 여왕 대접을 받으려고 해요. 섹스는 누가 누구한테 하는 서비스가 아니에요. "여보, 할까?" 그러면 "그래, 하지 뭐." 이렇게 선심 쓰듯이 얘기하고 그다음부터는 남자가 다 해요. 섹스는 보통 대화라고 합니다. 소통이죠. 제가 지금 여러분과 대화를 하고 있나요? 저는 그냥 일방적으로 말하고 있어요. 대화가 되려면 주고받아야 돼요. 그런데 안타깝게도 우리는 대화를 제대로 배워보지 못했어요.

우리가 대화를 하려고 하는데 저만 자꾸 말을 하고 여러분은 저를 그냥 보고 있어요. 아무런 반응 없이 저를 쳐다보고 있으면 저는 이분들이 내 말을 듣고 있는 걸까 궁금해지겠죠. 대화의 진도가 나가질 않는 겁니다. 여러분들이 섹스를 할 때 반응을 보이지 않으면 남편이 굉장히 힘들어져요. 오늘 집에 가서서 베개 깔아놓고 남편이 하듯이 피스톤 운동을 한번 해보세요. 무릎이 다 까지도록 힘들 겁니다.

그래서 소리를 내라는 거예요. 그리고 섹스를 하다가 눈을 떠보세요. 남편은 눈을 뜨고 있을 거예요. 내가 지금 잘하고 있는지, 이 여자가 흥분을 하고 있는지 눈으로 확인을 해야 하니까요. 또 시각적으로 자극을 받으려면 아내를 봐야죠. 그런데 보통 이불 속에서 한단 말이죠. 불 끄고. 그러면 남편이 아무것도 볼 수 없어요. 움직이는 것도 힘든데 보이는 것도 없어요. 게다가 아내의 반응조차 없으면 지금 이게 잘되고 있는 건지 아닌지 알 수가 없는 겁니다. 여자가 소리를 내주는 게 남자를 도와주고 격려하게 된다는 거예요. 오르가슴을 연기하라는 얘기가 아닙니다. 외국에서는 성 치료할 때 자기가 어떻게 신음소리를 내고 있는지 녹음해보라고 해요. 섹시하게 소리내는 걸 연습해보라고 해요. 거짓말하라는 얘기가 아니예요. 전혀 못 느끼는데 소리를 내라는 게 아니라 느끼면 좀 과장해도 된다는 겁니다. 이렇게 신호를 보내면 남자는 내가 어떻게 할 때 상대가 좋아하는지 알 수 있겠죠.

우리에겐 일상의
로맨스가 필요하다

제가 예전에 비뇨기과에 가서 살아 있는 정자를 좀 보게 해달라고 부탁했어요. 보통사람이 가서 그랬으면 변태라고 했겠지만 저는 전문가니까 보여주시더라고요. 그 비뇨기과에 있는 세 사람의 정자들을 보여주셨는데 제일 활발한 정자의 주인은 몇 살이었을까요? 상식적으로는 10대나 20대의 정자가 가장 활발해야 했겠지만 제가 본 것은 40대가 가장 활동력이 좋았어요. 40대가 되면 발기력에 문제가 생기고 강직이 좀 덜 되고, 그런 걸 인지하기 때문에 남자들이 등산을 시작합니다. 좋은 음식을 먹으려고 하고요.

다시 처음으로 돌아가봅시다. 섹스를 몇 살까지 하는 게 좋을까요? 나이가 들면 각방 쓰는 게 좋을까요? 코를 골아서 각방을 쓰시나요? 제가 여러분들한테 권하고 싶은 건 각방은 절대로 안 된다는 겁니다. 섹스를 하는 부부와 안 하는 부부는 확연하게 구분이 됩니다. 섹스를 잘하는 사람들은 온화하고 잘 웃어요. 섹스 안 하는 사람들은 메마르고 뭔가 화가 나 있어요. 섹스를 안 하면 긴장이 쌓이고 거칠어지게 됩니다. 섹스리스 부부의 경우 관계가 나쁜 경우가 많고 이혼하는 부부들도 항상 성적인 문제가 있어요. 부부관계가 나빠서 섹스를 안 하게 되기도 하고 섹스를 안 하기 때문에 부부관계가 나빠지기도 해요.

섹스를 하면 좋은 점들이 많습니다. 일단 면역력이 굉장히 좋아져요. 그래서 웬만한 요통, 두통 이런 것에 진통 효과가 있어요. 섹스는 굉장히 좋은 심장 운동이에요. 그리고 무엇보다도 자존감이 높아져요. 저 사람이 여전히 나를 좋아해, 나는 이 여자를 항상 만족시켜주고 싶어, 이런 거죠. 명상하는 분들 말에 의하면 섹스를 하면 내 몸 안에서 상대의 성 에너지가 7년 동안 머무른대요. 그래서 누군가와 섹스를 한다는 건 너무 중요하다는 겁니다. 섹스를 하고 있는 부부는 상대의 감정을 굉장히 빠르게 읽고 이 사람이 외로운지 슬픈지 상처받았는지를 안다고 합니다.

여자는 말을 잘하고 남자는 말을 잘 못해요. 대신 남자들은 몸으로 하는 언어에 조금 더 능해요. 부부싸움 하고 나서 남자들이 "이리 좀 와봐. 그래도 같이 자야지." 이러는 건 다른 뜻이 있어서가 아니라 화해를 하자는 뜻인 거예요. 말로는 표현이 잘 안 되니까 몸을 좀 써보면 좋아지지 않겠나 싶은 기대감이죠. 그러니 그럴 때는 밀어내지 마세요. 어찌 보면 남편한테 섹스를 뺏는 건 모든 걸 다 뺏는 거예요. 섹스를 벌 주는 데 이용하지 마세요. 나는 정말 하기 싫지만 당신을 위해서 내가 해준다는 식의 시혜적인 태도도 버려야 해요. 섹스는 그냥 사랑이에요. 섹스가 감각이기만 할 것 같지만 섹스를 열정은 젊은 시절에나 있다고 생각하시겠지만 금슬 좋으신 분들은 다 아실 거예요. 아주 잔잔한 일상의 로맨스가 우리의 사랑을 살립니다. 사랑과 섹스, 로맨스에서 절대 은퇴하지 마시고 계속 나아가시길 바랍니다.

통해서 우리는 굉장히 많은 걸 전달합니다. 섹스는 서로의 몸을 만지고 영혼을 나누고 마음을 공유하는 행위예요. 사랑을 포기하지 말고 섹스를 포기하지 마세요.

여러분, 지금 계시는 분들 놓지 마시고 계속 섹스도 하시고 그분과의 사랑을 키워가세요. 열정은 젊은 시절에나 있다고 생각하시겠지만 금슬 좋으신 분들은 다 아실 거예요. 아주 잔잔한 일상의 로맨스가 우리의 사랑을 살립니다. 그냥 밥 먹고 둘이 손 잡고 밤 산책 나가는 것, 예전에 데이트했던 곳에 다시 가보는 것, 겨울에 눈 오는데 군밤 숨겨갖고 와서 안겨주는 것, 비 오는 날 장미 한 송이 사다주는 것. 이런 게 다 로맨스예요. 내가 정말 당신을 아끼고 있다는 것을 보여주는 것이 로맨스라는 겁니다. 사랑과 섹스, 로맨스에서 절대 은퇴하지 마시고 계속 나아가시길 바랍니다.

Q&A

섹스의 효과에 대해 많은 말씀을 해주셨는데요, 여자들이 섹스를 하기 싫어하는 이유가 많다고 하셨는데 어떤 책을 보니까 여자들이 섹스를 하는 이유가 237가지나 된다고 하더라고요.

여자들도 섹스가 좋으면 하고 싶어요. 이것도 학습이 되는 건데요, 남편이 하는 섹스가 재미없어서 문제인 겁니다. 자기만 하고 내려와요. 그래서 여자들이 귀찮아서 안 하려고 하는 경우가 많죠. 하지만 감각을 제대로 알면 여자들이 더 하려고 할 거예요. 여자들이 섹스를 하고 싶다는 욕구가 생기느냐는 남편 하기 나름이라고 생각해요. 옛날에 남자들이 내 아내는 순결했으면 좋겠다, 내가 첫 남자였으면 좋겠다는 얘기 많이 했잖아요. 그런데 요즘 애들은 여자가 경험이 없으면 부담스러워해요. 내가 다 가르쳐줘야 하니까. 처음에 만난 사람이 여자를 배려하고 여자가 원하는 섹스를 하는 사람이라면 그 여자는 굉장히 많은 것들이 개발돼요. 그래서 이후로도 섹스를 즐겁게 할 수 있죠. 그런데 첫 경험도 나쁘고 지금도 잘 못하고 자기만 하고 내려오고 그러면 여자가 섹스를 왜 하고 싶겠어요. 그러니까 폐경 되면 안 하려고 하는 거죠. 하지만 부부 간의 섹스만큼 좋은 소통 방법은 없어요. 그러니까 포기하시면 안 됩니다.

중년의 성생활과 관련해서 당부하고 싶으신 말이 있을까요?

섹스는 아는 만큼 더 좋아지는 거예요. 그래서 많이 보고 배우시는 게 좋아요. 그리고 나이 들면 흥분이 잘 안 되기 때문에 좀 야한 그림 같은 거 보는 게 좋은데 한 가지 좀 부탁을 드리는 건 포르노를 많이 보시면 안 돼요. 요즘 포르노 보고 혼자 자위만 하고 아내와는 안 하는 사람이 너무 많아요. 포르노 중독으로 상담 받으러 오는 분들이 정말 많습니다. 50대, 60대도 굉장히 많아요. 포르노를 많이 보면 볼수록 혼외섹스에 대해 아무것도 아니라고 생각하게 되고 밖에서 하는 섹스가 늘어날 수 있어요. 차라리 남편이 포르노 볼 때 같이 보세요. 여자들이 좋아하는 포르노는 남자들이 좋아하는 것과 좀 다르니까 좀 야한 멜로영화 같은 걸 같이 보세요. 섹스토이 같은 것도 적극적으로 활용하시고 호텔 가서도 하시고 자꾸 분위기를 바꿔보면서 재미있게 해보세요. 늘 똑같이 하면 지루하잖아요. 사람을 바꿀 수는 없으니까 다르게 해보세요.

6
■

농촌, 상상 이상의 공간

구　　　자　　　인

충남마을만들기지원센터장

부산에서 고등학교까지 다니고 대학을 서울로 진학한 뒤 민주화운동의 흐름 속에서 지역과 주민을 고민하게 되었다. 마을만들기 방법론으로 도시환경문제를 해결할 수 있다는 생각에 생태학, 환경정책, 도시계획 등을 공부하고 현장을 돌아 다녔다. 1998년에 일본으로 유학, 6년 반에 걸쳐 농촌마을의 역사와 구조를 연구해 농학박사 학위를 취득했다. 2004년 12월에 진안군청에 들어가 만 8년간 마을만들기와 귀농귀촌 정책을 총괄했으며 이후에는 진안군마을만들기지원센터장 겸 연구소장을 역임했다. 2015년 3월에 충남연구원으로 옮겨, 충남 광역의 마을만들기 정책 수립과 시군의 지원 시스템 구축을 전담하고 있다.

그는 풍부한 현장경험과 연구를 토대로 귀농귀촌 희망자들에게 생생한 농촌 현실과 실질적 준비 방법을 제안한다. 50+세대들에게 귀농귀촌은 '자신을 찾아가는 과정'이 되어야 한다면서, 마을 공동체와 함께 행복을 나눌 수 있고, 농촌의 새로운 기회를 만들 수 있는 계기를 제공해야 한다고 강조한다.

땅의 사람과
바람의 사람이 함께 살기
위하여

〈웰컴 투 동막골〉이라는 영화, 기억하시나요? 좌우가 대립하면서도 농촌 마을 공동체가 평등하게 잘 어울려 사는 모습이 인상적이었죠. 농촌이라고 하면 쉽게 떠올릴 만한 모습들이 많이 나왔는데 실제 우리의 농촌과 비교해서 보면 굉장히 많은 생각이 듭니다. 농촌은 흔히 말하는 자본주의, 시장경제가 비집고 틀어갈 틈이 별로 없었습니다. 지역사회 내에서 주민들이 필요한 것을 스스로 만들어내고 스스로 문제를 해결할 수 있는 그런 모습은 지속가능성 측면에서는 굉장히 이상적인 공동체의 모습으로 보일 것입니다. 실제로 그런 사회가 오랫동안 유지되어오기도 했습니다. 바로 그런 점이 마을 공동체에 대한 여러 가지 꿈을 꾸게 하기도 했고요.

예전에는 외부에서 투입되는 자원도 별로 없고 굳이 외부로 나가지 않아도 마을 안에서 자급하고 모자란 부분들이나 남는 부분은 5일장이 열렸을 때 해결하며 살았습니다. 그렇게 오랫동안 유지돼왔죠. 그런데 지금 동막골 같은 그런 농촌은 사실상 없다고 봐야 합니다. 농촌의 풍경도 완전히 달라졌죠.

요즘 유럽이나 인도 같은 데서 새로운 공동체라고 하는 데에 가보신 분들 있을 텐데요, 거기는 대부분 종교 공동체입니다. 종교라는 틀을 가지고 끊임없이 정신수양을 하면서 공동체가 유지됩니다. 사실 공동체라는 건 일반적으로 그런 모습이 아니거든요. 역사적으로 잘 생각해보면 공동체라는 것은 봉건적인 신분제도를 바탕으로 양반 지주가 농민을 수탈하면서 권력관계로 위에서 억누르며 지탱하는 모습이었습니다. 제가 일본에 유학을 갔다 왔는데요, 일본에서 공동체에 대해서 이야기하면 일본 분들의 반응이 굉장히 이상하더라고요. 왜 그런가 했더니 이분들은 공동체라는 용어를 나쁜 것으로 인식하는 겁니다. 일본에서는 공동체라는 말보다는 커뮤니티라는 말을 씁니다. 공동체라 하면 제국주의 통치를 위한 말단 조직이라고 정의하거든요. 행정자치부에서 '지역공동체 활성화 기본법'이라는 걸 만들고 있는데 거기에 공동체라는 말이 들어갑니다. 공동체는 굉장히 다양한 의미를 갖고 있는데, 이것을 법의 테두리에 가져올 수 있느냐 하는 논란이 있습니다. 공동체라는 말에는 여러 가지 속성들이 있으니까요.

공동체를 유지하기 위해서는 어느 정도의 내부 합의가 필요합니다. 내부 사람들은 다 알지만 외부 사람들은 잘 모르는, 외부 사람이 들어오면 반드시 지켜야 되는 내부의 규칙, 룰 같은 것들이 있습니다. 흔히 '텃세'라고 하죠. 제가 농촌에 살면서 농촌 분들과 많은 시간을 보내면서 지켜봤는데, 그분들 나름대로 오랫동안 지켜온 규칙이 있더군요. 그 규칙을 외부 사람들이 외부의 잣대를 갖고 불합리하다고 하면 그분들은 싫어할 수밖에 없겠죠. 텃세라는 말이 주로 부정적으로 쓰이지만, 어떤 면에서는 공동체 안에서 작동하는 나름의 체계라는 점에서 좋은 점도 있다고 봅니다. 내부의 질서를 유지하기 위한 문화적 장치 같은 거잖아요.

옛날에는 마을에서 질서를 지키지 않는 사람을 멍석말이 해가지고 쫓아냈죠. 마을의 질서라는 것은 오랜 시간에 걸쳐 만들어진 것인데 이걸 누군가 갑자기 나타나서 바꾸자고 하면 쉽게 바뀌지 않습니다. 이게 전통적인 농촌의 마을 공동체 모습이고 그렇기 때문에 마을 공동체가 유지돼왔다고 봅니다. 마을이 너무 빨리 변하기 시작하면 마을은 공동체로서 유지되기 힘든 공간이 됩니다. 우리가 합리성이라고 생각하는 부분들은 서구사회에서 들어와 도시의 기준으로 정착됐지만 농촌에 적용했을 때는 분명히 다른 측면이 있거든요. 저도 여전히 헷갈립니다. 농촌이 무작정 틀렸다고 부정하기 시작하면 이야기를 풀어가기 어렵겠죠.

우리가 보는 농촌 현실, '누구 탓인가요?'

도시에서의 공동체와 농촌 마을의 전통적인 공동체는 분명 다른 점이 많습니다. 우리나라는 전 세계에서 가장 빠른 속도로 도시화가 진행된 나라가 아닌가 싶습니다. 일본도 4,50년에 걸쳐 일어난 일인데 우리나라는 불과 2,30년 사이에 빠르게 도시화가 진행됐죠. 현재 도시에 사는 사람들 대부분은 여러분들처럼 농촌에서 넘어온 분들입니다. 저도 세 살 때 어머니 등에 업혀 부산에 가서 크고 공부했고 서울까지 올라왔습니다. 당시의 농촌 세대들은 빠르게 진행되는 도시화의 물결 속에 왜 가야 하는지도 모르고 도시로 진출한 경우가 많았습니다. 이 사진을 잘 보십시오. '농번기 탁아소 개소식' 풍경입니다. 1970년대 초반쯤의 사진이거든요.

시골에는 정말 아이들이 많았습니다. 여러분 세대 때는 초등학교에 학생들이 너무 많아서 감당을 못 할 정도였는데 요즘은 초등학

1970년 초반의 '농번기 탁아소 개소식'

교 학생 수가 40~50명 남아 있는 초등학교가 태반이죠. 읍내의 큰 학교가 200~300명 정도고 대부분 50명에서 100명을 넘기지 않습니다. 시골에서 '애 울음소리를 듣기 힘들다'는 소리를 많이 하시잖아요. 제가 전라북도 진안에서 활동을 하다가 왔는데, 진안에 있을 때 인구 통계를 내보면 1년에 아이가 한 명도 태어나지 않은 면 단위도 있을 정도입니다. 그 많던 아이들은 다 어디로 갔을까요? 이처럼 열 명이면 열 명, 다 도시로 가야한다고 생각했던 시절이 있었습니다.

지금 농촌마을에 가보시면 혼자 사시는 할아버지, 할머니들이 절반 이상입니다. 그래도 농촌마을은 서로 정서적으로 지켜주고 돌봐주는 문화가 있지만 요양원 가는 건 못 막겠더군요. 그래서 늘 마지막 분쟁은 누가 어른을 돌봐주느냐로 귀결됩니다. 내 몸 하나 건사하기도 힘든 지경이니 누굴 돌봐주는 구조가 안 되거든요. 마을 어르신이 요양원 간다고 하면 서로 눈물을 흘립니다. 가는 사람도 눈물 흘리고, 보내는 사람도 눈물 흘리고…. 죽으러 간다는 걸 다 아시는 거예요. 보낸 사람도 그걸 알면서 보내는 거지요. 자녀들도, 동네 사람들도 돌봐주기 힘드니까요.

또 큰 문제 중 하나가 환경문제, 쓰레기가 너무 많다는 거예요. 한겨울에는 좀 괜찮습니다. 눈이 쌓여 보이지 않으니까요. 농사를 짓다 보면 화학 비닐 제품을 많이 쓸 수밖에 없습니다. 그게 아주 싸거든요. 농사를 아무리 열심히 지어도 먹고 살기 힘드니까 그냥 정부 보조 받아서 쓰는 거예요. 비닐 멀칭이라도 해야 그나마 수확할 수 있으니까요. 그러니 농촌에 쓰레기가 넘쳐날 수밖에 없죠. 우리 집 앞마당 풀도 못 뽑아서 힘들어 죽겠는데 동네까지 생각하기 힘들거든요. 농촌 마을 곳곳이 다 이렇습니다. 어르신들 탓만 할 것이 아니라는 것이지요.

농촌에서 며칠 생활하다 보면 정말 을씨년스러워요. 빈집들이 얼마나 많은지 몰라요. 치우고 싶어도 집주인이 허락을 안 해주면 못 치우죠. 철거하면 비용의 약 절반을 행정이 지원해줘요. 하지만 본인 비용도 절반 드는 셈입니다. 그러니 그냥 내버려둡니다. 이런 빈집들이 곳곳에 있는데 위험하기도 하죠. 제가 지금 충남에 있는데 안희정 도지사가 그런 얘기를 많이 하시더군요. 다른 거 이것저것 하지 말고 마을 한번 예쁘게 가꿔보자고요. 기본적으로 농촌이 농촌

사람이 줄고, 빈집이 늘어가는 오늘날의 농촌

다워야 한다는 것이죠. 하지만 이것조차 쉽지 않네요. 마을을 예쁘게 가꾸려면 마을 분들이 마음의 여유도 있고, 단합도 잘 되어야 하는데 그게 사실 잘 안 됩니다.

농민들이 진짜 게으르고 못나서 이런 문제가 일어나는 것일까요? 저는 그렇게 보지 않습니다. 이분들은 쓰레기 하나도 허투루 버리려 하지 않고 물자절약도 열심히 하시고 손톱이 닳을 정도로 풀 뽑아가며 그렇게 자식 키우면서 열심히 사셨던 분들입니다. 하루에 서너 시간밖에 못 주무시면서요. 그렇게 열심히 살았는데 결과가 이런 겁니다. 이 세상이, 역사가 이렇게 만든 거예요. 정부 정책이 이렇게 만들었다는 거죠. 저는 이 점을 먼저 강조하고 싶습니다. 현재의 농촌 현실이라는 것을 역사적인 측면에서 봐주시기를 부탁드리고 싶습니다.

여전히 차별받는 농촌, 얽히고설킨 문제

자본주의 사회에서 도시와 농촌은 불균등하게 발전합니다. 한국은 특히 심하다고 봅니다. 전 세계 농촌에서 가장 고도로 훈련받은 인적자원들을 도시로 다 보냈습니다. 지금은 고등학교 졸업을 아무것도 아닌 것처럼 생각하지만, 전 세계적으로 봤을 때 그 정도의 고학력자를 산업일꾼으로 투입했던 나라가 없다고 생각됩니다. 또 농촌

자본주의 사회에서 도시와 농촌은 불균등하게 발전합니다. 농촌은 도시 사람들의 식량을 공급하는 기지로 전락하고, 농산물 가격은 도시의 물가 정책이 좌우해 왔습니다. 농민들은 흉년이 들어도 걱정이지만 풍년이 들어도 걱정입니다.

은 도시 사람들의 식량을 공급하는 기지로 전락하고, 농산물 가격은 도시의 물가 정책이 좌우해왔습니다. 농민들은 흉년이 들어도 걱정이지만 풍년이 들어도 걱정입니다. 한국전쟁 이후 독재정권에서 급속하게 이루어진 도시화, 산업화의 결과이기도 합니다. 농촌은 도시를 위한 노동력 공급기지이자 농산물 생산기지였던 셈입니다. 농촌의 희생 위에 도시의 발전이 이루어졌고, 그로 인해 도시와 농촌 간 불균등 발전이 점차 심화되어왔습니다. 지금도 마찬가지고요.

그리고 농촌은 도시의 쓰레기 매립지가 되어버렸어요. 서울 시민은 쓰레기 빨리 안 치워주면 난리 나잖아요. 그런 쓰레기를 다 농촌에 매립합니다. 소각해도 부산물은 모두 매립지로 갈 수밖에 없지요. 그러면 거기서 살다가 쫓겨난 사람들은 어떻게 될까요? 도시에서 마시는 물이나 사용하는 전기도 대형댐이나 원자력발전소에서 공급되는 것이죠. 어딘가에 꼭 필요한 시설이라 하지만 그 희생은 농촌에만 강요된 셈입니다. 이처럼 도시가 농촌의 희생 위에 유지되고 있다는 걸 잊고 살 때가 많습니다. 도시의 삶이라는 것은, 그래서 멀리 있는 농촌의 희생에 눈 감게 만들고 생각할 여유를 주지 않나 봅니다.

농촌에서는 이제 뭘 심어도 안 된다고 그래요. 정부도 직불제나 여러 가지 보조사업, 복지대책, 이런 걸로 그냥 유지하는 정도에 그칠 수밖에 없다고 합니다. 요즘 대학에서 농과대학이라는 말 들어보셨습니까? 대학들이 먹고 살려고 단과대학이나 전공 이름을 다 바꿨죠. '억대 농부'란 분들도 10년 지나서 보니 대부분 다 망했어요.

벤처농이네 뭐네 했던 시절도 있었는데 다 오래가지 않았어요. 농가 소득이 연간 1000만 원 미만인 비율이 60퍼센트나 됩니다. 대부분 혼자 사시는 분들이긴 하지만 귀농하신 분들이 연간 1000만 원 매출 올린다는 것도 보통 일이 아닙니다. 손해 안 보면 다행이라고 해요. 매년 도시 소비자 가구와의 소득격차는 갈수록 심해지고 있습니다. 이처럼 농업구조가 복잡하게 얽혀 있고, 운이 좋아 돈 버는 일도 잠깐인 세상이 된 것입니다.

여러분이 도시생활에서 자주 접하는 대형마트도 이제는 농촌에다 진출해 있습니다. 차를 가진 젊은 분들은 읍내 마트 가면 한꺼번에 다 살 수 있으니까 재래시장 돌면서 불편하게 이것저것 사지 않게 됩니다. 그나마 그 지역에서 사주면 다행인데 차가 있다 보니까 옆에 있는 큰 도시까지 가버립니다. 일주일에 한 번 애들 데리고 쇼핑도 하고 외식도 할 겸 인근 도시에 가서 왕창 사오기 때문에 돈이 지역에서 돌지 않습니다. 5일장도 이제는 없어지거나 재미없어졌고, 그나마 있는 읍내 전통시장도 근근이 유지되는 정도랍니다. 이렇게 농촌문제들은 얽히고설켜 있어서 쉽게 풀리지가 않습니다.

"굽은 나무가 선산을 지킨다"

저희들끼리 하는 말 중에 이런 게 있습니다. '시골에는 B급만 남았다, A급은 다 떠나고 B급 인간만 남았다.' 매우 실례되는 말일 수도 있지만 객관적 현실이기도 합니다. 농촌에서 생각이 있고 열심히 활동했던 사람들이 존경받았는가? 이렇게 질문해보면 역사적으로 그렇지 않았단 말이죠. 지역사회를 위해 열심히 노력했던 사람들은 총살당하고, 감옥 가고, 그 자손들도 대접을 받지 못했던 역사입니다. 오죽하면 '마을 일에 나서면 다친다.' '열심히 해도 좋은 소리 못 듣는다.' 이런 소리를 귀에 달고 자랐겠습니까. 또 '공부 열심히 해서 도시로 나가 성공해라, 그리고 다시는 돌아오지 말아라.' 부모들이 이렇게 가르쳤던 것이 우리 역사였던 것이지요. 여러분도 그렇게 도시로 떠나오지 않았던가요?

우리들이 자라면서 부모님에게 들었던 이야기는 이런 말들입니다. 이러다 보니 농촌에는 일할 사람이 남아 있지 않습니다. 공공성을 갖고 지역사회를 위해 봉사하면서 겸손하게 일하는 그런 분들을 찾기가 정말 어려워졌어요. 그래서 'B급'이라는 자조적인 이야기가 나오는 것이죠. 하지만 역설적으로 우리가 B급이라는 걸 인정하고, 남아 있는 우리끼리 뭔가 잘해보자는 소리도 나옵니다. 중앙정부에 의존하지 말고, 또 외부 사람 지나치게 믿지 말고, 지역의 이런 현실을 인정하고 이것을 출발점으로 잡자는 주장이죠. '굽은 나무가 선산을 지킨다'는 말이 있는데 예전에는 자기 신세 한탄하는 소리로 많이 쓰였지요. 하지만 우리가 '굽은 나무'였기에 오히려 고향을 지킨다는 자부심으로 연결된 주장이기도 합니다. 하지만 이런 분들도 많지 않다는 것이 큰 과제인 셈이네요.

농촌에서 함께
살아가는 삶

1992년을 기점으로 한국에서도 풀뿌리 주민자치운동이 본격적으로 시작되었습니다. 1991년에 지방자치의원 선거가 있었고 민주화, 통일 같은 큰 이야기가 아니라 우리가 살고 있는 지역부터 바꿔보자는 움직임의 시작이었지요. 브라질 리우에서 리우회의라는 걸 하면서 '전 지구적으로 생각하고 지역적으로 행동하자'는 슬로건이 거버넌스(협치) 개념으로 제시되고 지방정부의 역할이 강조된 것도 1992년입니다. 이제는 많이 알려진 스페인 몬드라곤의 협동조합 이야기를 다룬 책이 번역된 해도 1992년이었고요. 소비에트연방이 붕괴되고 좌우 이데올로기도 굉장히 많이 약화되면서 지역사회 운동이 막 깨어나기 시작한 겁니다.

1996년에 전국귀농운동본부가 출범했던 것도 획기적인 변화라고 봅니다. 그전까지는 대부분 귀농을 하더라도 개인적으로 하거나 농민운동, 학생운동의 일환으로 내려가는 경우가 많았는데 이제는 귀농 자체를 하나의 사회운동이라고 인식하기 시작한 것입니다. 인간다운 삶을 찾아, 아이들 교육을 위해 농촌으로 가자는 운동이 일어났고 생태공동체 운동도 활발해진 때가 1990년대 중반입니다. 지금 귀농하여 농촌에 잘 정착하고 유기농업과 생협 직거래 운동을 열심히 하시는 분들 대부분이 그때 내려오셨지요. 그분들의 자제분들은 대안학교를 졸업하고 지금 서울의 하자센터나 청년허브 같은 곳에서 활동하거나 또 다른 농촌을 찾아 청년귀농을 시도하고 있습니다.

이처럼 한국의 1990년대는 일본의 1970년대와 비교할 수 있을 것 같습니다. 혁신 지자체도 만들고 지역사회에 새로운 정책들을 도입하던 시기죠. 한국 농촌에도 유기농업, 체험마을, 지역 언론, 사회적 경제, 주민자치, 평생학습, 작은도서관 등 많은 새로운 활동이 도입되고 조직도 많이 설립되었어요. 문제는 다양한 풀뿌리 활동들이 협력하지 않고 결국 다 따로 놀았다는 겁니다. 어떻게 보면 귀농을 가장 지지하고 지원해줘야 할 조직은 농민단체입니다. 농업의 미래를 생각했을 때 여러분 같은 분들이 와서 같이 농사를 짓는 게 가장 좋잖아요. 그런데 그런 협력이 잘 이루어지지 않은 게 정말 안타깝습니다.

농촌 마을에도 뭔가의 전환점을 만들어보자는 움직임들이 2000년대에 들어 여기저기서 생겨났습니다. 제가 전라북도 진안군에 2004년에 채용되었던 것도 그런 계기 때문입니다. 진안군에는 이미 지역사회 정책들을 총괄해줄 수 있는 박사님이 계셨는데 그분이 그만두게 됐어요. 그래서 농민운동 열심히 했던 단체장과 논의해서 기존에 있던 공무원들만으로 뭔가를 변화시키기에는 너무 느리고 어려우니까, 계약직 공무원들을 여럿 채용하여 조직적인 변화를 일으켜보자는 것으로 얘기가 모였습니다. 그때 제가 일본에서 연구원 생활을 하고 있었는데, 지인으로부터 응모 제안을 받았습니다. 그것이 제가 진안으로 가게 된 직접적인 계기가 되었죠.

여러분께 도움이 될까 하여 제 이야기를 조금 더 해보겠습니다. 저는 서울에서 석사학위를 마치고 연구소 생활도 하며 지역단체 활동도 병행했습니다. 앞에서 말한 풀뿌리 주민자치운동의 다양한 영역에서 실천 활동도 하고 조사, 분석도 했지요. 하지만 결국 제가 내린 결론은 도시문제는 농촌이 잘살아야 해결된다는 것이었고, 그래서 농촌에 가기로 결심했습니다. 처음에는 당연히 농사짓는 것을 생각했습니다. 저도 나름대로 텃밭 농사 같은 걸 좋아해서 꾸준히 해왔고 그게 적성에도 맞는다고 생각했거든요. 그런데 농촌 사람들은 제가 농사짓기를 바라는 게 아니라 오히려 농촌사회를 변화시켜나갈 대안을 제시해주길 원했습니다. 농촌에 부족한 점을 채워주기를 원하는 것이었죠. 그것이 제가 유학까지 가게 되고, 또 계약직 공무원의 삶을 선택하고, 지금까지 '중간' 역할을 이어오게 된 계기라 할 수 있네요. 적어도 10년을 하겠다는 약속도 지키고 충남으로 옮겼던 셈입니다.

저는 농촌이 발전하기 위해서는 토박이 주민만으로 변화를 일으키기 어려우니 뜻이 있는 귀농자들의 힘과 합쳐져야 한다고 생각합니다. 진안군에는 지금 마을만들기지원센터란 곳이 있고 여기에 풀뿌리 단체가 14개 정도 입주해 있는데, 이곳에서 상근하는 30여 명 중 한 사람 빼고는 다 외지 사람입니다. 그래서 지역사회에 불만이 좀 있기도 합니다만, 월급 120만 원, 140만 원 이렇게 받으면서 토박이 분들에게 일하라고 하면 절대 안 옵니다. 차라리 농사를 짓는다고 하죠. 좋은 시각만 있는 것이 아니고, 박수 쳐주는 것도 아니지만, 농촌 발전을 위해서는 귀농귀촌인들이 꼭 결합되어야 한다고 생각합니다.

제가 여러분들에게 기대하는 게 사실 이런 겁니다. 여러분들은 세상의 큰 흐름을 경험했고 도시에 살면서 농촌사회를 객관적으로 관찰할 수 있는 안목도 키웠다고 봅니다. 지금 농촌의 가장 큰 문제는 학습능력이 부족하다는 겁니다. 농사도 농업기술센터가 시키는 기술대로만 해요. 본인만의 농업 기술을 갖고 있는 게 아니거든요. 뉴스를 보면서 '이건 아닌 것 같기도 한데…' 하면서도 잘 움직이지 않으세요. 또 〈6시 내 고향〉 같은 방송을 보면 '저기는 잘하는데 우리는 왜 안 되냐.' 하면서 한탄을 많이 합니다. 농촌 어르신들은 사회를 객관적으로 분석하고 관찰하는 것이 아무래도 약합니다. 그런 훈련들을 받지 못했으니까요. 농촌에서는 지방자치도 '쟁취한 게 아니라 제도적으로 주어진 셈'이라 할 수 있습니다. 스스로 뭔가를 변화시킬 동력이 정말 부족하다는 겁니다.

다소 무거운 이야기가 이어집니다만, 여러분들도 이런 역사와 구조를 잘 생각하면서 농촌에 어떤 기여를 할지, 어떤 실천을 할 것인지 고민하는 자세가 필요하다고 봅니다. 이것이 여러분들이 농촌 주민들과 더불어 사는 길이고, 도시에서 귀농을 꿈꾸며 이주하고 싶은 농촌 사회의 모습이라 믿기 때문입니다. '혼자 잘 먹고 잘 사는' 농촌이라면 여러분도 이사 오고 싶지 않으시겠지요? 지혜로운 농촌 이주가 무엇인지 생각해보자는 겁니다.

농촌의 주인은
누구인가

요즘 제주 올레길을 포함해서 전국에 트레킹 사업이 엄청 많이 생겼습니다. 숲길, 해안길, 강변길, 골목길 등 전국에 약 600개의 코스가 생겼다고 하네요. 전국 방방곡곡에 경치 좋은 데라는 데는 죄다 도시민을 위해 트레킹 길을 만들어놨습니다. 하지만 정작 그 터전에서 사는 지역 주민들은 소외되어 있어요. 해당 주민들 입장은 묻지 않고 만들다 보니 마을을 가로질러 통과하는 코스도 만들었어요. 아름다운 마을을 보여주고 싶은 마음도 있었겠죠.

여기 사는 분들도 처음에는 오랜만에 찾아오는 도시민이 반가웠는데 이게 한두 명도 아니고 단체로 매일 다니니까 여간 불편한 것이 아니에요. 관광 온 것처럼 여기도 보고 저기도 보고 하는데 동물원 원숭이가 된 것 같은 기분이 든다는 거죠. 입장을 바꿔서 생각하면 이해할 만할 것입니다. 농촌 마을 주민의 '그나마 남아 있는' 자존심마저 짓밟지는 않았으면 좋겠습니다.

전국에 정말 많이 조성돼 있는 체험마을에서도 이런 소리가 나옵니다. 농촌의 마을 만들기 활동을 체험마을로 좁게 오해하시는 분들이 많이 있더군요. 이 체험이라는 것은 농사 체험이 핵심이에요. 원래 도농교류는 도시에 있는 생협 조합원들이 유기농 생산자들의 어려움을 알고, 농사를 도와주러 가는 것에서 출발한 것입니다. 그런데 평소에 농민들이 하지도 않던 짚신 짜기, 떡메 치기, 마을 안내하기, 천연염색 같은 것들을 자꾸 시킵니다. 일상생활과는 아무 관계 없는데 보여주기식으로 하는 거죠. 그런 농촌체험마을에 도시민들이 지불하는 돈을 생각해보면, 숙박비 1인당 만 원, 한 끼 식사 7000원, 체험비 5000원 정도. 딱 거기까집니다. 도농교류, 도농상생이라는 이름으로 오히려 농민들에게 지나치게 많은 서비스를 강요하는 셈이지요.

귀농하신 분들 중에도 농촌관광이나 체험에 대해서 관심을 가지시는 경우가 많습니다. 농사가 힘들다고 하니까 교육농장을 시도한다든지 6차 산업 가공식품에 도전하는 경우도 많습니다. 하지만 이렇게 불평등한 도농관계 구조를 잘 들여다보셔야 합니다. 기본적으로 농촌에 사는 주민들이 즐거워야 도시 사람들이 와도 좋지 않겠습니까? '근자열 원자래近者悅 遠者來'란 말이 있듯이 농촌 마을은 아무나 쉽게 드나들 수 없는 '주민들의 세계'라는 점을 존중해주시면 좋겠습니다. 농촌 마을의 주인은 어디까지나 거기 살고 있는 주민들이니까요.

어떤 농촌으로
이주해야 할까

도시민들이 가진 왜곡된 이미지 중에 하나가 '농업은 농산물을 생산하는 것이고, 농촌은 농민들만 사는 곳이다'라는 생각입니다. 우리가 근대화, 경제성장 하면서 농촌에게 그런 역할을 강조했습니다. 농촌은 농사 열심히 지어서 도시 사람들에게 식량만 잘 공급해라, 그렇게 하면 수출해서 번 돈으로 되돌려주겠다. 그렇게 끊임없이 국가정책으로 강조했고, 지금도 그런 정책 속에 움직이니 도시민들도 그런 생각이 강하리라 봅니다. 하지만 이런 생각은 현재의 농업, 농촌 현실과 매우 다른 것입니다.

농사는 씨앗을 뿌리고 수확하는 게 전부가 아닙니다. 농산물을 가공하고, 유통하는 것도 농업의 일부입니다. 농번기 끝났다고 마냥 노는 것도 아닙니다. 겉보기에는 온통 논밭들이라도 다양한 농업이 이루어집니다. 부부가 함께 살면 한 명은 농사를 짓고 한 명은 다른 직업을 갖고 있어요. 우리나라 농촌의 농가율은 40퍼센트가 되지 않습니다. 전체 열 가구 중에서 네 가구만 농사를 짓는 셈인데, 나머지 여섯 가구는 농사를 안 짓는 거죠. 농촌에도 그만큼 소비자가 많습니다.

귀농歸農이라는 말이 돌아갈 귀歸 자를 쓰잖아요. 나는 도시 출신인데 돌아간다는 표현이 적절하지 않다는 말도 합니다. 농촌 출신처럼 밖으로 나갔다가 다시 돌아가는 게 아니잖아요? 하지만 대代를 거슬러 올라가면 모두 농촌에서 왔다고 봐야 할 것입니다. 그리고 우리 모두의 뿌리가 되는 자연으로 돌아가는 셈이니 돌아갈 귀歸 자를 쓰는 것이 맞다는 주장도 있습니다. 최근에는 농업에 얼마나 종사하느냐를 두고 귀농과 귀촌을 구분하려고도 합니다. 하지만 제 입장에서는 구분이 쉽지 않기 때문에 그냥 귀농귀촌이라고 붙여 씁니다. 최근에는 농촌으로 가시려는 도시민들이 정말 많이 늘었습니다. 하지만 왜곡된 이미지로, 잘못 접근하시는 분들을 많이 봅니다. 가끔씩은 피곤하다 느낄 정도예요.

제가 귀농귀촌 상담을 시작했던 것은 2006년경부터인데요, 처음 시작할 때 땅 소개, 집 소개를 해주었거든요. 그런데 1년 정도 하고는 안 했습니다. 힘들기도 했지만 문제가 많았던 거죠. 저희가 빈집 조사를 하고, 그나마 살 만한 집을 찾아서 리스트를 만들고, 집주인 동의까지 받아 홈페이지에 올렸어요. 전국에서 처음이라 생각합니다. 그런데 도시에서 오신 분들은 여기저기 다 가보고 꼼꼼하게 비교하시는데, 사실 한 번씩 가봐서는 잘 알 수가 없잖아요. 집 상태는 좋아도 도무지 판단을 하기가 쉽지 않죠. 동네 이장님들도 도시 사람이 온다고 했을 때 반갑기도 하지만 한편으로 걱정도 많습니다. 저희한테 물어봐요, 저 사람 어떤 사람이냐고, 저 사람이 우리 동네로 이사 오면 책임질 수 있냐고. 솔직한 답변은 당연히 이렇죠. "아이고, 저희가 어떻게 책임을 집니까. 저희도 두세 번밖에 안 만나봤는데요."

땅도 마찬가지입니다. 사람들이 많이 살지 않는 외딴 곳을 소개해달라고 해서 그런 곳을 수소문해 적당하다 싶은 곳을 소개했는데 정작 그분은 마음에 안 든대요. 다른 곳도 보여달라 해서 여기저기 돌고 돌아 결국 열 군데 이상을 돌아봤습니다. 결국 제일 처음에 보여드린 곳을 선택했어요. 한 명을 소개하는데도 그렇게 공이 많이 드는데 행정 공무원이, 단체 활동가가 그걸 어떻게 다 하겠습니까?

게다가 도시민들이 많이 돌아다닐수록 농촌 땅값만 오르고, 농민들은 농사짓기 더 힘들어진다고 불만이 많아요. 평생 살 주민들에게 땅값 상승은 오히려 골칫거리가 됩니다. 저희들은 땅값 올라 좋아하는 주민이 있다면 '마을의 역적'이란 소리까지 합니다. 마을을 떠날 준비가 된 주민에게나 도움이 되기 때문이죠. 이렇게 땅이나 집이라는 문제는 만만치가 않더라고요.

저에게 도시에서 오신 분들이 상담할 때 자주 그럽니다. 귀농하기 좋은 땅 좀 소개해달라고요. 그러면 제가 다시 "어떤 곳이 좋은 땅이라고 생각하시느냐"고 물어보죠. 대답은 대개 비슷합니다. 땅값이 싸고, 집터는 남향이고, 경치가 좋으면 좋겠고, 아이들 교육이나 문화생활 하기 편하고, 병원도 좀 가까이 있으면 좋겠고, 이웃 사람들도 좋은 그런 곳. 그런 데를 소개해달라고 하는데요, 참 난감한 요청이지요. 농촌에 와서 그런 마을을 같이 만들어야지, 그런 걸 모두 갖춘 데가 어디 있겠습니까. 그렇게 갖춰진 데면 사람들도 많이 북적이고 땅값도 이미 비싸겠죠. 당연한 것 아니겠습니까? 결국 오래 살고 정이 들어야 좋은 땅이 되는 것입니다.

여러분은 기본적으로 농촌과는 완전히 다른 곳에 살고 있잖아요. 자주 가보시고, 자주 만나세요. 가능하면 한 지역을 정해놓고 자주 가보세요. 농촌 주민들을 자주 만나보면 농촌이 어떤 곳인지 알 수 있습니다. 한 지역을 제대로 알면 다른 농촌도 유추가 가능하거든요. 농민들도 이제 많이 깨달았습니다. 도시분들 많이 온다고 도움되는 게 아니라는 걸. 서로 자주 보면서 서로에게 어떤 도움이 될 것인지 고민하는 과정에 진정한 귀농귀촌이 있다고 생각합니다.

왜 행정이 귀농귀촌을
지원해야 하는가

여러분들이 앞으로 귀농귀촌을 하고자 하면 공무원들을 많이 만나게 됩니다. 도시에 살 때는 출생신고나 여권 만드는 일 말고는 관공서에 갈 일이 거의 없잖아요. 그런데 농촌에 살면 정말 관공서에 갈 일이 많습니다. 시골에서 공무원 찾아가 귀농하려고 하는데 도와달라고 하면 기꺼이 도와줍니다. 그런데 왜 이들을 도와줘야 되냐고 물으면 이유가 명확하지 않습니다. "농촌에 사람이 없는데 이사 오신다니 고맙죠." 그런 정도의 답이 돌아옵니다. 그런데 어찌 생각하면 그냥 이사를 가는 것인데 왜 행정이 도와줘야 하나 싶은 생각도 듭니다. 그러니까 이 문제에 공무원이 개입한다는 건, 우리의 세금이 들어가는 일이라는 건데 그러려면 공공성이라는 분명한 이유가 있어야 합니다. 그래서 저는 이렇게 설명합니다.

먼저, 농촌 발전의 측면에서 봤을 때 농촌 스스로의 힘을 어떻게 키워갈 것인가를 고민해야 하는데, 그러기에는 고령자도 많고 변화 속도도 더디기 때문에 함께할 수 있는 새로운 귀농자들을 적극적으로 유치해야 한다는 명분입니다. 지역사회에 부족한 인재를 유치하는 정책의 일환으로 도시인들을 받아들여서 지역사회의 빈틈을 계속 메우면서 지역 역량을 키워가야 한다는 것이죠.

두 번째로는 귀농귀촌인이 기존에 없던 새로운 바람, 새로운 가치를 가져온다는 점을 듭니다. 우리는 그동안 도시를 지향하고, 서구사회를 모방하며 살아왔습니다. 그것이 사회발전이라고 생각해왔고, 그렇게 강요받았습니다. 농산물을 생산했으면 가락동에 팔아야 되고 롯데백화점 들어가면 최고라는 식으로 주입받아왔습니다. 농민들은 대개 스스로 살고 있는 마을을 하찮게 여깁니다. 젊은 사람일수록 이렇게 생각하는 경향이 더 큽니다. 그 결과 농촌의 자연과 공동체가 파괴되고 행정력은 커지고 시장경제에 강하게 의존하는 사회로 바뀌었습니다. 여러분들은 새로운 바람을 가지고 와야 됩니다. 농민들이 '땅의 사람'이라면 여러분들은 '바람의 사람'입니다. 미래의 농촌사회가 어떤 방향으로 발전해야 할 것인가에 대해서는 여러분 같은 분들이 훨씬 건전한 생각을 한다고 생각합니다.

세 번째로는 행정과 민간 사이에서 합리적인 매개자 역할을 기대하기 때문입니다. 저는 여러분들이 행정과 토박이 주민 사이의 매개 역할을 할 수 있는 전문가로 이주해주면 좋겠습니다. 전문가라고 하면 좀 부담이 될지 모르겠지만 농촌에서는 뭘 해도 여러분들이 다 전문가가 될 것입니다. 여러분이 도시에서 평생 살면서 해왔던 일이 있잖아요. 그런 건 농민들이 안 해봤던 일이고 여러분들이 훨씬 잘하는 일입니다. 그걸 어떻게 다듬어서 농촌에서 활용해볼 수 있을지, 그런 부분을 많이 고민해보셨으면 좋겠습니다. 농촌에 살면서 지금까지 평생 해왔던 직업이나 취미생활을 살려서 새로운 전문

영역을 개척해달라는 뜻입니다. 또 '있는 사실 그대로' 전달하고 토론하고 합의하는 문화를 농촌에도 만들어가야 하는데, 여러분들이 그런 역할을 잘할 것이라 기대합니다. 요즘 말하는 민관협력 거버넌스의 기초가 합리적인 소통에 있고, 그래야 좋은 정책들이 만들어질 수 있다 믿고 있습니다.

이런 점에서 여러분을 도와드리는 것이 지역발전에 도움이 되기 때문에 공공성을 가진다고 주장하고 있는 것이지요.

이런 자치단체는
조심하세요

저는 여러분에게 거듭하여 관점을 바꾸어야 한다, 농촌 현실을 잘 알아야 한다고 강조하고 있습니다. 일자리 고민도 많이 하실 텐데 생각을 좀 바꾸시면 좋겠습니다. 농촌에 일자리가 너무 없다고들 하시지만, 실제로 농촌에서는 일할 사람이 없는 것이 더 큰 문제입니다. 농촌의 일자리는 도시처럼 하루 8시간, 주 5일 근무, 딱 지킬 수 있는 일이 아닙니다. 그런 일자리는 관공서 계통 아니면 없다고 보시면 됩니다. 그거 비집고 들어가기가 정말 힘드니 굳이 그러려고 하지 않았으면 좋겠네요.

농촌은 전통적으로 농사가 주된 생계 기반이지만 농산물 가공, 직거래 유통으로 자급자족하고 두세 가지 일을 병행하며 현금 수입을 얻어 생계전략을 유지하던 곳입니다. 행정이 일자리 창출 역할을 해야 한다고 하신 분들도 많은데, 그보다 더 중요한 건 근본적으로 농업과 농촌의 역할(파이)을 키워서 모두가 공생의 길을 모색해야 하는 것입니다.

현재의 농촌은 여전히 농번기와 농한기의 구분이 있고, 공간적 이동이 쉽지 않으며, 전통 영역에서의 이익 창출에 한계가 있고, 학습 능력의 부족 등 여러 근본적 문제가 있습니다. 때문에 일자리를 새롭게 창출하는 것은 쉽지 않습니다. 상근 일자리는 더욱 어렵고, 공공행정이 하기에는 부작용이 많습니다. 앞으로 지역 특성에 맞는 새로운 분야를 발굴하고, 농가공이나 문화예술의 색깔을 입힌 새로운 틈새를 공략하거나 행정예산을 잘 활용하여 새로운 인재를 양성하는 등의 근본대책이 필요합니다.

이러한 농촌 현실을 잘 고려하신 뒤 여러분들이 농촌에서 새로운 시도, 작은 시도를 지속적으로 지원하는 자치단체와 접촉해보시면 좋겠습니다. 요즘 농촌에도 협동조합 설립 지원이나, 사회단체 상근자, 중간지원조직 등에서 새로운 일자리들이 개척되고 있습니다. 젊은 청년들에게 기회가 더 많을 것 같은데 여러분들같이 50+인 분들이 할 만한 일자리가 어떤 게 가능할지는 아직 미지수입니다. 중요한 것은 농촌에 들어갔을 때 처음부터 안정된 일자리가 없다고 전제하시고 최대한 적게 쓰는 방법을 연구해보세요. 농촌에서는 소비를 줄이려고 하면 얼마든지 할 수 있습니다.

최근 들어 귀농귀촌 정책에도 자치단체별로 여러 가지 분화가 일어나고 있습니다. 정부정책을 잘 따라가는 그런 지역이 있거든요. 그런 곳은 여러분에게 자꾸 우리 지역으로 오라고 선전도 많이 하고 이사비도 지원하고 그럽니다. 그런데 저는 그런 자치단체일수록 위험한 곳이라고 생각합니다. 언론에 자주 오르락내리락하는 지역 있잖아요. 1년에 1000세대가 들어왔다더라 홍보하는 지자체들 말입니다. 행정이 외부에 열심히 홍보하지 않아도 이미 정착해 계신 분들이 좋다면 저절로 입소문이 납니다. 자연스럽게 그렇게 되거든요. 여러분이 귀농귀촌 하겠다고 마음먹으면 주변 분들부터 찾아가겠죠? 그렇게 만나서 좋은 얘기를 들으면 그 지역에 모이게 되는 겁니다.

그래서 '돈 몇 푼 준다는 꼬임'에 넘어가지 마시라고 말씀드리고 싶어요. 이사 비용 몇 푼 지원해주고 나중에 다시 이사 가면 토해내라고 할 분위기입니다. 농촌 주민 분들도 그런 지원을 엄청 싫어하십니다. 그저 이사를 왔을 뿐인데 왜 돈을 주냐고요. 나도 이사 나갔다가 다시 돌아와야겠다고 비아냥거리기도 합니다. 지원금을 받았다고 하면 한 20만 원 받은 건데 200만 원쯤 받은 줄 아시거든요. 아예 안 받고 들어가는 게 마을 분들하고도 편하게 지낼 수 있습니다. 공공기관에서 돈 받으면 정말 귀찮아요. 서류 처리해야 할 것도 많고, 해보신 분들은 괜찮지만 처음 하신 분들은 이것도 만만치 않아요. 몇천만 원 주는 것도 아닌데 안 받는 게 차라리 속 편하다는 생각이 들 겁니다.

지금도 많은 농촌 단체장들이 "우리 동네로 오세요!"라고 열심히

홍보하고 있던데, 그런 자치단체일수록 다시 한 번 조심하라고 말씀
드리고 싶네요. 대개는 선전용 홍보인사고 1회성 이벤트가 태반이
기 때문입니다. 저는 오늘 이 자리에 오면서도 여러분에게 농촌에
오시라고 해야 할지, 오지 마시라고 해야 할지 계속 고민이 되었습
니다. 여러분들이 돌아가야 할, 돌아갈 수 있는 농촌은 사실 선택지
가 그리 넓지 않습니다. 어차피 고생길인 것은 뻔하고, 시행착오도
많이 예상됩니다. 그럼에도 귀농귀촌은 보람 있는 일이고, 과정을
즐긴다면 재미도 있는 선택이며, 경쟁도 치열하지 않아 욕심만 버린
다면 생활도 충분히 가능한 길이라 생각합니다.

도시에서 어떤 준비가
필요할까

귀농귀촌한다는 것은 결국 자신을 찾아가는 과정이라고 봅니다. 그
래서 여러분 스스로가 살아온 인생을 되새기는 과정이 될 것입니다.
여러분 자신만의 적성과 장점을 찾아 가족과 함께 '평화를 동반한
농촌 회귀'가 되기를 권유합니다. 상담을 해보면 사람마다 다 다르
더라고요. 농촌살이가 더 행복한 사람도 있지만 도시살이가 더 행복
한 사람도 있습니다. 부부라 하더라도 두 분 모두 농촌을 선호하는
경우는 많지 않더군요. 사람마다 다 차이가 있으니 아주 다양한 경
로가 있는 셈입니다.

귀농귀촌한다는 것은 결국 자신을 찾아가는 과정이라고 봅니다. 그래서 여러분 스스로가 살아온 인생을 되새기는 과정이 될 것입니다. 여러분 자신만의 적성과 장점을 찾아 가족과 함께 '평화를 동반한 농촌 회귀'가 되기를 권유합니다.

농촌에 살더라도 '마을 밖'이 더 행복한 사람이 있고 '마을 안'에 들어가야 행복한 사람이 있습니다. 농촌 마을 사람들의 갈등도 굉장히 복잡하거든요. 아침에 해 뜨자마자 5시에 문 열고 들어와도 기꺼이 맞이할 수 있는 분들은 '마을 안'에 살 준비가 된 분들입니다. 마을에서 주차를 하면서 자동차 문을 당연히 안 잠그는 사람도 괜찮습니다. 마을 분들은 왜 문을 잠그냐, 우리를 도둑놈으로 보는 것이냐, 저 집은 왜 문을 잠그고 사냐 하기도 하거든요. 도시민들로서는 상상도 못할 사고방식이죠. 우리가 생각지도 못한 간극들이 존재하는 곳이 바로 농촌입니다.

마지막으로 오늘 이야기를 정리하면서 여러분에게 도시에서 살면서 준비해야 할 다섯 가지를 제안 드리고자 합니다. 먼저, 귀농귀촌에 관심이 있다면 관련된 잡지나 책을 구입해 읽어보시기 바랍니다. 〈전원생활〉도 좋고 귀농운동본부가 발간하는 월간지 같은 것도 많이 있죠. 그걸 구독해 보시면서 내가 귀농이 맞는지 안 맞는지 한번 판단해보시라는 겁니다. 탐색단계라 할 수 있겠네요.

두 번째는 귀농학교에 다녀보시라는 겁니다. 혼자 몰래 다니지 마시고 귀농할 가족과 함께 가세요. 거기서 평생을 함께할 동료도 만날 수 있고, 전국의 다양한 귀농지 정보도 얻기 쉽습니다. 혼자 하면 시행착오가 아주 많습니다. 함께하면 재미도 쏠쏠합니다.

세 번째는 생협 조합원 활동을 해보시라는 겁니다. 소식지도 있으니 좋은 먹거리에 대한 정보도 얻고 최신의 농업 동향을 확인할 수도 있습니다. 도농교육 체험도 갈 수 있으니까 그런 데 가끔씩 가보시고요. 그러다 보면 도시에서 할 수 있는 일도 많이 있다는 것을 알 수 있습니다. 부부가 비슷한 생각을 갖게 되기도 하죠.

네 번째로 도시농업, 텃밭농사를 해보시라고 제안 드립니다. 자신이 농촌생활이나 농업에 맞는 체질인지 확인해볼 수도 있고 흙과 친숙해지는 기회를 만나실 수 있습니다. 요즘 서울시나 경기도에서도 많이 하잖아요. 뭐든 괜찮습니다. 흙을 만지는 걸 해보시라는 거죠. 흙을 만져보고 지렁이가 있어도 아무렇지 않아야 하고 그걸 만지고 노는 게 골프 치는 것보다 더 즐거워야 귀농해도 행복한 겁니다. 텃밭농사 해서 수확하는 즐거움이 진짜 즐겁다고 느껴지면 귀농이 정말 적성에 맞는 사람입니다. 젊은 부부들에게는 아이들 성향도 확인해볼 수 있을 것입니다.

마지막으로 자신의 경험을 전문화시키는 과정을 가지시라고 말씀드리고 싶습니다. 무슨 자격증이 있다든지 무슨 경험이 있다든지 책을 썼다든지 하는, 눈에 보이는 경력이 있으면 지역 주민들과 빨리 친해집니다. 그리고 운전면허증은 필수입니다. 시골생활에 운전면허는 현실적으로 꼭 필요한 요소입니다. 학원 선생 경력이 있으면 농촌 교육과 접목하고, 요리에 취미가 있으신 분들은 농가 레스토랑, 장사를 하셨던 분들은 농산물 유통 등 새로운 영역에 작게나마 접목할 수 있습니다. 자신의 오랜 경험에서 출발하면 농촌에서 유용한 직업도 쉽게 찾을 수 있답니다.

제 이야기는 이 정도로 마무리 지어야 할 것 같습니다. 오늘 귀농귀촌과 관련하여 여러분들에게 여러 가지 말씀을 드렸는데 아마도

동의하지 못한 부분도 있을 것입니다. 전문가들 사이에서도 견해 차이가 적지 않은 것이 사실입니다. 저는 농촌에 살면서 정책에도 깊숙이 관여하고 살기 좋은 농촌 마을을 만들어보자고 노력하는 사람입니다. 그래서 농촌 주민들 입장을 대변하는 발언들이 대부분이었다고 봅니다. 또 농촌의 역사와 현재 구조를 장황하게 설명하다 보니 '어렵다, 힘들다'는 주장도 많았고, 그래서 여러분에게 농촌에 이사 오지 마시라는 뜻으로 비춰지지 않았을까 우려도 됩니다.

농촌은 '상상 이상의 공간'이고, 그만큼 새로운 가능성도 가진 공간이라 봅니다. 여러분들과 살기 좋은 농촌 마을 만들기를 함께 해보고 싶습니다. 그런 마음으로 오늘 이 자리까지 오게 되었고요. 부디 여러분 하시고자 하는 일이 잘되기를 기원합니다.

Q&A

귀농귀촌지로 어디가 좋은지 궁금합니다.

크게 무리하지 마시고, 전세, 월세 이사 가신다 생각하고 일단 가서 살아보시라고 권하고 싶습니다. 산을 좋아하시면 산촌을 찾으시고 바다 낚시터를 자주 가시면 어촌을 가보세요. 가능하다면 읍 소재지 아파트도 괜찮다고 봅니다. 제가 농촌을 '상상 이상의 공간'이라고 표현했습니다. 생각했던 것보다 훨씬 더 좋은 측면도 있고, 상상도 못했던 어려움들도 있을 겁니다. 우리 상식으로는 도저히 이해가 안되는 그런 일들이 무수히 많이 있습니다. 그런 것들을 직접 겪어보시면서 마을 안에 살 것이냐, 밖에서 살 것이냐를 고민해보세요. 사람도 나랑 궁합이 잘 맞는 사람이 있고 아닌 사람이 있잖아요. 그렇게 실패 확률을 낮춰가는 게 중요하다고 봅니다. 성공하는 길은 여전히 저도 잘 모르겠지만 실패하지 않는 길은 비교적 간단하다 봅니다.

앞으로의 귀농귀촌 흐름을 어떻게 예측하고 계신가요?

최근 들어 농림축산식품부나 농촌경제연구원 같은 곳에서 많이 연구가 되고 있습니다. 귀농귀촌을 희망하는 사람들이 많은데 실제로 귀촌은 많이 늘었지만 귀농 숫자는 그렇게 크게 늘지 않고 있어요. 앞으로의 동향은 여러 가지 예측이 있을 듯합니다. 여기에는 플러스 요인과 마이너스 요인이 있다고 봅니다. 일단 농촌 어르신들이 많이 돌아가시니까 누군가는 농지를 유지, 계승해야 하잖아요. 그래서 귀농자들이 들어갈 여지가 많아질 것으로 생각됩니다. 그럼에도 농사지어서 먹고사는 게 굉장히 힘든데 과연 계속 귀농자들이 유입될 것인가에 대해서는 의문입니다. 정책적인 지원도 한계가 있어서 실제로 농촌에 살면서 많은 어려움들이 있을 겁니다. 그런 점에서 앞으로 귀농귀촌이 계속 늘어날 것인가를 생각하면 그리 낙관적이진 않습니다.

한국의 전체 구조로 봤을 때 대도시를 탈출하는 인구는 늘어날 수밖에 없다고 생각합니다. 그렇다고 이주지가 꼭 농촌일까 생각해 보면 그건 아닐 것 같습니다. 저는 지방 중소도시로 유입되는 인구가 더 많을 거라고 생각해요. 도시의 편리함도 누리면서 조금만 차를 타고 나가면 인근이 농촌이니까 '출퇴근 농민' 같은 개념도 생각해볼 수 있을 것입니다. 도시와 농촌을 넘나드는 과정 그 자체가 하나의 귀농 형태가 되기도 할 겁니다. 다양한 시도들이 나타나고, 여러 가지 새로운 현상이 생겨날 거라고 봅니다.

우리 사회에 귀농귀촌 붐이 쉽게 일어난 이유 중에는 자유로운 농지 거래가 있다고 봅니다. 이웃 일본과 비교하면 농지법 위반인 경우가 다반사이고, 지나치게 농지를 쉽게 사고팔 수 있는 나라인 셈이죠. 그래서 많이 이주하는 만큼 많이 돌아옵니다. 아까 트래킹 관련해서 말씀드렸는데, 지나치게 많이 농촌에 들어오다 보니 경계하는 분위기도 강하게 나타나요. 농촌은 워낙 허약한 체질이라 이런 사회 변화에 익숙하지 않고, 그런 걸 다 받아들일 준비가 되어 있지 않아요. 행정 공무원들도 마찬가지고요. 귀농귀촌에 대한 심리적, 사회적 저항도 만만치 않다는 것입니다.

우리 베이비붐 세대는 대부분 시골에서 성장하여 도시로 나와 생활을 했는데 그러다 보니까 농촌의 정서가 많이 배어 있습니다. 아까 말씀하신 체험마을 같은 것이 도시에서 나고 자란 아이들에게는 무언가를 배우거나 느낄 수 있는 기회가 되기도 하는 게 아닐까 하는 생각이 들었어요.

저도 아이들에게 6개월 이상 농촌 보내는 산촌유학 방식을 제안하고 싶어요. 아이들이 실제로 시골에서 살아보면 처음에는 좀 두려워하지만 금방 적응을 하더라고요. 아이들의 적응력은 대단한 것 같습니다. 우리 어릴 때 친척집이 시골에 있으면 방학 때마다 찾아가고 그랬잖아요. 지금은 그런 분들 돌아가시고 안 계시긴 한데 그런 추억들이 기억 속에 오래도록 남고 농촌을 멀게 생각하지 않게 하더라고요. 자꾸 모르는 농촌 마을에 잠깐 왔다 갔다 하는 체험은 서로가 불편하고, 오랫동안 관계를 맺는 데는 좋지 않다고 생각합니다. 아이들 교육에도 큰 도움이 되진 않을 것이고요. 가능하면 자주 쉽게 오갈 수 있는 농촌 마을을 정하고 인간적인 교류를 확대하는 것이 서로에게 도움이 될 것이라 봅니다. 그러기 위해서라도 생협 조합원이 되시고 도시농업도 시도해보시라고 권하고 싶네요.

7

**자전거 여행,
젊은이만 하는
거라고요?**

최 광 철 | 안 춘 희

바이크 보헤미안, 전 원주 부시장 부부

최광철 부시장은 공직을 명예퇴직한 뒤 부인과 함께 자전거로 유럽 5개국을 횡단하고 돌아온 무모한 성격의 소유자다. 초등학교 졸업 학력으로 공무원 9급과 7급 공채를 거쳐 행정자치부 지방재정팀장, 화천군 부군수, 강원도 문화관광체육국장, 원주시 부시장을 지냈으며, 은퇴 직전 그간의 인생 역정을 담은 《수상한 부시장》을, 이후 오스트리아에서 영국까지 유럽 5개국을 자전거로 횡단하면서 쓴 《집시 부부의 수상한 여행》을 출간했다.

그는 3개월의 자전거 여행을 언어와 체력, 기후와 장비 등의 장벽을 뚫고 경험한 자학적 사회적응 프로그램이었다고 말한다. 또한 그 모든 것들이 값진 추억으로 남아, 살면서 만나게 될 모든 인연과 그것을 기다리는 것의 소중함을 깨닫게 해주었다고 고백한다. 그의 아내 안춘희는 전업 가정주부다. 어쩌다 남편과 취미 생활을 같이하다 보니 자전거 유럽 횡단이라는 즐거움 그 이상의 혹독한 시련을 겪게 됐다고 소회했다. 출발 전엔 무섭고 엄두가 나지 않았는데 이젠 좀 자신감이 생겼다고 한다.

여행이라는
사회적응
프로그램

그냥 집사람하고 은퇴하고 놀러갔다 온 건데 이렇게 과분한 자리에 섰습니다. 2014년이죠. 7월 16일, 석 달간 아내와 둘이서 캠핑을 하면서 유럽 5개국, 오스트리아, 독일, 룩셈부르크, 프랑스, 영국을 가로지르며 3500킬로미터를 자전거로 횡단했습니다.

　간단히 개요를 설명해드리자면, 오스트리아 수도 빈에서 출발해 도나우강과 독일의 로맨틱 가도를 타고 북쪽으로 올라가면 프랑크푸르트가 있죠. 라인강, 마인강, 모젤강을 따라 룩셈부르크를 경유해 프랑스로 들어왔습니다. 파리를 들러 칼레 항구에서 배를 타고 영국으로 건너갔습니다. 영국 도버에서 맨체스터, 에든버러까지의 여정이었습니다. 아시다시피 유럽은 솅겐조약에 의해 90일 이내 유럽 각국을 자유롭게 넘나들 수 있기 때문에 여행 일정을 3개월로 잡았습니다.

3개월 유럽 5개국 3500km의 여정

나만의 사회 적응 프로그램을
구상하다

아내와 취미생활을 같이한 지는 10년이 됐어요. 어느 날 한강변에 놀러 나갔다가 흙투성이 산악자전거를 타고 가는 한 청년의 뒷모습에 매료돼 그날 저녁에 바로 자전거 두 대를 질러버렸습니다. 그걸 타고 산에도 가고 동호회 회원들을 따라서 시외로 나가기도 했죠. 보통 주말에 자전거를 탔는데, 여름휴가 때는 아내와 춘천에서 낙동강까지 장거리 라이딩을 하기도 했어요.

그리고 2014년 6월 말에 37년간의 공직에서 은퇴했습니다. 정규 학력 초등학교 졸업으로 군에 입대해서 제대 3개월을 앞두고 운 좋게 공무원 시험에 합격했어요. 그리고 재직 중에 중고등학교 검정고시를 이수하고 50세가 넘어서 독학사 학위를 취득했습니다. 이런 저의 스펙에 비하면 부시장이란 너무 과분한 직함을 얻었죠.

직장 은퇴를 앞두고는 정말 고민이 많았어요. 공직이라는 따뜻한 온실생활을 하다가 밖으로 나오려니까 얼마나 두렵겠어요? 솔직히 정말 두려웠습니다. 경제적으로야 연금을 받으니까 사회적으로 부러움과 질시의 대상이 되고 있는 건 사실입니다만, 솔직히 벌어놓은 돈도 별로 없고, 애들 둘은 아직 시집, 장가도 못 보냈으니 조금은 더 벌어야 될 상황이긴 했어요. 흔히들 "눈높이를 조금 낮춰서 아무 데나 들어가면 되지"라고 하는데 그게 말이 쉽죠. 눈높이 낮춘다 한들 어디 그리 쉽습니까? 자격증 몇 개 있다고 젊은 청년들하고 경쟁해서 들어갈 수가 있나요.

사실 시골에서 부시장은 조금 높은 직위예요. 솔직히 말해서 입으로 지시하고 빨리 안 하냐고 큰소리치면서 살았던 사람이 막상 사회에 나오려고 하니까 두려울 수밖에 없었죠. 무엇보다도 저를 힘들게 했던 건 목표가 희미해졌다는 것이었습니다. 희망이 없고 도전할 수 있는 타깃이 없어졌다는 것, 그게 저를 참 힘들게 했어요. 조용히 은거하며 늙어가는 걸 받아들이기가 어려웠죠.

솔직히 현실에서 벗어나고 싶었습니다. 그러면서 생각을 해봤어요. '나에게 맞는 은퇴 이후의 사회 적응 프로그램이 뭘까?' 한참 세월이 지난 뒤에 남들이 나를 잊었을 때쯤 번개같이 다시 멋지게 나타나야겠다는 생각을 했습니다. 그래서 고민 끝에 자전거 세계일주가 좋겠다고 생각하고는 벽에다 세계지도를 붙여놓고 팔짱 낀 채 지도만 보고 있었습니다.

야생에 길들여지기 위한 담금질의 기회로서 자전거 여행이 제격이라는 생각을 했어요. 자전거로 세계일주를 하고 나면 새로운 모습으로 거듭나지 않을까. 막연하지만 희망이 보이고 도전의 목표가 생겼다는 것만으로도 삶에 생기가 솟았어요.

그러려면 먼저 아내부터 설득해야 되겠죠? 10년 동안 주말에 같이 자전거를 탔지만 아내는 처음부터 끝까지 걱정뿐이었습니다. 언어소통은 잘될지, 밤에 길을 잃으면 어떻게 할지… 이런저런 걱정을 계속 하더라고요. 그래서 조금씩 계속 설득하면서 안정시키기 시작했어요. 아내와 함께 해외여행을 한 번도 못 가봤습니다. 평생에 한

야생에 길들여지기 위한 담금질의 기회로서 자전거 여행이 제격이라는 생각을 했어요. 자전거로 세계일주를 하고 나면 새로운 모습으로 거듭나지 않을까. 막연하지만 희망이 보이고 도전의 목표가 생겼다는 것만으로도 삶에 생기가 솟았어요.

번도요. 그러니 첫 해외여행이 될 텐데 그걸 자전거 여행으로 가자고 했으니 걱정이 많을 법도 하죠. 미안하기도 했고요.

일단 체력훈련을 시작했습니다. 곧 은퇴할 사람이 이른 아침 사무실에 나가서 할 일이 뭐가 그리 많겠어요. 그래서 아침 일찍 일어나 치악산 국립공원에 가서 자전거 타고 두어 시간씩 오르락내리락 훈련을 하기 시작했어요. 그런데 웬걸. 아내가 출발 3개월을 앞두고 허리디스크가 왔어요. 병명이 척추협착증이라는데 무거운 걸 들고 가다가 삐끗했대요. 아침에 일어나 거실까지 가는데 왼발을 질질 끌며 가더라고요. 너무 저리고 아프다면서요.

사실 저도 자전거 세계일주 간다고 큰소리 쳐놨지만 점점 두려움이 몰려오던 참에 '에이, 잘됐다. 이걸 핑계로 취소하고 가지 말아야지.' 그런 생각이 막 드는 거예요. '내가 자전거 여행 아니더라도 놀 게 많은데 굳이 거길 가야 되나?' 이런 생각도 하면서 여행 연기하고, 병원 치료 끝나고 훗날에나 가자고 말하려는 바로 그날, 집사람이 병원 가서 약을 한보따리 들고 온 겁니다. 3개월 치를 싸들고 왔어요. 저는 취소하려고 마음먹고 있었는데 말이죠. 어쩔 수 없이 그냥 가기로 했습니다. '정 아프면 그때 되돌아오면 되지 뭐.' 하면서요. 예정은 3개월이지만 언제든 적당한 때 돌아오려고 생각했어요.

그래, 일단 가보자

짐을 싸기 시작했습니다. 하나씩 갖다놓다 보니 산더미처럼 쌓였어요. 외국 사람 만나면 기념품으로 준다고 청실홍실 100개를 구입했어요. 그리고 휴대폰 걸이, 동계올림픽 배지도 준비했어요. 텐트, 이부자리, 베개, 매트도 꾸역꾸역 쌌습니다.

7월 16일 이른 아침, 자전거를 분해해서 박스 두 개에 넣어 봉고차에 싣고 인천국제공항으로 갔어요. 박스 한 개당 23킬로그램 이하로 포장해 수하물로 부치고, 나머지는 각자 기내로 들고 들어갔습니다.

11시간을 비행하고 오스트리아 수도 빈에 도착해서 첫 이틀간은 시차적응도 할 겸 비엔나 커피도 마셔보고, 쉔브룬 궁전 관광도 했어요. 그리고 빈에서 북서쪽으로 향했습니다. 사실 국내에서 출발 전에 구글 지도로 이동 경로를 찾아봤지만 이 길이 자전거로 갈 수 있는 길인지 아닌지는 알 수가 없었어요. 책상머리에 앉아서는 정보를 제대로 얻을 수가 없었습니다. 그런데 막상 빈에 도착하니까 도나우강변 자전거길은 물론 뒷골목까지 자세하게 나온 지도책이 있었어요. 그걸 딱 손에 쥐니까 마음이 좀 놓이더라고요.

도나우 강변을 스무 날 달리고 독일 국경을 넘어 로맨틱 가도에 들어섰습니다. 가는 도중에는 분홍보자기 식탁을 펴고 점심으로 주로 빵, 우유, 버터, 마른 소시지를 먹었습니다. 점심 먹는 동안에 축축한 텐트와 옷가지도 널었는데 금방 보송보송해지더라고요. 간밤

오스트리아 도나우 강변

독일 로맨틱 가도, 로텐부르크 가는 길에서

에 비가 오지 않아도 아침이 되면 텐트가 축축하니까 점심 먹을 때 꼭 널어뒀어요.

그리고 태극기를 꼭 꽂고 다녔어요. 우리가 국가를 대표하는 건 아니지만 혹시 누가 우리를 잡아가면 한국인이라는 걸 알려야 하니까 국기를 가져갔습니다. 출발 첫날 도나우 강변 길가에서 나무를 꺾어 국기봉을 만들어 자전거에 달았지요. '우리는 대한민국 국민이야. 우리를 함부로 대하지 마.' 그런 마음 같은 게 있었어요. 든든하더라고요.

로렐라이 언덕은 독일의 라인강변에 있었습니다. 굉장히 가파른 절벽 아래 엄청난 소용돌이 속에 큰 배들이 뱃머리를 돌리느라 힘겨워하는 모습이었습니다. 우린 그 절벽 아래 위치한 캠핑장에 텐트를 쳤죠. 로렐라이 하면 요정이 생각나시죠? 사랑하던 남자의 변심으로 요정으로 변한 로렐라이가 가파른 언덕 위에서 아름다운 노랫소리로 뱃사공들을 홀려 빠져 죽게 했다는 그런 슬픈 전설이 담긴 로렐라이 언덕입니다.

아내의 고향은 충남 서산이에요. 아내는 해산물을 정말 좋아합니다. 저는 강원도 원주 치악산 자락에서 산나물을 주로 먹고 살아서 비린내 나는 음식을 별로 좋아하지 않는데요, 연애 시절에 싫어하는 티를 냈다가 헤어질 뻔했습니다. 만난 지 50일 만에 결혼식을 올렸는데 피차 성격은 그저 살면서, 자전거를 타면서 더욱 깊게 알게 됐죠.

여행을 하다 보면 집에서는 느끼지 못했던 아내의 마음을 느낄 수 있습니다. 흔히 여행 갈 때 부부 또는 친한 친구와 같이 가지 말라고 하잖아요. 가까운 사이일수록 쉽게 말을 하고 쉽게 상처를 입으니까 그런가봅니다. 사실 저도 기다리는 걸 잘 못해요. 여자들은 화장 시간도 길고, 여러 가지로 기다릴 일이 많아서 스트레스를 많이 받아요. 다만 제가 다른 건 잘 못해도 아내에게 딱 한 가지는 분명히 했어요. 아내가 치맥을 정말 좋아하는데 라이딩 끝나고 집에 돌아오면 집 앞 치맥집에서 치킨 한 마리 놓고 생맥주 한 잔씩 하는 거요. 제가 그거 하나는 확실하게 했어요.

다시 여정으로 돌아가서, 로렐라이 언덕에서 출발해 저녁에 코블렌츠에 도착했습니다. 여행 가기 전에 노선을 어디로 정할까 구상할 때 가장 혼란스러웠던 부분이 바로 이곳 코블렌츠였어요. 코블렌츠에서 라인강을 따라서 서쪽으로 쭈욱 내려가 네덜란드로 가서 북해변을 따라 이동할까 아니면 파리를 경유해서 대서양 연안을 따라 이동할까 고민했었죠.

그 문제는 코블렌츠 현지에 가서 알아보기로 하고 떠났어요. 시내로 들어와 관광안내센터를 찾으려고 하는데 때마침 어떤 키다리 부부가 다가오더니 어디서 왔느냐고 묻더라고요. 그러면서 여행코스를 하나 추천해주겠다고 하면서 프랑스 파리 방향 자전거길에 대해 상세히 알려주는 것이었어요. 이게 꿈인가 생시인가 머리카락이 쭈뼛쭈뼛 서더라고요. 아니 내가 관광안내센터를 찾아서 물어보려고 했던 코스에 대해 설명을 해주는 겁니다. 와 이건 우연한 일이 아니다 싶었습니다. 우리에게 주어진 어떤 필연의 상황이라고 생각했죠.

독일 코블렌츠에서 만난 키다리 부부

그래서 그 사람 말대로 이동하기로 했어요.

한 달 보름 만에 파리에 도착해서 처음으로 한국인들을 만났어요. 한국인 반, 서양인 반이었어요. 거기까지 가는 동안 한국 사람을 한 명도 못 만났거든요. 저희가 달린 자전거길은 한국인들이 거의 가지 않았던 것 같아요. 정말 파리에서 한국인 관광객들을 만나니 너무 반가운 거예요. 웬 화물 잔뜩 실은 자전거 두 대가 와서 이렇게 서 있으니까 사람들이 같이 사진 찍자고 하고요.

캠핑은 불편하다?
없는 게 없는 유럽의 캠핑장

유럽 횡단을 시작한 지 두 달이 지나 프랑스 칼레항을 출발해 한 시간 반 걸려 34킬로미터 떨어진 영국 도버항에 도착했습니다.

여기서 퀴즈 하나 드리겠습니다. 영국 템스강 물은 어떨까요? 1번 늘 맑다. 2번 늘 흙탕물이다. 3번 계절에 따라 다르다. 정답이 뭘까요? 네, 2번이죠. 그 이유도 알고 계시나요? 하루에 한 번씩 밀물과 썰물이 홍수가 난 것처럼 들어왔다가 쫙 빠지거든요.

B5359번 지방도를 따라 북대서양 방향의 영국 맨체스터로 향했습니다. 오후 3시 맨체스터 중앙광장에 도착해 준비해간 현수막을 펴 들었어요. '물길 따라 수상한 여행. 2018 평창 올림픽' 정말 공무원답죠? 은퇴한 지 얼마 안 돼서 그렇다고 이해해주세요.

'Good bye' 이게 오스트리아에서 독일로 들어가는 국경 표지판이에요. 그 밑에는 룩셈부르크에서 프랑스로 들어가는 국경 표지판이 있고요. 서대문구에서 종로구로 넘어가는 것처럼 아무런 검문검색도 없었어요. 요즘은 국제테러 문제로 조금 강화됐다고 하는데 떠나기 전엔 걱정을 많이 했어요.

혹시 앞으로 유럽을 여행하시게 된다면 캠핑장을 이용하면 좋을 것 같아요. 하룻밤 2만 원에서 2만5000원. 5킬로미터마다 강변을 따라 두세 군데는 있는 것 같아요. 캠핑장은 취사장, 세탁실, 화장실 뭐 하나 부족한 거 없고 또 깨끗했어요. 배터리를 충전할 수 있는 곳

영국 맨체스터 중앙광장에서

'Good bye'라고 쓰여 있는 국경 표지판

프랑스로 넘어가는 국경

도 있고요. 하지만 헤어 드라이기를 사용할 때는 코인을 넣어야 되는 곳도 있었습니다.

아침, 저녁은 캠핑장에서 해먹었어요. 식재료는 자전거로 이동하다가 중간에 대형마트 들러서 2만 원어치만 사면 한 2~3일은 거뜬했습니다. 식재료가 싸더라고요. 그러다 보니 하루 평균 들어가는 비용이 4만 원에서 5만 원 정도였습니다. 하루에 평균 5만 원 정도 든다고 했을 때 열흘이면 50만 원, 100일이면 500만 원이에요. 석 달 열흘을 달려야 둘이서 500만 원이죠. 요즘 우리 한국에서 웬만한 숙박시설에 들어가도 1박에 5만 원 정도 하지 않나요? 방값만 그만큼 들죠. 그런데 자전거 타고 가면 먹고 자고 달리는 거 다 해서 하루에 5만 원이에요.

여름이라서 비가 자주 오니까 텐트는 방수 잘되는 걸로 준비하는 게 좋아요. 어떤 날은 소나기가 막 쏟아지니까 텐트 안에서 좀 겁이 나더라고요. 하지만 점차 한밤중에 텐트 두들기는 빗소리가 마치 자장가처럼 들리기 시작했습니다. 오히려 빗소리에 잠이 더 잘 들었어요. 캠핑장을 이용하는 게 무척 저렴하면서도 깔끔했고 불편한 게 없었어요. 처음엔 샤워실에 환경미화원이 왜 이렇게 많은가 했는데 알고 보니 모두 자기가 샤워하고 나오면서 그 뒷자리를 깨끗하게 닦는 것이었어요.

지방도로나 국도는 갓길이 별로 없습니다. 차가 자전거를 조심하겠지만 아무래도 불안하긴 합니다. 그래서 가급적이면 차량이 많은 국도를 피해 농로라든가 운하 제방길을 달리다 보니 자주 펑크가 나더라고요. 펑크 여섯 번, 대수선을 세 번 했어요.

집이 너무 무거워서 그런지 자전거가 뒤틀려서 온갖 곳에서 달그락 달그락 소리가 나고요, 기어 변속이 안 돼 조금만 고개가 높아도 그냥 끌고 올라가기도 했지요. 기본적으로 펑크 때우는 거, 간단한 수리 정도는 배워서 갔는데, 핵심 부품이 고장 나니까 그건 손수 고칠 수가 없더라고요. 해가 저물도록 자전거를 끌고 가서 전문점에서 고쳤어요.

장마철이라서 비가 하루에도 몇 번씩 내렸어요. 독일에서는 자전거길이 물에 잠겨서 배를 타고 40분 동안 이동한 적도 있습니다. 비가 많이 올 때는 다리 밑으로 피하는 게 제일이죠. 그렇게 다리 밑으로 피신하면 온갖 사람들이 몰려들어요. 자연스레 대화가 이루어집니다.

영어 왕초보라서 온갖 손짓발짓을 다 하면서 소통해야 했습니다. 저도 공무원 시험을 봤으니까 어려운 단어는 좀 알고 있지만 그런 단어를 써먹을 데가 있어야 말이죠. 차라리 내가 중학교 2학년 정도의 수준만 됐더라면 문제없었을 거 같아요. 제가 중학교 2학년 수준 정도의 회화도 못 했어요. 직장에서 영어회화반에 들어가 몇 달간 공부했는데 거기서 어려운 거 배워봤자 소용없더라고요. 그걸 어디다 써먹겠어요. 물론 수준 높은 영어를 하면 좋겠지요. 그런데 여행하는 데는 딱 중학교 2학년 수준 영어회화만 제대로 하면 되겠더라고요. 어차피 여행국 언어인 독일어, 프랑스어를 다 익힐 수도 없으니까요.

뜻밖의 인연, 따뜻한 추억

구글 지도로 길을 찾을 때 보면 스마트폰 화면에 파란 점이 있죠? 이 파란 점이 자전거를 타고 이동하면 0.5초 정도 늦게 제 뒤를 따라와요. 파란 점을 보고 내가 올바른 방향으로 가고 있는지 아닌지를 판단해요. 예를 들어 이리로 가면 프랑스 파리가 나오는데 제가 길을 잘못 가고 있으면 이 점은 저 혼자 다른 쪽으로 가고 있어요. 내가 엉

손짓발짓과 짧은 영어로 소통하다

여행 중 큰 도움이 된 구글 지도

뚱한 길에 들어섰다는 뜻이죠. 이렇게 스마트폰을 이용해서 길을 잘 찾아갔어요. 그런데 구글 지도도 지역에 따라서, 혹은 구름이 많이 낀 날은 작동이 잘 안 되기도 했어요. 협곡에 들어갔을 때 먹통인 경우가 많았고요.

여행 가기 전에 후배 동료에게 이런 걸 배웠습니다. SNS나 블로그 포스팅 같은 것도 배워서 여행하며 글을 올렸는데 많은 분들이 저희를 응원해줬습니다. 굉장히 힘이 나더라고요. 돌아가고 싶을 때도 있었고, 차를 타고 순식간에 이동하고 싶은 유혹도 많았습니다. 유럽 기차 얼마나 좋아요, 편하게 기차 타고 이동한 후에 짠! 나 여기 왔다, 이러고 싶은데 SNS 친구들이 다 보고 있잖아요.

독일 포이흐트방겐에서 어떤 아주머니가 장바구니를 자전거 핸들에 달고 지나가길래 캠핑장 위치를 물어봤어요. 그런데 그곳에는 캠핑장이 없다는 겁니다. 그러면 게스트하우스라도 소개해달라고 했더니 그 아주머니가 그럼 자기네 집에 가서 텐트를 치라는 거예요. 아내한테 얘기했더니 어떤 함정이 아닐까 하고 불안한 생각이

들었답니다. 그런데 딱히 대안이 없어 일단 따라가봤는데 한참을 올라가니까 외딴 집이 나오더라고요. 그 집 작은 정원에 텐트를 치고 하룻밤을 보냈습니다.

여행하면서 치안문제, 상당히 걱정되죠. 사람 사는 곳인데 어딘들 걱정이 안 되겠습니까. 그래도 저희는 도심지보다는 주로 이면도로를 달렸기 때문에 시골 어르신들을 많이 만났어요. 오히려 그분들이 우리를 두려워해요. 낯선 동양인을 처음 보는 것처럼요. 그곳 주민들이 창문을 열고 우리를 빼꼼히 내다봐요. 그러다 우리가 말을 좀 걸려고 하면 귀신같이 알고 내려와서는 너무나 친절하게 알려줘요. 하여간 유럽에서 사람에게 위협을 당해본 적은 없었습니다.

9월 7일 오후 5시, 파리를 한 80킬로미터 정도 앞두고 에스블리라고 하는 곳을 지나고 있었어요. 연일 계속해서 구릉지를 오르락내리락하며 힘겨운 여정이 이어졌습니다. 집집마다 나무도 예쁘게 가꿔져 있고, 꽃도 피어 있어 아름답기는 하지만 힘들어 죽겠는데 그거 볼 새가 어디 있겠어요. 해 지기 전에 얼른 캠핑장을 찾아야 하잖아요.

'모'라는 도시까지 가는 길에 긴 고갯길을 오르고 있는데 뒤에서 빵빵 소리가 들렸어요. 차량이 지나치며 우리에게 손을 흔들어주더라고요. 우리도 같이 손을 흔들어줬지요. 그리고 고갯마루에 올라가보니까 그 차가 서 있는 거예요. 차창을 내리면서 어디로 가냐고 묻길래 파리 방향으로 간다고 했더니 "괜찮으면 우리 집에서 자고 가시죠." 이러는 겁니다. 아내한테 물어보겠다고 하고 잠시 생각하고 있는데 두 사람이 차 밖으로 나오더라고요.

그러더니 지도를 펼치면서 자기네 집이 여긴데 앞에 강도 흐르고, 아름다운 집이라고 말하는 겁니다. 자기네 집이 누추해서 우리가 안 가려고 하는 건가 생각했나 봐요. 집도 깨끗하다고 설명하면서 자기들은 저녁 7시에 파티가 있어 집을 나가야 하니까 그전에 도착해달래요.

그래, 가보자. 지도를 보니까 거리상 갈 수 있을 것 같더라고요. 구글 지도에 목적지를 입력했어요. 뒤따라 출발했는데 고갯길이 더 많이 나타나는 거예요. 두 시간은 달려야 하는데 반도 못 가서 아내가 그만 퍼졌어요. 못 가겠다고 털썩 주저앉았어요. 배가 너무 고프다고 해서 보리랑 쌀을 꽉 눌러서 건조시킨 비상식량을 입에다 털어 넣고는 물을 한 컵 마시고 나서 다시 힘을 얻었습니다.

그렇게 다시 출발했는데 목적지 20분 정도를 남겨놓고 휴대폰 배터리가 다 나가버렸어요. 사거리에 서서 어디로 가야 할지 알 수가 있어야 말이죠. 아, 이젠 틀렸다. 그 집에 찾아가는 걸 포기하고 있는데 갑자기 오토바이 한 대가 눈앞에 나타난 겁니다. 아까 그 남자였어요. 올 때가 됐는데 안 오니까 저희를 찾아 나선 겁니다. 그렇게 우여곡절 끝에 그 집에 도착했습니다.

하얀 이층집 마당에 자전거를 세워놓았습니다. 집 구석구석을 소개해주더라고요. 거실, 주방, 창고, 화장실 그리고 계단을 따라 2층에 올라가니 우리가 잘 방을 보여줬습니다. 자기들은 파티 갔다가 밤늦게 올 테니 신경 쓰지 말고 여기서 자라고 하는 겁니다. 알고 보

우리에게 선뜻 침실을 내준 프랑스의 도나토Donato 씨 부부

니 거긴 신혼부부 방이었어요. 분위기로 보아 분명했습니다.

그리고 아래층에 내려와 보니 진수성찬을 차려놨어요. 빵, 치즈, 버터, 과일을 이만큼 쌓아놓은 거예요. 그러고는 창고에서 남편이 와인을 한아름 안고 들어오더니 어떤 와인을 마시겠냐고 물어요. 서로 말이 잘 안 통하니까 그냥 와인을 탁자에 내려놓고 알아서 골라 마시라는 겁니다. 그리고 신용카드니 열쇠니 뭐니 다 거실에 던져놓고 파티에 가버렸어요. 우리는 와인을 홀짝홀짝 많이도 마셨습니다. 새벽녘에 일어나 보니 파티를 마치고 집에 돌아온 신혼부부는 거실에서 자고 있었어요.

아침에 갑자기 그 남편이 팬티 차림으로 올라와서 방문을 활짝 여는 겁니다. 제 아내는 깜짝 놀라 이불을 감싸고 제자리에서 빙빙 돌았어요. 같이 빵 사러 가자고 하는 겁니다. 오토바이를 같이 타고 30분 정도 달렸어요. 아침 식단도 진수성찬을 차려줬어요. 커피 한 잔 마시면서 드디어 이런저런 얘기를 좀 했습니다. 그간 얘기할 경황이 없었잖아요.

너무 감사했죠, 낯선 사람을 이렇게 대해주니까요. 한국에서 준비해간 기념품도 주고 그 이후 줄곧 메일을 주고받고 있습니다. 요즘도 연락을 합니다. 이담에 혹시 파리에 또 오면 자기네 집에서 자고 가라고요. 비싼 데 가서 자지 말고, 전철 타고 30분이면 오니까 그렇게 하래요. 정말 감동적인 경험이었습니다.

왜 자꾸 따라와요,
무섭게

독일과 오스트리아는 물길 따라 달렸지만 프랑스와 영국은 운하가 거미줄처럼 연결돼 있잖아요. 동네 보처럼 폭이 좁더라고요. 운하 제방길을 많이 이용했어요. 그런데 풀도 무성하고 자갈들이 많아 연신

덜컹덜컹했죠. 고가도로 인터체인지 들어가는 길은 너무 무섭고, 복잡해서 애를 먹었어요. 프랑스와 영국은 정말 힘든 여정이었습니다.

운동이라는 게 잘 아시겠지만 오버하면 체력이 방전돼 다음 날 달리기가 어려워요. 동네 슈퍼마켓 가듯이 늘 편안하게 가던 대로 가야 돼요. 하루에 다섯 시간 갈 때도 있고, 열두 시간 갈 때도 있고 상황에 따라서 달라요. 하루에 한 시간을 타더라도 빡빡하게 달리면 다음 날은 좀 쉬어야 해요. 그런데 하루에 열 시간을 타도 천천히 슬렁슬렁 타면 하나도 안 피곤해요.

아침에 캠핑장을 출발해 하루종일 많은 갈림길을 만나게 되죠. 구글 지도는 방향만 안내해줄 뿐, 이 길이 얼마나 오르막인지, 도로 상황이 어떤지, 얼마나 자갈이 많은지에 대한 정보는 없어요. 그야말로 손바닥에 침 뱉고 탁 쳐서 가는 겁니다. 운에 맡기는 거죠. 그렇게 가다 보면 좋은 길이 나타날 수도 있고 아주 험난한 길이 나타날 수도 있어요. 그래서 길을 선택할 때 저희 둘 다 갈등이 심했습니다. 어떤 길이 나올지는 누구도 모르니까요. 저희 둘 다 정답은 없지요. 그냥 우리가 가는 길이 다른 어느 길보다 더 나을 거라고 생각할 수밖에요.

8월 30일 프랑스 낭시로 가는 길이었습니다. 도로에 접어들었는데 차들이 계속 빵빵거리길래 저희는 반갑다고 인사하는 줄 알고 같이 손을 흔들어주며 달리고 있었어요. 그런데 어떤 차가 갑자기 우리 앞에 딱 서더니 젊은 친구가 나와 뭐라고 큰소리로 막 얘기하는데 무슨 말인지 알아들을 수가 있어야죠. 당장이라도 큰일이 닥칠 것만 같은 분위기였어요.

알고 보니 저희가 들어가면 안 되는 도로에 들어온 겁니다. 고속도로에 들어온 거예요. 그래서 손짓발짓으로 얘기했죠. 저기 저 앞에 가로질러 가는 고가도로를 통해 나가겠다고요. 그러자 얼른 서두르라는 손짓을 하더군요. 그런데 막상 다가가보니 이 고속도로와 연결된 고가도로가 아니더라고요. 이제 어떡하지? 속도 무제한으로 차들이 달리고 있어 중앙분리대를 건널 수도 없고 난감했어요. 다시 되돌아 나오기엔 너무 멀리 갔고요.

프랑스는 교통 범칙금이 우리나라의 세 배라고 해서 걱정이 되긴 했어요. '오늘이 토요일이니까 교통경찰이 쉬는가 보다'라고 중얼거리며 계속 달렸어요. 두어 시간 달렸죠. 그러다가 드디어 개구멍을 발견했습니다. 겨우 그곳으로 빠져나왔는데 그 개구멍마저 없었다면 어떻게 됐을지 모르겠어요.

프랑스 칼레항에서 배를 타고 도버해협을 건너 영국에 도착했어요. 캔터베리에서 하룻밤을 묵으려고 했는데 캔터베리대학 졸업식 날이라서 많은 사람들이 모여 캠핑장에 자리가 없었어요. 게스트하우스며 호텔이 모두 동난 거예요. 해는 저물었는데 할 수 없이 캔터베리에서 위츠터블까지 두 시간 반 넘게 이동을 해야 하는 상황이 됐어요.

그러나 위츠터블에 도착하니 하나 있는 콘티넨탈 호텔마저 빈방이 없었어요. 방법이 없어서 일단 호텔 종업원에게 얘기했어요. 민박도 좋고 게스트하우스도 좋으니 어디든 좀 소개해달라고요. 제가 그 호텔에 들어갔다가 하도 안 나오니까 집사람이 저한테 전화를 했어요. 대체 무슨 일이냐고. 결국 한 시간 넘게 컴퓨터 자판을 두드렸는데도 방을 못 찾았어요. 호텔 직원은 저에게 다른 곳을 알려 줬어요. 여기서 두 시간 정도 더 가면 캠핑장이 있다는 겁니다. 딱히 다른 방법이 없어서 이동을 했습니다. 날은 이미 어두워졌어요.

첫 번째 캠핑장에 들어가니까 운영을 안 한대요. 허탈한 마음에 돌아서는데 어떤 사람이 바로 뒤에서 "May I help you?" 하는 겁니다. 깜짝 놀랐어요. 츄리닝 차림의 덩치 큰 흑인이어서 좀 무서웠고요. 우리는 다른 캠핑장을 찾으러 간다고 대충 얘기하고 자전거를 타고 출발했는데, 그 사람이 저희를 계속 따라오는 겁니다. 오지 말라고 얘길해도 계속 따라와요. 우리가 빨리 가면 빨리 오고, 천천히 가면 천천히 와요. 미치겠더라고요.

20분 정도 가니까 드디어 다른 캠핑장이 나타났어요. 그런데 여기는 캠핑카만 되고 텐트는 안 된다는 겁니다. 빈자리가 많이 있지 않느냐고 애원해봤지만 웃으면서 조용히 "NO." 하더라고요. 캠핑카에 계신 분들이 민원을 제기할 수도 있기 때문에 안 된다는 거예요.

몇 번이나 사정했지만 거절을 당해 낙심하고 있는데 아까 그 흑인이 우리가 난감해하는 상황을 보고 어딘가로 전화를 걸기 시작하는 겁니다. 가만히 들어보니까 어떤 동양인 부부가 와서 캠핑장을 찾고 있는데 너희 캠핑장에 들어갈 수 있냐고 물어보는 것 같더라고요. 대충 일고여덟 군데 정도 전화를 돌린 거 같아요. 결국 ok가 떨어졌어요.

지금은 시간이 너무 늦었으니까 가서 텐트 치고 자고, 돈 계산은 내일 아침에 캠핑장을 나올 때 하라고 얘기하더군요. 이 흑인 아저씨에게 너무나 미안했어요. 내가 왜 사람을 이렇게 선입견을 갖고 대했을까. 정말 진심으로 고마웠습니다.

소중한 인연으로 가득한
수상한 여행

그곳에서 다시 캠핑장까지 이동하려면 한 시간 동안 높은 산을 넘어야 했습니다. 구글 지도에 캠핑장 위치를 찍고 산을 통과하는데 산 한가운데에 커다란 원형교차로가 있더라고요. 그 교차로를 중간쯤 통과하다가 그만 구글 지도가 헝클어져버렸어요. 원형교차로를 돌아 빠져나가려면 먼 곳 이정표를 보면서 나가야 하는데 밤이라서 안 보이는 거예요. 구글 지도가 딱 멈춰버리니까 내가 어디로 나가야 하는지 모르겠더라고요. 꼼짝없이 산속에 갇혔어요.

너무 외진 곳이었어요. 지나가는 차들도 거의 없고요. 아내와 둘이서 자전거를 세워놓고 어떻게 할까? 119에 전화를 할까? 고민하면서 기다릴 수밖에 없었어요. 그저 소중한 인연이 다가오기를 기다렸죠.

저 멀리서 트럭 한 대가 다가와 원형교차로 쪽으로 진입하길래 "Help me!"를 외치며 손을 흔들었는데 그냥 지나쳐버렸어요. 또

한참을 기다렸는데 불빛이 보이길래 이번에는 태극기를 빼들었어요. "Help me!" 역시 또 지나가버렸어요. 아 어떡하나, 대사관에 전화를 해야 하나 머릿속이 복잡해졌습니다.

밤하늘에 별이 촘촘히 박혀 있고, 산속이라서 섬뜩한 느낌이 들었어요. 한참을 기다렸는데 차들이 계속 저희의 구조 신호를 무시하고 지나쳐버렸어요. 정확히는 잘 모르겠지만 적어도 한 시간 이상을 넘겼을 때쯤 작은 차가 원형 교차로를 한 바퀴 빙 돌아서 우리 앞에 서는 겁니다.

권총을 찬 키 큰 영국 경찰이 차문을 열고 나왔습니다. 이건 뭐 반갑기도 하고 놀랍기도 하더라고요. 일상적인 순찰 코스를 돌던 중이었을까, 지나가던 트럭이 신고를 했을까, 위성으로 감지됐을까. 궁금했지만 물어보진 못했어요.

하여튼 우리는 캠핑장 가는 길의 반대 방향에 서 있었던 겁니다. 결국 경찰차를 앞세워서 그 캠핑장에 갔습니다. 꽤 늦은 시각이었어요. 보통 캠핑장에 아무리 늦게 가도 찬물이 나온 적은 없었는데 그때 찬물이 나왔던 걸 보면 자정이 넘었던 것 같아요. 그때 경찰차가 안 나타났더라면 우리가 어떻게 됐을까. 그 흑인 아저씨가 따라오지 않았더라면 어떻게 됐을까. 소중한 인연이라는 게 때가 있는 거구나 싶었습니다.

우리는 사회 적응 프로그램이라는 이름으로 여행을 떠났어요. 그리고 네이버 블로그에 여행 일기를 썼습니다. 텐트 안에서 새벽 5시부터 7시까지 두 시간 동안 하루도 빠짐없이 90일 치의 일기를 썼

유럽 자전거 여행은 무모한 도전이었지만 고단한 담금질이기도 했다.

어요. 쓰고 싶어서 쓸 때도 있었지만 쓰고 싶지 않아도 이 글을 기다리는 사람이 있어서 열심히 썼어요. 댓글을 보면 "기다렸습니다. 오늘 아침은 왜 30분 늦었나요?" 이런 글들이 있기도 했어요.

여행 일기는 그날 그날의 느낌을 적어놨습니다. 미사여구를 쓸 여유도 없어서 그냥 골격만 적어놓은 거예요. '흑인 아저씨가 너무 무서웠다.' 이런 식의 느낌만을요. 그것이 《수상한 여행》이라는 책이 되었습니다. '그런데 어떻게 여행 갔다 와서 석 달 만에 책이 바로 나오지?' 하시겠지만 실은 이미 90일 치의 현지 느낌을 블로그에 다 녹여놨으니까 책이 바로 나올 수 있었던 겁니다.

그런데 공무원이 쓴 책이 오죽하겠어요. "몇 월 며칠까지 보고해주시기 바랍니다. 철저를 기하기 바랍니다." 이런 딱딱한 공문이나

무식한 자가 용감하다고 했던가요. 어떤 절박감이 우리를 이토록 불확실하고 낯선 길 위에 서게 한 걸까요. 언어의 장벽, 체력의 한계, 무더위, 자전거 고장, 그리고 아내와 싸우지 않고 오순도순 달려야 하는 험난한 자학적 사회 적응 프로그램이 될 줄은 미처 몰랐습니다.

썼던 사람인데 말이죠. 하지만 여행 일기는 솔직하게 있는 그대로 썼어요. 여행을 마치고 돌아와 책 쓸 때는 아침만 먹으면 노트북 하나 들고 도서관이나 카페로 향했어요. 직원들만 없다 뿐이지 그곳은 저의 큰 사무실이었어요.

무식한 자가 용감하다고 했던가요. 어떤 절박감이 우리를 이토록 불확실하고 낯선 길 위에 서게 한 걸까요. 이 여행이 언어의 장벽, 체력의 한계, 무더위, 자전거 고장, 그리고 아내와 싸우지 않고 오순도순 달려야 하는 험난한 자학적 사회 적응 프로그램이 될 줄은 미처 몰랐습니다. 그곳에서 권위, 체면, 불안, 주위 시선, 눈높이, 우울 따위는 도나우 강물에 흘려보냈습니다. 여행을 마치고 돌아와 거울 앞에 서니 내 모습이 선명하게 보이더군요.

아프고 감동스럽고 힘들었던 기억들은 값진 추억으로 남았습니다. 극적인 상황과 갈림길에서는 늘 소중한 인연들이 우리를 기다리고 있었죠. 준비하며 인연과 때를 기다린다는 것의 소중함, 그리고 인연이 닿지 않음은 아직 때가 이르지 못한 것임을 깨닫게 되었습니다.

자전거 유럽 여행은 무모한 도전이었고, 고단한 담금질이었고, 한바탕 꿈이었습니다. 마지막으로 제가 좋아하는 시를 한 구절 낭송하며 마무리하겠습니다.

가장 훌륭한 시는 아직 쓰이지 않았다.
가장 아름다운 노래는 아직 불리지 않았다.

최고의 날들은 아직 살지 않는 날들

가장 넓은 바다는 아직 항해되지 않았고

가장 먼 여행은 아직 끝나지 않았다.

어느 길로 가야할지 더 이상 알 수 없을 때

그 때가 비로소 진정한 여행의 시작이다.

_〈진정한 여행〉, 나짐 히크메트

Q&A

저는 외국에 다니면서 천천히 우리 문화를 전파하고 그분들의 문화를 받아들이는 교환 형식의 여행을 해보고 싶어요. 선생님은 자전거를 타고 다니셔서 90일 만에 하셨지만 저는 일반 버스나 대중교통을 타고 다녀야 하는데 지금 다니신 그런 코스들이 대중교통으로도 가능한 곳인지 궁금합니다.

여행에 테마가 있다는 건 정말 좋은 일입니다. 패키지 여행도 물론 테마가 있겠지만 그건 존재를 확인하러 가는 것에 가깝죠. 에펠탑이 그곳에 있다는 것, 에펠탑의 모습을 확인하러 가는 거예요. 저희는 자전거를 이용했지만 기차나 버스 같은 대중교통도 잘되어 있을 거라고 생각됩니다. 질문하신 전통문화 교환이라는 테마로 가시는 것도 정말 좋겠습니다.

우리나라는 캠핑장에 가면 보통 화롯불에 고기 구워 먹고 음악 틀어놓고 기타 치고 놀잖아요. 그런데 유럽의 캠핑장은 적막하기 그지없어요. 저도 처음엔 기타를 가져가려고 했어요. 그런데 가져가지 않길 잘했지요. 유럽의 대중교통은 어디든 잘되어 있으니 걱정 마시고 떠나보시는 게 어떨까요.

안춘희 선생님 허리 디스크는 괜찮으세요?

제가 출발하기 전에 허리가 엄청 아파 병원을 거의 매일 다녔거든요. 가기 전에 약도 잔뜩 받아서 갔는데, 자전거를 매일 이렇게 엎드려 타니까 근육이 늘어나서 그런지 가져간 약을 한 번도 안 먹었어요. 지금은 허리가 전혀 안 아파요. 오히려 도움이 많이 됐던 것 같습니다.

자전거를 타면 핸들을 잡느라 허리를 앞으로 숙이잖아요. 그러면 이렇게 척추가 이완이 된 상태에서 하루에 다섯 시간, 열 시간씩 90일 동안 타니까 허리 근육이 좋아졌나봐요. 거의 완치됐어요. 허리 아프신 분들 자전거 많이 타시라고 권하고 싶습니다.

8
—

신노년 세대와
미래사회

최 재 천

이화여대 에코과학부 교수
국 립 생 태 원 장

서울대학교를 졸업하고 하버드대학교 생물학과에서 박사학위를 받았다. 하버드대학교 전임강사, 미시건대학교 조교수, 서울대학교 교수를 거쳐 현재는 이화여자대학교 에코과학부 석좌교수로 재직 중이다. 분과학문의 경계를 넘어 새로운 지식을 만들어내고자 설립한 통섭원의 원장이며, 2013년부터 국립생태원 초대원장으로 있다. 《개미제국의 발견》《다윈 지능》《거품예찬》《생명이 있는 것은 다 아름답다》 등의 책을 쓰고, 《통섭: 지식의 대통합》《인간의 그늘에서》 등을 번역했다.

인간이 자식을 키워내고 난 뒤의 삶을 '번식후기'라고 지칭한 그는 평균수명이 증가하면서 번식후기 기간이 더욱 길어지고 중요해질 거라고 전망한다. 그리고 이 시기를 보람 있고 행복하게 보내기 위해 지식의 영역을 넓히고 배움의 길을 계속 갈 것을 강조한다. "고립되어 살지 마시고 무엇이든 열심히 부지런히 귀를 열고 눈을 뜨고 활기차게 사세요."

인생 이모작,
다시 시작하는 삶

제가 《당신의 인생을 이모작하라》라는 책을 쓴 지 11년이 되었습니다. 그때 그 책에서 이야기했던 것들이 지금 일어나고 있네요. 마치 제가 돗자리라도 깐 것처럼 말이죠. 그래서 오늘은 우리가 한 번도 겪어보지 못한 일들과 그것의 의미는 무엇일지 고민해보는 시간을 가져보려고 합니다.

우리나라는 문과와 이과를 나눠서 가르치는 희한한 교육을 하죠? 절반을 뚝 잘라서 너는 과학하지 마라, 너는 인문학 안 해도 된다 하는 거예요. 저는 고등학교 때 거의 문과 0순위에 가까운 학생이었는데 학교에서 이과로 억지로 밀어넣는 바람에 어쩌다 보니 생물학을 연구하게 됐습니다. 그런데 마치 저를 위해 세상이 변해준 것처럼 요즘은 과학과 인문학을 넘나드는 게 더 유리한 세상이 되어서 참 다행이라는 생각이 듭니다.

또한 제가 특히 오지랖이 넓다 보니까 별별 분들과 다 만나고 공부를 하게 되었는데요, 저는 엄밀히 말해 미래학이 아니라 과거학을 연구하는 사람입니다. 진화생물학이라는 분야는 자연이 어떻게 여기까지 흘러왔는지를 연구하는 거잖아요. 그래서 계속 뒤를 돌아보고 살았습니다. 화석을 연구하거나 생명의 기원을 찾는 게 주전공이니까 자꾸 뒤를 보고 살아야 하는 사람인데 미래를 내다보는 데에도 숟가락을 얹으며 살았습니다.

우리 사회의 변화를 4개의 키워드로 압축할 수 있을 것 같은데요, 바로 기후변화, 도시화, 다문화, 고령화입니다. 우리는 지금 기후변화를 심각하게 겪고 있지요. 도시화도 빠르게 진행되고 있습니다. 우리가 좋아하든 싫어하든 상관없이 그렇게 되어가고 있습니다. 물론 우리나라에서만 벌어지는 일은 아닙니다. 제가 아는 목사님이 과학에 대한 호기심이 많은 분인데 돌아가시기 전에 그런 말씀을 하신 적이 있어요. 앞으로 300년쯤 살고 싶다고요. 그 목사님 말씀은 과학이 이렇게 빨리 변하니까 앞으로 어떤 세상이 올지 너무 궁금하다는 겁니다. 듣고 보니 저도 참 궁금해졌습니다. 한 500년쯤 산다면 500년 뒤에 무슨 일이 벌어질지 직접 목격할 수 있을 텐데 말이죠.

그럼에도 불구하고
우리는 진화하고 있다

지금 연세 지긋하신 어른들은 어렸을 때 외국 사람들이 길에 걸어 다니는 걸 볼 기회가 많지 않았죠. 기껏해야 용산 근처에 가면 미군 부대에 복무하는 미군들 정도 볼 수 있었죠. 그런데 지금은 우리나라에 외국 사람이 굉장히 많이 들어와 있습니다.

예전에는 한국에서 한국 사람들끼리만 피를 섞고 살았습니다. 핀란드에서는 핀란드 사람끼리, 나이지리아에서는 나이지리아 사람끼리 그렇게 살았죠. 그런데 지난 몇십 년 사이에 전 세계인이 전 세계인과 피를 섞고 있습니다. 일찍이 진화의 역사에 이런 일은 없었습니다. 인간만이 아니라 거의 모든 동식물의 진화는 국지적으로 벌어져왔습니다. 짝짓기를 하기 위해 시베리아 호랑이가 비행기를 타고 미국에 갔다 올 수는 없거든요. 기껏 해봐야 시베리아의 서식지

지금의 이런 현상과 고령화는 모두 연결되어 있다는 생각이 듭니다. 경영학의 대가 피터 드러커는 미래 사회가 고령 인구의 급속한 증가와 젊은 인구의 급속한 감소로 인해 지금까지 그 어느 누구도 상상할 수 없을 만큼 엄청나게 다른 사회가 될 것이라고 예견했습니다.

근처를 돌아다니다가 암호랑이를 만나 짝짓기를 했죠. 옛날에는 일부러 핀란드에 가서 자식을 낳을 이유가 없었습니다. 그런데 지금은 전 세계의 모든 인종이 전 세계로 퍼져 자식을 낳고 살아갑니다. 와, 인간은 어떻게 변할까? 어떻게 진화할까? 정말이지 궁금해지는 겁니다. 우리가 일부러 실험을 하려고 하는 건 아니지만 지금 저절로 진화실험이 진행되고 있는 거예요.

오늘 저는 여러분들과 고령화 얘기를 하려고 하는데요, 지금의 이런 현상과 고령화는 모두 연결되어 있다는 생각이 듭니다. 경영학의 대가 피터 드러커라는 분이 이런 얘길 했습니다. 미래사회는 고령 인구의 급속한 증가와 젊은 인구의 급속한 감소로 인해 지금까지 그 어느 누구도 상상할 수 없을 만큼 엄청나게 다른 사회가 될 것이라고요. 물론 이 두 가지가 항상 동시에 진행되는 것은 아닙니다.

그런데 대한민국 정부는 눈 하나 깜짝 안 했어요. 전 세계에서 가장 빠른 속도로 저출산의 늪으로 빠져들고 있었는데도 전혀 신경 쓰질 않는 겁니다. 불과 40여 년 전 한국은 전 세계에서 출산율이 가장 높은 나라 중 하나였습니다. 지금 연세 지긋하신 분들은 형제가 여섯, 일곱씩 되잖아요. 그 할머니들이 지금도 살아 계시는 집안도 많이 있죠. 그런데 그분들의 손자, 손녀들은 겨우 하나 낳고 있습니다.

대체출산율이라는 게 있어요. 인구의 변화가 없도록 유지하려면 몇 명을 낳아야 하는가. 언뜻 생각해보면 부부가 둘만 낳으면 딱 맞을 것 같지만 둘 중에 누군가가 결혼할 나이까지 못 가고 죽으면 둘이 안 되는 겁니다. 그래서 대체 출산율이 2.1명이에요. '둘만 낳아 잘 기르자'라는 구호를 앞세우고 국가 차원에서 산아제한 정책을 밀어붙여 성공한 나라는 전 세계에서 우리나라밖에 없어요. 중국이 산아제한 정책 시작할 때 우리나라를 벤치마킹할 정도였으니까요. 예전에 정관수술 하면 예비군 훈련에서 빼주겠다고 하는 경우도 있었습니다.

그런데 정부에서 산아제한 정책을 한창 추진할 때 우리는 이미 저출산의 늪으로 빠져들고 있었습니다. 그러다가 갑자기 출산율이 1.0대가 되니까 2005년에 드디어 정부가 화들짝 놀란 겁니다. 그때부터 갑자기 정부의 기조가 확 바뀌어서 '둘만 낳아 잘 기르자'가 '하나는 외로워요'로 바뀐 겁니다. 그러나 여전히 우리나라의 출산율은 올라가지 않고 있습니다.

이 문제를 정부가 풀지 못하면 OECD에서 계산하기로는 350년쯤 뒤에는 대한민국이 그냥 사라진다고 합니다. 지금 살아 있는 사람들은 죽을 것이고 태어나는 사람은 별로 없으니까 그들이 모두 죽으면 지구상에서 대한민국은 그냥 사라지는 것이죠. 이 문제에 대해 제가 책을 쓴 적이 있습니다. 환경문제, 경제문제 등 많은 사회문제가 있지만 국가가 사라진다는데 그것보다 중요한 문제가 어디 있겠습니까.

다이나믹 코리아에서
다잉 코리아로

이런 질문을 해봤어요. 우리 역사에서 국민이 가장 행복했던 순간이 언제였을까? 아마 해방을 맞았던 순간이겠지요. 그런데 이런 질문을 젊은 친구들에게 던지면 많은 친구들이 2002년을 이야기합니다. 제가 평생 제일 오래 연구한 동물이 개미거든요. 그래서 저는 웬만한 건 다 개미로 보는 직업병이 있습니다. 그때 제 눈에 보인 게 빨간 불개미들이었어요. 전 국민이 모여서 축구를 봤죠. 모두가 축제를 즐기듯이 바글바글 모여서 어깨를 마주하고 비벼가면서 북 치고 꽹과리를 치면서, 그러면서도 질서정연하게 신명나게 놀았죠. 세계 뉴스에 한국인들의 그런 모습이 정말 자주 나왔습니다. 그때 제 외국 친구들이 맨날 그랬어요. 너희 진짜 이해가 안 된다고요. 그렇게 난장을 벌이면서 놀다가도 경기 끝나면 개미들이 집으로 돌아가듯이 일렬로 쭉 서서 가고, 돌아가고 나면 쓰레기 한 톨이 없었으니까요. 그래서 전 세계인들이 도대체 한국은 어떻게 생겨 먹은 사람들의 나라냐고 그랬다는 겁니다.

그해가 대한민국 홍보에 어마어마하게 영향을 미쳤을 거라고 생각합니다. 저 사람들은 한다면 하는 사람들이구나, 저 작은 나라가 월드컵 4강까지 진출하네? LG TV는 왜 이렇게 좋은 거지? 산타페는 왜 이렇게 잘 굴러가? 갑자기 우리가 하면 다 괜찮아 보이기 시작하는 그런 이미지가 구축된 것 같아요. 그때 정부가 내세운 구호

다이나믹 코리아에서 다잉 코리아로. 출산율 저하의 문제점을 경로석 비율의 변화로 보여주는
공익광고

가 'Dynamic Korea'였습니다. 역동적인 대한민국. 꽤 잘 어울렸던
것 같아요.

그런데 한 5년 전까지도 종종 서울 지하철에 붙어 있던 공익광고
가 있습니다. 지금은 경로석이 구석에 있지 않습니까? 그런데 조만
간 이분들의 숫자가 새로 태어나는 사람보다 많아지는 현실을 가정
해서 보여주고 있습니다.

정부가 이 광고를 만들면서 이 장면이 2020년의 풍경이 될 것이
라고 예측했습니다. 2020년이 되면 65세 이상 노인들의 숫자가 15
세 미만 어린이들의 숫자보다 많아진다는 겁니다. 그런데 고려대학
교 통계학과 박유성 교수님이 정부가 가진 통계 자료를 바탕으로
다시 계산을 해보니까 정부의 예측과 다르다는 내용의 논문을 쓰셨

어요. 그 논문에 따르면 이렇게 역전되는 시점이 2020년이 아니라 2017년이라고 합니다. 2017년부터 대한민국의 인구는 감소하기 시작한다는 겁니다. 어르신들이 아이들보다 많아지는 나라가 되는 겁니다. 제가 《당신의 인생을 이모작하라》라는 책을 쓰면서 '생물학자가 진단하는 2020년 초고령사회'라는 부제를 붙였어요. 그 책에서 제가 좀 독하게 이야기했는데요, 다이나믹Dynamic 코리아가 아니라 다잉Dying 코리아가 되어가고 있다고 했습니다. OECD의 계산에 따르면 대한민국은 이미 죽음의 길로 들어선 나라입니다. 이대로 가면 그냥 사라지는 거예요. 이보다 심각한 문제가 어디 있겠습니까.

고령화 문제가 심각해지니까 여기저기서 고령화에 대한 책들이 쏟아져 나오기 시작했습니다. 대부분 인구학자나 사회학자들이 쓰셨죠. 제가 그 책들을 수십 권 사다가 읽어봤는데 통계자료가 잔뜩 있고, 이렇게 변화하고 있다, 심각한 문제다 하는 진단과 경고는 있는데 그래서 어떻게 해야 하는지에 대한 이야기는 없더라고요. 그리고 가만히 들여다보니까 이게 답이 쉽지 않은 문제라서 그렇다는 걸 깨달았습니다.

왜 답이 없을까요? 이 문제를 한번 근원적이고 근본적으로 따져봐야 할 것 같았습니다. 생물학자로서 이 문제를 들여다보니까 너무나 명확한 출발점이 있습니다. 지구에 있는 모든 동식물들은 번식이 끝나면 죽습니다. 꽃이 지고 나면 그해 마감하잖아요. 연어는 바다에서 올라와 짝짓기하고 죽는 거고요. 대개 그렇습니다. 제가 좀 과격한 얘기를 할 텐데요 인간이라는 동물은 언제부턴가 번식을 끝내놓고, 그러니까 자식 농사 다 끝내놓고도 안 가요. 저를 포함해서 지금 안 가고 계시잖아요. 자식 농사 끝냈으면 그냥 가는 게 원칙인데 왜 안 가고 버틸까요? 이게 문제의 근원입니다. 왜 우리 인간은 이렇게 진화했는지 고민하지 않고는 이 문제를 풀어낼 방법이 없을 거라는 겁니다.

그래서 생물학적으로 근본적인 분석을 해보고 그다음에 어떻게 해야 될 것인가를 고민해봐야 한다는 겁니다. 2005년에 이미 우리나라는 고령화 사회를 통과했고요. 전체 인구에서 노인인구가 차지하는 비율을 따지면 정부가 계산하는 초고령 사회 진입 연도는 2027년입니다. 저는 이 속도가 굉장히 빨라질 것이라고 예상합니다. 실제로 조금씩 빨라지고 있고요. 어쩌면 2027년이 오기도 전에 초고령화 사회로 진입할지도 모르겠습니다.

고령화 문제,
아득히 먼 일이 아니다

그런 얘기 들어보셨죠? 개구리를 뜨거운 물에 확 집어넣으면 산다고 하거든요. 곧바로 튀어나오니까. 그런데 개구리를 물에다 넣고 서서히 끓이면 죽는다고 하죠. 온도변화를 잘 느끼지 못하고 조금씩 익숙해지다가 어느 순간 도저히 움직이지 못하는 상황에 이른다는 거죠. 기후변화 문제와 고령화 문제는 유사한 점이 많습니다.

기후변화 문제는 우리가 굉장히 심각하게 생각하면서도 세계 강대국들마저도 결정을 내리지 못하고 질질 끌고 있잖아요. '날씨가 더워지고 변화가 있는 건 분명한데 그렇다고 당장 내년에 무슨 일이 나겠어? 아직 시간이 있을 거야.' 그런 생각을 하다가 어느 순간 빙하가 다 녹고 바다가 대륙을 덮치면 한순간에 끝날 수 있거든요. 고령화 문제도 마찬가집니다. 우리 정부가 지금 그 상태예요. 문제가 심각하긴 한데, 당장 내일 일어날 일이 아니잖아요. 이러다가 어느 순간 우리는 돌이킬 수 없는 강을 건널지도 모릅니다. 그래서 저는 초고령화 사회 진입 연도를 2027년이니 2030년이니 생각하지 말고 더 앞당겨서 곧 벌어질 일이라고 경고를 해야겠다는 생각이 들었습니다.

어른신들은 분명히 기억하시죠? 예전에 신문을 펼치면 프랑스 여성들이 아이를 안 낳아서 프랑스 정부가 고민이 많다는 기사, 참 여러 번 읽었던 기억이 납니다. 프랑스가 제일 먼저 고령화 문제로 고민하던 나라입니다. 그런데 프랑스는 지금 그 문제에서 졸업했습니다. 유럽에서 출산율이 가장 높은 나라가 됐어요. 물론 그렇게 된 데에는 결혼하지 않은 사람들이 낳은 아이, 이민자들이 프랑스 국적을 갖지 않은 상태에서 낳은 아이도 정부가 보살피기로 했기 때문에 통계가 올라간 것이긴 합니다. 어쨌든 프랑스 정부는 이 문제를 해결했습니다. 그래서 전 세계가 묻기 시작했어요.

"어떻게 해서 출산율 저하 문제를 탈출하셨어요?" 그러면 프랑스

정부는 늘 "글쎄요. 우리도 잘 모릅니다." 이렇게 답을 합니다. 프랑스의 저출산 문제는 100년이 넘는 시간 동안 진행된 것입니다. 그래서 시간이 많으니까 별의별 방법을 다 써본 겁니다. 아이 한 명 더 낳으면 이런 것도 줘보고, 저런 것도 줘보고, 탁아소도 늘리고 하면서요. 그러다 보니 어느 순간부터 그것들이 서로 시너지를 일으키며 작동하기 시작하면서 서서히 문제가 풀리기 시작한 겁니다. 그러니 돌이켜봐도 정확히 무엇이 성공 요인인지를 알 수가 없대요.

우리는 뭐가 정말 큰 문제인가 하면, 우리 사회의 고령화가 언제 시작됐는지도 몰랐다는 거예요. 그리고 잘사는 나라 중에서 우리나라가 가장 늦게 고령화 사회로 진입한 나라입니다. 그런데 진행 속도는 가장 빨라요. 뭐든 빨리빨리, 1등 하지 않으면 안 되는 사람들이라 그런지 까짓것 고령화도 1등 먹자고 작정을 했던 걸까요. 가장 늦게 시작해서 가장 빠르게 진행되는 것. 이것이 정말 큰 문제입니다. 프랑스가 100년이 넘게 이것저것 시도해보면서 풀어낸 문제를 우리는 불과 20여 년 안에 풀어야 하니까요.

대한민국 정부가 가장 잘하는 게 벤치마킹이거든요. 저희 학자들은 연구비를 따내려면 무조건 벤치마킹을 해야 합니다. 어디에서도 연구를 하고 있지 않으니 제가 이런 걸 연구하고 싶다고 하면 절대 연구비 못 땁니다. 작년에 개똥쑥을 연구해서 그걸로 말라리아 퇴치약을 개발한 중국 과학자가 노벨상을 받았죠. 우리나라에서는 그런 것을 해서는 절대로 연구비 못 땁니다. 연구제안서에다 '개똥쑥을 연구하겠습니다.' 했다가는 심사 대상에도 들어가질 못해요. 우리는 무조건 '외국에서 하고 있다.' '외국에서 잘되고 있다.' 그러니 '나도 하겠다.' 해야 연구비를 줍니다. 아무도 안 하니까 내가 연구하겠다는 사람에게 연구비를 줘야 하는데 그러질 않아요.

고령화 문제를 제대로 풀어낸 나라는 별로 없습니다. 외국을 들여다봐도 여전히 풀지 못하고 있고 프랑스는 문제를 해결하긴 했는데 정확한 이유를 찾지 못합니다. 고령화 문제를 체계적으로 제대로 풀어낸 나라가 없어요. 이 문제는 결국 우리가 풀 수밖에 없을 것 같습니다. 다른 나라들은 우리만큼 심각하지 않거든요. 이 문제가 아마 여러 나라들이 우리를 벤치마킹하는 최초의 사례가 되지 않을까 생각될 정도입니다.

사람은 왜
늙어야 할까

혹시 이런 얘기 들어보셨나요? '8899냐, 9988이냐.' 88세까지 구질구질하게 사느냐, 99세까지 팔팔하게 사느냐. 오래 산다고 해도 인생의 한 20년을 병원 중환자실에 누워 계시거나 치매에 걸려서 사는 건 의미가 없잖아요. 우리가 생각해야 될 건 그냥 오래 산다는 것만 중요한 게 아니라 건강하게 오래 산다, 삶의 질이 보장된 삶을 산다는 것입니다. 고령화는 피할 수 없습니다. 길어진 수명과 삶의 질이 비례하는 것은 아닙니다. 질병에 대한 이야기를 해보죠.

서양의학의 엄청난 발전으로 우리는 이제 사람이 어떻게 병에 걸리는지에 대해 상당히 많이 알게 됐습니다. 질병의 원인은 무엇인지, 어떤 경로로 발병했는지, 감염이 되는지 안 되는지, 식생활이 원인인지, 흡연이 영향을 미친 것인지 등 굉장히 많이 알게 됐죠. 한마디로 How를 많이 알아냈습니다. 그리고 치료 방법도 많이 개발했습니다. 문제는 Why를 모른다는 겁니다. 도대체 왜 질병에 걸리는지 여전히 알 수 없는 부분이 많습니다. 어느 날 제 아들이 감기에 걸려 끙끙 앓으면서 그러는 겁니다. "아빠, 엄마가 신이 있다고 하는데 하느님은 왜 나한테 감기를 주셨어? 내가 나쁜 짓 했나?"

네가 나쁜 짓을 해서 그런 게 아니라고 하니까 "그런데 왜 날 감기에 걸리게 하시지?" 이러는 겁니다. 이 말을 듣고 문득 진짜 그런 연구를 제대로 해봐야겠다는 생각이 들었어요. 우리는 아직도 왜 감기에 걸리는지 이유를 모릅니다. 암도 마찬가지고요. 실제로 정확히 들여다보면 인간이 왜 병에 걸리는지에 대해 현대의학이 밝혀낸 게 별로 많지 않습니다. 그 미스터리 중 하나가 바로 '사람은 왜 늙어야 하는가'예요.

그냥 계속 젊게 살 수는 없을까요? 세포는 나름대로 주기가 있거든요. 그런데 세포가 왜 주기를 가져야 하는지에 대해서도 생물학은 뚜렷한 답변을 내놓지 못하고 있어요. 세포는 지구상에 존재하는 그 어떤 기계보다 정밀한 기계입니다. 그래서 모든 것에 항상성을 유지할 수 있습니다. 그런데 왜 세포가 나중에 초라하게 늙어야 할까요? 노폐물이 쌓여서 그런가, 어떤 세포는 노폐물을 잘 내보내는데 왜 어떤 세포는 그렇지 않은가, 어떤 세포는 스스로 새로운 걸 계속 만들어내는데 왜 어떤 세포는 그렇지 않은가.

우리 골수는 계속해서 새로운 혈구를 만들어냅니다. 피부는 닦아내고 벗겨내면 또 새로운 피부가 나오잖아요. 줄기세포는 새로운 세포를 계속 만들 수 있는 근원적인 세포예요. 어머니의 난자와 아버지의 정자가 만나 하나의 수정란이 되고 이게 분열을 하면서 두 개의 세포로 갈리고 네 개가 되고 여덟 개가 되다가 포도송이처럼 많아졌다가 사람의 형태로 만들어집니다. 각각의 세포의 입장에서 생각해보면 신기한 게 있어요.

남성분들 군대 갔다 왔으니까 아시겠지만, 논산 훈련소에서 훈련 끝나고 나면 자대배치 받잖아요. 세포도 똑같습니다. 분열을 하다가 어느 순간에 너는 간으로 가라, 너는 뇌로 가라, 너는 난자로 가라, 배치를 받았어요. 그런데 우리가 다 한 세포에서 왔거든요. 그러니까 똑같은 한 집안의 자손인데 왜 어느 순간에 나는 간으로 가고 쟤는 뇌로 갈까? 그게 싫을 수도 있어요. 뇌로 간 친구는 왠지 멋있어 보여요. 미래를 생각하고 삶이란 무엇인가 하는 고차원적인 생각을 하고 사니 말이죠. 골수로 간 친구는 매일 혈액 만드느라 바쁘지만 삶의 가치를 느끼면서 사는데 누구는 간으로 가서 매일 술만 거르고 있어요. 다른 세포들이랑 만나면 누구는 세포 만드는 신나는 얘기하는데 나는 또 가서 술 걸러야 돼요. 그러다 너무 화가 나면 '에이, 나도 세포 만들래.' 그러면서 간이 세포를 만들면 그게 간암이 되는 겁니다. 암이라는 건 절대로 분열하지 않고 더 이상 세포를 만

들지 않기로 약속했던 세포가 어느 순간부터 세포를 만들기 시작하면서 벌어지는 일이거든요. 그러니까 법을 어기기 시작하는 겁니다. 그래서 이걸 영어로 무법자 세포Outlaw Gene라고 부릅니다. 생각해보면 늙어야 될 이유가 딱히 없습니다. 이걸 설명하기가 매우 어려운데요, 진화의 관점에서 보면 두 가지 전략이 가능합니다.

제가 만일 조물주라면 인간을 만든 다음 바닷가의 모래알처럼 번성해라 명령하며, 두 가지 전략 중에 하나를 쓸 수 있는 거죠. 하나는 기왕에 만들어놓은 인간들로 하여금 계속 번식하게 하는 방법이고 다른 하나는 잘 지켜보면서 별 볼일 없는 것들은 빼버리고 새로 만들어서 잘해보는 방법입니다. 생명은 후자를 선택했습니다. 두 번째 방법이 더 유리하거든요. 만들어놓은 이 생명체를 계속 유지하는 것보다는 적당히 쓰고 절정기가 지나면 밀어낸 다음에 더 잘할 수 있는 애들을 집어넣는 게 훨씬 유리하기 때문에 생명이 그런 식으로 진화한 것입니다. 이게 생명의 섭리거든요.

길어진 수명, 노화연구 전성시대를 맞이하다

이런 것들을 의학에 접목시킨 사람들이 있습니다. 제가 미시건대학에서 교수로 있을 때 제 동료였는데요, 랜돌프 네스Randolph Nesse라는 정신과 의사가 허구한 날 자연사박물관에 있는 제 연구실을 기웃거렸어요. 그렇게 여러 해 동안 어깨너머로 저희들이 연구하는 진화를 배우더니 나중에 진화의학 또는 다윈의학이라는 새로운 학문을 만들어냈어요. 진화생물학계에 10명 정도로 손꼽히는 대가가 된 겁니다. 그러면서 《인간은 왜 병에 걸리는가》라는 책을 썼어요.

의과대학의 교과목은 웬만해서는 잘 바뀌지 않습니다. 그래서 새로운 학문을 밀고 들어가기가 굉장히 힘든데요, 이 양반이 한 20년 투쟁을 하니까 지금 미국 의과대학의 40퍼센트 정도가 진화의학을 가르칩니다. 지금 미국 의대에서는 왜 인간이 병에 걸릴까? 하는 아주 근원적인 문제부터 공부를 합니다.

제가 하버드대학에 있을 때 조교수였던 스티븐 어스태드도 《인간은 왜 늙는가》라는 책을 냈고, 스튜어트 올샨스키라는 인구학자는 《인간은 얼마나 오래 살 수 있는가》라는 책을 썼어요. 스티븐 어스태드는 인간의 평균 수명이 150년이 될 거라는 예언을 했어요. 지금껏 인류 역사에서 가장 오래 산 사람이 120년을 살았습니다. 그 이상을 산 사람은 없습니다. 확실한 증거를 제시할 수 있는 사례로는 120세 정도가 최고입니다. 그러니까 이게 인간 수명의 마지노선인데요, 이 양반이 앞으로는 150년을 살 거라고 얘기한 겁니다. 노화연구가 지금 진행되고 있으니 조만간 비밀을 찾을 것이라고요. 실제로 세계노화학회에 가서 학회장을 걸어 다녀보면 눈빛이 아주 이글이글합니다. 당장 내일이라도 뭔가 하나 발견할 기세들이에요. 지금 노화연구는 굉장히 가까이 와 있습니다. 뭔가 터질 것 같은 상태죠. 정말로 150세까지 사는 게 가능할지도 모릅니다.

왜 노화연구에 이렇게 많은 사람들이 달려들고 있을까요? 노화연구에서 뭔가를 찾아내면 이건 진짜 대박 중의 대박이거든요. 여기서 제일 가까운 데가 아마 세브란스 병원이겠죠? 세브란스 병원에서 어느 날 한 모금에 2억짜리 약물, 그걸 마시면 20년을 더 살 수 있는 약을 개발했다고 칩시다. 선착순으로 받겠다고 하면 그 다음 날 신촌 쪽에서부터 교통 대란이 벌어질 겁니다. 2억이면 너무 비싸니까 나는 안 갈래, 하는 사람은 많지 않을 거예요. 일단 무조건 살고 보자 하기 때문에 대박이 날 수밖에 없죠.

이런 상황에서 이제 삶을 한번 쪼개볼게요. 공자님은 삶을 10년씩 쪼개서 설명하셨어요. 40에는 불혹이고 50에는 지천명이고 그랬죠. 공자님은 10진법을 좋아하셨던 모양이에요. 그런데 이스라엘 사람들이 읽는 탈무드에 보면 톡특한 것이 보입니다. 20세 이전을 아주 세분했어요. 5세, 10세, 13세, 15세, 18세 이렇게 나눠서 하나하나 설명을 하고요, 그다음부터는 10년 단위로 설명을 합니다.

피터 래슬릿Peter Laslett이라는 사회학자는 우리 인간의 삶을 4단계로 나눕니다. 처음에는 부모님한테 의존해서 살다가 독립하고 개인적인 성취를 이뤘다가 다시 자식이나 사회에 의존하며 산다는 겁니다. 이게 가장 많은 연구자들이 따르는 세대 구분입니다. 윌리엄 새들러William Sadler라는 인구학자도 2006년에 쓴 책에서 제1연령기부터 제4연령기까지 4단계로 나눴습니다. 배움과 성장의 시기, 사회의 구성원으로 가정을 이루는 시기, 자기실현을 하는 시기, 그리고 노화와 죽음의 시기로요. 힌두교에서는 허풍이 좀 심해요. 자

피터 래슬릿의 생애 구분(1991)

제1시기	의존dependence, 사회화socialization, 미성숙immaturity, 교육education
제2시기	독립independence, 성장education, 책임responsibility, 경제활동earning & saving
제3시기	개인적 성취personal fulfillment
제4시기	의존final dependence, 노쇠decrepitude, 죽음death

윌리엄 새들러의 생애 구분(2006)

제1연령기	10대~20대 초반	배움을 통한 1차 성장 시기
제2연령기	20대~30대	사회 구성원으로서 가정을 이루고 경제활동
제3연령기	40대~70대 중후반	2차성장을 통한 자기 실현의 시기
제4연령기	노화와 죽음	

힌두교의 생애 구분(2006)

인생을 기본적으로 100년으로 보고 25년 단위로 4등분

아슈라마-1	학습기(브라흐마차르야)
아슈라마-2	가정생활기(그리하스타)
아슈라마-3	은둔기(바나프라스타)
아슈라마-4	순례기(산야사)

기들이 무슨 재주로 100년을 살 거라고 생각했는지 25년 주기로 끊어놨어요. 첫 25년은 학습기이고, 그다음은 가정생활기, 그다음은 가정을 떠난 은둔기, 그리고 마지막은 혼자만의 성찰을 찾는 순례기예요.

인간은 고령화하는
방향으로 진화한다

저는 그냥 둘로 나눴습니다. 저분들이 이야기하는 건 굉장히 인위적인 구분인 것 같고요, 저는 생물학자라서 생물의 삶을 그대로 봤습니다. 아주 단순하게 자식을 키우는 기간과 자식이 떠난 다음의 기간. 실제로 자식을 출가시키고 나면 삶이 얼마나 확실하게 변하는지 아시잖아요. 자식을 키울 때는 치열하게 살았죠. 내 새끼 먹이고 입히고 키워야 하니까. 싸우듯이 살고 남의 것도 가질 수 있으면 손에 쥐기도 하고. 내 새끼 먹이려면 창피함도 무릅쓰고 막 밀고 나가야 했잖아요.

그런데 자식을 키워내고 나면 이제는 내 인생을 살 수 있는 시대가 옵니다. 예전에는 제가 이름 붙인 이 '번식기'가 주된 인생이었고, '번식후기' 즉 자식들을 출가시키고 난 뒤의 인생이 굉장히 짧았어요. 그래서 이 시기는 잉여인생으로 잠깐 따라오는 것이었기 때문에 별로 신경을 안 썼어요. 만약에 100세까지 산다고 하면 번식후기가 40년에서 50년이 되는 겁니다. 거의 번식기 인생과 맞먹는 시간이 되죠. 120세까지 살게 되면 더 길어질 테고요.

어스태드의 말대로 150세를 살게 된다면 이 시기가 훨씬 더 길어집니다. 노화연구가 성공하면 20년 더 사는 게 문제가 아니고요. 아마 100년, 200년을 더 살게 될 겁니다. 그동안은 우리가 번식기라는 제1인생만 열심히 살았고 나머지는 그냥 대강 살았습니다. 그런데 오히려 제2인생이 더 길어지고 있습니다. 그렇다면 이 인생도 철저하게 준비해야 하는 게 아닐까요? 그래서 저는 인생을 두 번 살자는 의미에서 '인생 이모작'이라는 개념을 내세운 겁니다.

그런데 우리나라의 현실은 OECD 국가 중에서 노인 자살률이 최고로 높죠. 노인 빈곤율도 가장 높습니다. 자식들에게 다 건네주고 당신은 가진 게 없고 노후대책을 세운 것도 없어요. 이만큼 살았으면 내가 빨리 가야지 하는 체념을 쉽게 하시는데요, 스스로를 학대하면서 제2인생을 자꾸 접으려는 분들이 너무 많아요.

캘리포니아대학교 인류학과의 이상희 교수님이 얼마 전에《인류의 기원》이라는 책을 내셨는데 이분이 2004년에 미국과학한림원 회보에 낸 기가 막힌 논문이 있습니다. 5만 년 전 인류의 화석과 네안데르탈인의 화석, 그리고 침팬지의 화석을 비교해봤습니다. 그런데 네안데르탈인의 화석에도 안 나타나고 침팬지의 화석에도 전혀 안 나타나는데 현생인류, 그러니까 우리가 속해 있는 호모 사피엔스의 화석에는 5만 년 전에도 이미 고령화의 흔적이 역력하더라는 겁니다.

한마디로 최근 들어서 고령화가 진행된 게 아니라 진화의 초기부터 우리는 작심하고 고령화한 동물이라는 겁니다. 왜 인간은 고령화하는 쪽으로 진화를 했을까요? 인간과 유전적으로 가장 가까운 동물이 침팬지입니다. 침팬지 나라에서 암컷들은 다 자기가 자기 자식을 키웁니다. 남의 자식 돌볼 틈도 없어요. 그런데 우리 인간은 어느 시점에 스스로 자식 낳는 걸 멈추고 딸의 자식을 키워줍니다. 할머니라는 존재가 있죠. 동물 세계에는 할머니가 거의 없습니다. 인간에게는 할머니가 있고 할머니가 아이를 봐주기 때문에 젊은 사람들이 시간이 생겨 기계 문명을 일으키고 언어를 만들면서 만물의 영장이 되었다는 겁니다.

저는 이 주장이 매우 설득력 있다고 생각합니다. 제가 미국에 있을 때 케네디 대통령 시절 백악관 대변인을 하던 빌 모이어즈Bill Moyers라는 분이 있었습니다. 그 양반이 나중에 언론인이 돼서 굉장히 유명해진 분인데, 그분이 스페셜 프로그램을 만든 적이 있어요. 미국 할렘 가에 가서 흑인 사회를 취재했는데요, 흑인들이 많은 할렘가에 가면 남자들이 별로 없어요. 대부분 감옥에 가 있거든요. 그런데 어느 집을 가보니까 현관 올라가는 층계에 여성 3대가 나란히 앉아서 젖을 물리고 있어요. 할머니도 아이를 낳았고 엄마도 아이를 낳았고 딸도 아이를 낳았어요. 미국에는 그린쿠폰이라는 게 있죠. 빈곤층에게 국가가 쿠폰을 줍니다. 그런데 그 집에 아이가 하나만 있으면 그 정도의 쿠폰 가지고는 먹고살 수가 없어요. 그런데 아이가 셋 정도 되면 그 쿠폰을 다 모아서 냉장고도 사고 먹고살 수가 있는 거예요. 그러니까 할머니도 아이를 낳고 엄마도 아이를 낳고 지금 10대인 딸도 아이를 낳은 겁니다.

이 아이들의 아빠가 누구냐고 물었더니 할머니와 어머니는 입을 다물고 10대 딸이 얘기하는데 동네 농구장에서 농구하는 젊은 녀석이었어요. 보통은 네가 모르는 곳에서 네 아이가 자라고 있다고 하면 당황하잖아요. 그런데 이 녀석은 그 동네에 자기 아이가 다섯 명

명줄이 길어서 오래 사는 게 아니라 인간은 이렇게 진화하기로 한 동물입니다. 그러니까 지금 연세 있으신 어르신들은 '내가 지금 잉여로 살고 있나?' 그런 생각 하지 마세요. 지금 아주 당당하게 살고 계십니다. 이 삶을 기가 막히게 즐기셔야 합니다.

이나 자라고 있다고 얘기해주니까 친구들이랑 하이파이브를 하고 난리가 났어요. 다섯 명의 아빠라니, 영웅이라는 거죠. 왜냐면 아이를 국가가 키워주니까요.

인간의 번식후기, 어떻게 살아야 할까

인간은 포유동물입니다. 포유동물은 기본적으로 아빠가 누군지 모르는 동물이고 거의 엄마가 자식을 키웁니다. 그러니까 포유동물의 수컷들은 자기 자식들이 어디서 크는지 대체로 모릅니다. 번식후기는 절대로 불필요한 시기가 아니라는 겁니다. 번식후기가 있었기 때문에 우리 인간은 성공한 동물이 된 겁니다. 할머니 가설이라는 게 있어요. 할머니가 존재하는 집단과 할머니가 없는 집단을 비교합니다. 입이 하나 더 있으니 할머니는 분명 음식을 축내겠지요. 그러나 할머니가 있는 집단이 훨씬 더 번성합니다. 할머니가 아이들을 돌봐주고 할머니가 삶의 지혜를 주잖아요. 우리 사극을 보면 임금이 툭하면 대비마마 앞에 가서 조언을 구하죠. 대비마마는 궁궐에서 벌어지는 모든 일을 알고 있죠. 현명한 대비마마가 있는 궁과 없는 궁, 현명한 할머니가 있는 부족과 그렇지 않은 부족, 누가 더 잘살까요?

그러니 여러분, 절대로 미안해하시면 안 됩니다. 대한민국의 어르신들은 미안해할 필요가 없습니다. 번식을 멈추고 수십 년 살아도 됩니다. 내가 명줄이 길어서 오래 사는 게 아니라 인간은 이렇게 진화하기로 한 동물입니다. 그러니까 지금 연세 있으신 어르신들은 '내가 지금 잉여로 살고 있나?' 그런 생각, 하지 마세요. 지금 아주 당당하게 살고 계십니다. 이 삶을 기가 막히게 즐기셔야 합니다.

우리가 원하는 건 이런 겁니다. 생존 곡선Survivorship Curve이라는 게 있습니다. 많이 태어났다가 많이 죽고 몇 개만 남아서 오래 사는 유형이 있고, 사망률이 비슷하게 유지되는 생물들이 있어요. 우리 인간은 어렸을 때 많이 안 죽다가 나이 들어서 죽어가는 곡선을 그리는 동물입니다. 바다의 굴 같은 생물은 엄청나게 많은 유충이 나왔다가 그중 몇 개체만 살아남아서 오래 살죠.

이 곡선을 좀 더 값지게 만들자는 게 우리가 하고자 하는 일입니다. 120세를 과연 넘길지는 잘 모르겠어요. 300세, 500세까지 살지도 모르겠지만 저는 그렇게 안 되길 바랍니다. 만약에 많은 분들이 300세를 살게 되면 모두 다 죽습니다. 지금 있는 분들은 안 돌아가시는데 계속 태어나면 다 죽어요. 앞에서 자리를 비워줘야 이 자원으로 살 수 있는 겁니다.

공상과학 영화에서도 전부 번식을 안 하기로 하는데 누군가 숨어서 번식을 하거든요. 만약에 우리가 다 300세까지 산다고 하면 다 같이 한꺼번에 정관수술을 받아야 합니다.

더 이상 자식을 낳지 않고 지금 있는 이대로만 살아야 해요. 120세까지 사는 게 제일 좋은 거예요. 그런데 그 삶을 어떻게 사냐면

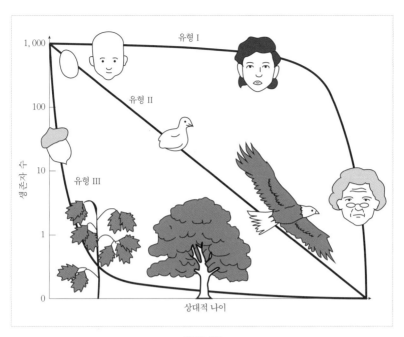

유형 I
유형 II
유형 III
1,000
100
10
1
0
생존자 수
상대적 나이

생존곡선

120세 되는 날 아침에 골프도 한번 멋지게 치시고 아내랑 새벽 섹스도 하고 저녁때 자식들이랑 케이크 자르면서 "야, 진짜 너희들이랑 즐거웠다. 잘 있어." 그리고 그날 밤 가는 거예요. 이게 아마도 우리가 바랄 수 있는 최고의 그림일 겁니다. 건강하게 120세를 살다가 그냥 한 번에 떠날 수 있는 그런 삶이요.

그럼 이걸 사회가 어떻게 맞춰줄 것인가 생각해봅시다. 저는 10년 전에 정년제도를 없애야 한다고 주장했어요. 그때는 굉장히 많이 공격을 당했습니다. 특히 청년들에게요. 청년 실업이 이렇게 심각한데 어쩌라는 거냐면서요. 계속 버티고 있으면 우리는 직장에 들어갈 수가 없다고요. 지금 세계에서 제일 잘사는 나라는 미국이죠. 미국은 기본적으로 정년제도가 없습니다.

지난번에 알파고와 이세돌의 대결로 인해서 요즘 제일 많이 듣는 말이 직업이 없어진다는 말이죠. 그런데 직업이라는 게 언제 처음 생겼을까요? 농경시대에 직업이 있었나요? 큰 밭 메다가 힘드시면 텃밭 메고 그것도 힘들면 방 안에 앉아서 새끼 꼬다가 돌아가셨잖아요. 언제 은퇴를 하셨나요? 그냥 계속 일하며 사셨습니다. 언제나 일거리가 있었던 거죠. 직업은 근대 전문사회의 산물입니다. 그래서 직업이라는 걸 만들어놓고 그게 사라진다고 다들 벌벌 떨고 있는데요, 그럴 필요가 없다는 게 제 생각입니다.

기계를 부려 먹으면서 살면 됩니다. 그건 크게 걱정할 문제가 아니라고 생각해요. 정년제도는 없어져야 해요. 조금 있으면 젊은 사람들이 잘 알지도 못하는 노인네 두세 명을 먹여 살려야 하는 시대가 와요. 그런 구도로는 국가가 유지가 안 됩니다. 모든 사람이 일을 하고 세금을 내야 해요. 95세에도 적당한 일을 하고 돈을 벌어서 그만한 세금을 국가에 내야만 국가 경제가 유지되는 겁니다. 지금 많은 나라들이 정년제도를 없애거나 정년을 조금씩 뒤로 미루는 작업들을 하고 있습니다.

저는 이게 인권의 문제라고 생각합니다. 사회가 무슨 권리로 나에게 일을 그만두라고 얘기할 수 있습니까? 제가 몇 년 전에 인권위원회에서 1년 정도 일을 좀 했어요. 노인문제는 인권의 문제로 봐야 한다고 하니까 정부는 곤란해하더군요. 인권문제가 되면 굉장히 골치 아파지니까요. 하지만 사람은 원하면 일을 할 수 있어야 하고 일할 권리가 있습니다. 사회는 그걸 만들어줄 의무가 있다고 생각합니다.

평생배움의 필요성

피터 드러커 선생이 돌아가시기 전에 우리는 지식유목민이라는 얘기를 했어요. "21세기는 지식사회가 될 것이며 지식사회에는 배움에 멈춤이 없다"라는 겁니다. 예전에는 대학에 가서 기껏 전공 하나 공부하고 직장 하나 얻어서 살다가 은퇴하고 환갑잔치하고 돌아가셨지만 이제는 다릅니다. 한 번 배워서 끝나는 게 아니라 끊임없이 새로운 걸 배워 새로운 일을 하면서 오랫동안 사는 시대가 왔어요.

제가 어쩌다가 독서에 관한 책을 몇 권 냈어요. 그중에《통섭의 식탁》이라는 책에서 기획 독서라는 개념을 설명했는데 뜻밖에도 이것이 제가 처음 한 것도 아닌데 많이 알려지게 됐어요. 교육문제가 심각해지니까 논술이라든가 토론수업 같은 것들이 중요해지면서 대학마다 독서 프로그램을 만들고 있죠. 그리고 대학에 들어가려면 내가 어떤 책들을 어려서부터 쭉 읽어왔다는 걸 보여줘야 하는 시대가 서서히 오고 있습니다. 그게 바로 기획 독서입니다. 기획 독서의 반대말은 취미 독서겠죠.

책은 내가 모르는 분야의 지식을 얻기 위해서 읽는 겁니다. 이런 점에서 볼 때 독서는 일입니다. 독서는 단순히 취미가 아닙니다. 독서를 취미라고 지금까지 생각하셨으면 진짜 깨끗이 잊으십시오. 어려운 책을 붙들고 씨름하는 게 독서예요. 읽어도 그만, 안 읽어도 그만인 책을 붙들고 시간만 보내는 건 시간 낭비지 독서가 아닙니다. 배우지도 않을 책을 볼 바에는 차라리 신나게 노는 게 낫습니다. 독서를 통해 내가 모르는 분야를 하나하나 기획해서 공부하듯이 공략해야 됩니다.

우리 아이들은 평생 살면서 직업을 일고여덟 번 갈아탈 것이라고 합니다. 그럼 여러분은 삶이 끝났나요? 아닙니다. 아직도 많은 삶이 남아 있습니다. 꾸준한 배움도 많이 남아 있습니다. 대학에 다시 들어가서 공부를 하셔도 됩니다. 새로운 책을 읽으면서 새로운 분야를 배우고 익혀 지식의 영역을 넓혀가야 합니다. 그러다 보면 어느 날 우연찮게 나에게 할 일이 생깁니다. 제가 《통섭의 식탁》에서 이런 이야기를 쓴 적이 있습니다.

40대 중반의 양반이 회사에서 쫓겨났습니다. 대개 대기업 들어가면 40대 중반에 대충 나오잖아요. 그런데 걸어가다가 고등학교 동창을 만납니다.

"야 반갑다. 너 뭐하고 지내냐?"

"얼마 전에 회사 나왔어. 새 직장 찾으러 다녀. 넌 뭐하냐?"

"난 뭐 조그만 사업 하는데."

"무슨 사업인데?"

"얘기해봐야 잘 모를 거야. 나노과학의 원리로…."

지금 이 직장 찾으러 다니는 친구는 경영학과 나왔고요. 나노과학에 대해서 책 한 권도 안 읽어봤고 관심도 없어요. 그럼 어떻게 대응할까요? 나는 전혀 알아듣지 못하는 얘길 하고 있으니까 '그래 또 만나자.' 하고 지나치겠죠. 그런데 나노과학에 대한 책을 한 권이라도 읽은 친구면 거기서 그 친구하고 얘기를 할 겁니다. 그러다 여차하면 같이 동업하는 거예요.

피아니스트 조성진이 쇼팽 콩쿠르에서 우승했잖아요. 그 사람이 한 번도 피아노를 쳐본 적이 없는데 그날 신의 영감을 받아서 우승했을까요? 아닙니다. 눈만 뜨면 연습해서 이룬 겁니다. 죽어라고 피아노를 쳤던 시간이 있었으니까 가능한 거지 어느 순간 갑자기 뭔가가 되는 게 아닙니다. 시작은 다들 그렇습니다. "내가 책 한 권을 읽었는데." 그게 계기가 되는 거예요. 삶은 사실 이렇게 사는 거잖아요. 여러분 노벨물리학상 받아서 첫 직장 들어간 거 아니잖아요. 대학 때 옆 친구보다 공부를 조금, 아주 조금 더 했을 뿐이잖아요. 그러면 그 직장을 나오고 나서 다음 직장에 들어가실 때는 노벨경제학상 받아서 그쪽에서 모셔 가나요? 그것도 아니죠.

내 지식의 영역이 조금씩 확장되고 그 덕에 뜻하지도 않은 순간에 누군가 나에게 이런 일을 같이하자고 손을 내미는 겁니다. 피터 드러커 선생이 얘기한 것처럼 끊임없이 배움의 길을 가셔야 됩니다. 정부는 자꾸 이런 생각을 합니다. 어디다 실버타운 멋있게 지어서 가족들하고 멀리 떨어뜨려서 거기서 돌아가시라고. 하지만 그렇게 살고 싶지 않으시죠? 이렇게 남은 삶을 잉여의 시간으로 소진하고 싶은 분들은 이제 없을 겁니다.

　미국에서 여론조사를 한 적이 있는데요. 은퇴하면 어디서 살고 싶냐는 질문에 대학 옆에서 살고 싶다고 답한 분들이 가장 많았다고 합니다. 평생 모아놓은 돈의 절반 정도를 대학에 기부하고 싶대요. 그렇게 기부한 뒤에 그 대학 도서관에도 가보고 음악회도 가고 젊은 친구들 속에서 같이 걸어 다니고 싶다는 거죠. 노인들만 따로 사는 동네가 아니라 대학 근처에 살고 싶다고요. 이화여대 제 강의실에는 어르신들이 종종 오십니다. 제가 강의할 때 언제든지 오시라고 해요. 그러면 어르신들이 오셔서 뒤에 앉아 강의 듣고 가십니다. 학교에서 알면 좀 싫어하겠지만 그분들이 앉아 계신다고 해서 연료가 더 드는 것도 아니고 제가 더 힘이 드는 것도 아니잖아요. 고립되어 살지 마시고 뭐든 열심히, 부지런히 귀를 열고 눈을 뜨고 활기차게 사세요. 인생 이모작, 이제 겨우 시작입니다.

50+의 시간

박　　원　　순
_____
서　　울　　시　　장

1980년대부터 인권변호사로 활동하다 1994년 '참여연대'를 만들고 시민운동을 시작했다. 이후 '아름다운재단' '아름다운가게' '희망제작소' 등을 통해 우리 사회 변화를 이끌었다. 현재는 서울특별시장으로 일하고 있다. 《세기의 재판》《세상을 바꾸는 천 개의 직업》《경청》《정치의 즐거움》 등 50여 권의 저서가 있다.

유　　인　　경
전 〈경향신문〉 선임기자

1982년부터 〈경향신문〉에서 기자 생활을 시작해 〈경향신문〉이 펴내는 시사주간지와 여성지의 편집장을 지냈다. MBC 〈생방송 오늘 아침〉〈100분 토론〉 등 방송과 여러 곳에서 강의 활동을 하며 만난 각계각층의 사람들을 가장 큰 자산으로 꼽는다. 직장 초년생과 대학생들에게 멘토가 되어줄 각계각층의 전문가를 초청해 대화의 시간을 갖는 '알파레이디 리더십 포럼'을 기획·운영하고, '청춘고민상담소' '왕언니 유인경의 직딩 119'(팟캐스트) 등을 통해 20대 여성들과 소통하면서 멘토가 되었다. 《이제는 정말 나를 위해서만》《내일도 출근하는 딸에게》 등의 저서가 있다.

진행: 50+인생학교 학장 정광필

이제 다시,
시작이다

정광필(이하 정) 　마지막 강의 사회를 맡은 50+인생학교 정광필입니다. 오늘 '50+의 시간'을 마무리하는 의미 있는 자리에 꼭 필요한 두 분을 모셨습니다. 참여연대, 아름다운 재단, 아름다운 가게, 희망제작소, 서울시장 등 매번 새로운 인생에 도전하는 분입니다. 이대로 가신다면 70대에 과연 또 어떤 도전을 하실지 궁금한데요. 박원순 시장님을 모셨습니다.

　그리고 그동안 1700명 정도를 만나서 인터뷰를 하셨다고 하는데 기자생활 32년 정년퇴직하신 다음에 드디어 본인 얘기를 마음껏 할 수 있게 돼서 그런지 방송이나 강연에서 활약이 대단하신 분입니다. 전 〈경향신문〉 선임기자 유인경 선생님을 모셨습니다.

경험을 쌓고
미래를 향해 걷다

박원순(이하 박)   반갑습니다. 저야 여러분과 같은 상황에 있는 사람이죠. 잘 아시는 것처럼 저도 이제 60대가 됐습니다. 베이비붐 세대고요. 그래서 제 친구들도 보면 기업에서 할 거 다 하고 이제 뭐할까 저한테 상의하고 그럽니다. 그런데 저는 제가 하고 싶은 일이 너무 많기 때문에 다음 단계에서는 뭘 할까 하는 걱정을 안 해도 될 정도로 아이디어들이 굉장히 많았어요.

살면서 했던 일은 참 많았어요. 남들이 좋다고 하는 검사, 그것도 해보니 제 일이 아니더라고요. 사람 잡아 넣고 수갑 채우는 일인데 마음이 즐거울 리가 있겠어요? 3개월 만에 이건 안 되겠다, 그만

뒤야지 생각하고 있는데 부장검사가 처음엔 다 그런 거니까 좀 참아보라는 거예요. 그래서 사표를 안 받아주는 바람에 1년을 더 하고 나왔습니다. 변호사로 전직했을 때도 돈은 잘 버는데 재미가 없더라고요. 그래서 영국 유학을 갔어요. 거기서 시민사회Civil Society에 대해 많은 고민을 하게 됐습니다. 시민사회라는 건 굉장히 광범위하죠. 국가보다 중요한 게 시민사회입니다. 예컨대 군축이라든지 인권에 대한 협약 같은 것도 기본적으로 시민사회에서 이루어집니다. 우리나라의 핵심적인 문제는 이 시민사회가 너무나 축소되어 있다는 것이었어요. 이 분야에서 할 일이 정말 많습니다. 그래서 참여연대, 아름다운 재단 등을 시작으로 시민사회 활동에 뛰어 들었습니다. 이런 일들이 앞으로 여러분 앞에도 많이 기다리고 있을 겁니다.

조영래 변호사라는 너무나 훌륭한 선배님이 계셨는데 이분이 요절하셨어요. 병원에 계실 때 제가 병문안을 갔더니 "박 변호사, 돈 그만 벌면 안 돼?" 그러는 거예요. 제가 그때 계속 그렇게 돈을 벌었으면 저도 이런 건물 하나는 가질 수 있었을 거예요. 그런데 그 선배님 말을 듣고 딱 그만두게 됐어요. 이분 말씀에 힘입어서 영국으로 유학을 간 겁니다. 부장판사 되고 돈도 벌고 빌딩도 사고 그랬을 수도 있는데 저는 누구도 가보지 않은 블루오션의 길을 걸었죠.

제가 스스로 사회적 점쟁이라는 얘기를 했는데요, 우리가 나아갈 미래를 딱 점을 칠 수 있다는 거예요. 그게 어떻게 가능한가 하면 첫째, 외국의 사례를 보면 됩니다. 둘째, 통계 자료를 보면 알 수 있습니다. 자료를 보면 홀로 사는 사람이 서울시 인구의 4분의 1이에요.

그럼 그에 따라서 사회가 바뀌잖아요. 가구산업, 외식산업 다 바뀝니다. 빅데이터를 제대로 보면 세상의 변화를 볼 수가 있죠. 외국의 사례를 본다는 건 굉장히 중요하다는 걸 유학생활 하면서 느꼈습니다. 아마 이때 투자했던 2년이라는 시간이 제 삶을 바꿔온 게 아닌가 싶어요.

참여연대 활동을 하면서 오늘날 복지의 근간을 만든 국민기초생활보장법, 부패방지법 등의 입법 기반을 만들 수 있었고 낙선운동, 소액주주운동 같은 것을 통해서 시민사회의 힘을 그러모으는 역할도 했습니다. 이때만 해도 제가 머리도 많았는데 청춘을 이렇게 열심히 바치고 나니 머리카락이 많이 없어진 거 같네요. 어떤 분이 저한테 이런 메일을 하나 보냈는데 최영미 시인의 〈선운사에서〉라는 시였습니다.

꽃이
피는 건 힘들어도
지는 건 잠깐이더군
골고루 쳐다볼 틈 없이
님 한 번 생각할 틈 없이
아주 잠깐이더군

그대가 처음
내 속에 피어날 때처럼

잊는 것 또한 그렇게

순간이면 좋겠네

멀리서 웃는 그대여

산 넘어가는 그대여

꽃이

지는 건 쉬워도

잊는 건 한참이더군

영영 한참이더군

제가 이 시를 읽고 그날 사표를 썼어요. 우리가 무언가를 이루는 건 굉장히 힘든 일이잖아요. 그걸 버리는 것은 더 힘든 일이에요. 아마 여러분에게도 일하는 방식을 바꾸거나 자신의 삶을 통째로 바꾸는 건 굉장히 힘든 일일 겁니다. 하지만 익숙한 것과의 확실한 결별을 할 수 있어야 새로운 길이 열린다고 생각합니다.

제가 미국에 가서 본 단어 중에 굉장히 인상에 남은 단어가 있는데 'Check a Enclosed'예요. 수표를 동봉했다는 뜻인데 기부한다는 의미로 쓰입니다. 그래서 제가 '모금은 과학이고 예술이다Fund-raising is Art and Science'라는 캐치프레이즈를 걸고 아름다운 재단을 시작하게 됐어요. 그리고 다양한 형태의 모금운동을 펼쳤어요. 지금도 아름다운 재단은 연간 100억을 모금합니다. 기부는 여윳돈이 있어서 하는 게 아닙니다. 구두 닦고 김밥 말면서 행상하시는 분들이 어렵게 모은 돈을 자신들보다 더 어려운 사람을 위해 쪼개서 내어놓는 분들, 그런 분들이 함께해주셨습니다. 이렇게 제가 활동할 수 있는 기회들이 있었습니다. 그때마다 저는 새로운 구상을 했습니다. 희망제작소도, 오늘날 50+재단의 기초가 된 해피시니어프로젝트도 그렇게 만들어졌어요.

오늘 모인 여러분들이 어떻게 사느냐가 서울시와 대한민국의 미래를 결정할 겁니다. 서울시 인구 중에 21퍼센트, 약 210만 명이 베이비붐 세대예요. 옛날 같으면 은퇴하고 그냥 어영부영 하다가 저세상으로 떠나곤 했잖아요. 지금은 절대 아닙니다. 여러분들이 앞으로 아무리 살기 싫어도 20년은 더 사실 겁니다. 아마 지금 이 단계에서는 적어도 30년은 사실 겁니다. 제가 얼마 전에 100세 노인을 한 분 뵈었는데요. 아주 허리가 빳빳하시고 정정하셨습니다.

100세가 되고 나서 내가 60세 때 뭔가를 시작할걸 그랬다고 후회하지 마십시오. 앞으로 여러분 30년, 40년을 그냥 산이나 다니고 손주들 봐주면서 보내실 건가요? 여러분의 황금기는 지금부터입니다. 여러분의 어깨에 서울의 미래가 달려 있고요. 여러분이 가졌던 그 빛나는 과거의 경험과 지혜가 새로운 시대와 만나면서 많은 과제들이 눈앞에 있습니다. 블루오션, 여러분 앞에 너무나 많이 남아 있습니다.

Ask, Believe, Cheerful

정   다음은 여성으로서 기자생활을 32년간 하고 정년퇴직을 하신, 최초의 영웅이시죠. 직장생활을 하는 딸에게는 따뜻한 엄마로, 가끔 사고 치는 남편에게는 해결사로, 직장후배들에게는 여러 가지 문제 상담소장 역할을 하시는 분입니다. 아마 50+ 여성세대의 모범이 아닐까 싶습니다. 유인경 〈경향신문〉 전 선임기자님을 모시겠습니다.

유인경(이하 유)   반갑습니다, 유인경입니다. 박원순 시장님의 화려한 이력을 보다 보면 저는 그냥 '기자 시작, 기자 끝'밖에 없는 단순한 삶을 살아온 사람입니다. 저는 70년 〈경향신문〉 역사에서 유일하게 정년퇴직까지 버틴 여기자였습니다. 정말 버티다 보니까 정년퇴직을 하게 됐는데 사실 자랑할 건 아무것도 없습니다. 보시다시피 팔다리가 짧아서 운전면허도 없고요. 생긴 건 말술 먹게 생겼다는데 뜻밖에 술을 한 방울도 안 마십니다. 그리고 기자들이 많이 한다는 골프는커녕 줄넘기 운동도 하지 않은 몸이고요, 남들이 출세나 성공을 위해 한다는 일들을 해보지도 않고 무사히 마친 것 같습니다. 저는 이제 우리 나이로 올해 쉰여덟 살이고 서른 살 된 딸과 딸보다도 철딱서니 없는 남편이랑 살고 있습니다. 제가 정년퇴직 이후에 제 수첩이 더 복잡해졌고 정년퇴직 이후에 예뻐졌다는 말도 많이 듣고 성형수술 의혹에 시달리기도 했습니다.

    제가 앞으로 몇 살을 더 살지 모르겠지만 많은 후배들이나 친구들에게 인생에서 제일 중요한 건 ABC를 지키는 일이라고 이야기해요. 박원순 시장님도 그렇고 뭔가 이루신 분들을 보면 공감과 소통 능력이 매우 빼어나십니다. 이탈리아의 사르데냐나 일본의 오키나와 같은, 예전부터 이미 평균수명이 80~90세였던 블루존이라는 지역의 사람들과 하버드대학을 졸업한 사람들 70명 정도를 역학조사한 적이 있다고 합니다. 그 결과 말년에 이르렀을 때 "나 잘 살고 있어요. 나 좀 좋아요"라고 말한 사람들 특징이 인간관계가 굉장히 풍성하다는 것이었어요. 대부분 사람들이 50세가 넘으면 '나 어떻게 살지? 내가 가슴 뛰는 일을 어떻게 찾지? 나 뭘 먹고 살지?' 이렇게 '나'만 생각하는데 정작 말년에 이르렀을 때 '잘 살았다. 참 좋다'라고 하는 분들은 오히려 남과 더불어 살고 있는 사람들이었다는 겁니다.

그렇게 소통과 공감이 잘된 사람들을 보니 중요한 게 ABC였어요. 첫 번째는 A, Ask입니다. 질문을 던져야 해요. 제가 30년 넘게 기자생활을 했지만 요새는 기자들도 워낙 이상한 기자들이 많아서 쓰레기 같은 기사 쓴다고 기레기라고도 하죠. 사실 기자들은 글을 잘 쓰는 사람들이 아니라 제대로 된 질문을 던지는 능력이 있는 사람입니다. 그런데 제대로 된 질문을 던지는 게 참 어렵습니다. 제일 중요한 것은 우리 스스로에게 질문할 줄 알아야 합니다. 내가 정말 잘 살고 있나? 내가 지금 욕심 부리는 게 아닌가? 무리하는 게 아닌가?

많은 분들이 50세가 넘으면 예전에 하고 싶었는데 못 했던 일, 내가 좋아하는 일을 찾으라고 하는데 좋아하는 일을 찾으시면 안 됩니다. 잘하는 일을 찾으셔야 합니다. 음식 만드는 걸 좋아하는 것과 음식을 잘하는 것은 전혀 다른 문제입니다. 자기가 좋아한다고 식당에서 민폐 끼치는 분들이 너무 많아요. 농사짓는 거 좋다고 해서 엉터리로 농사짓는 분들 너무 많습니다. 사람은 누구나 인정받고 싶어 하는데, 잘하는 일을 해야 인정받습니다. 내가 진짜 잘하는 일이 뭔지를 남에게 물어보기 전에 스스로 잘하고 있나 묻고 확인하고 다져나가셔야 해요.

제가 30년 동안 직장생활을 할 수 있었던 것도 스스로에게 자주 질문을 던졌기 때문이 아닐까 싶습니다. 사표 내고 싶었던 순간, 지금 당장이라도 뛰쳐나가고 싶었던 순간은 너무 많았습니다. 그럴 때마다 '내가 그만두고 싶은가? 왜 그만두고 싶지? 〈경향신문〉이 싫은가? 신문기자 직업이 싫은가? 어떤 사람 때문에 싫은가? 그 인간이 바뀔까?' 어떤 사람이 싫었습니다. 하지만 그 사람은 절대 안 바뀝니다. 본인이 벼락을 맞아야 바뀌죠. 제가 벼락을 내려드릴 수는 없어서 제가 바뀌었습니다. 소나무한테 왜 당신은 벚나무가 아니냐고 물어볼 수 없고요. 원숭이한테 넌 왜 토끼가 아니냐고 물어볼 수 없듯이 그분의 다름을 인정하게 되니까 마음이 편해졌습니다.

나한테 가장 평화로운 방법은 뭘까? 내가 뭘 잘할까? 저는 글 쓰는 것을 좋아하지만 정작 잘하는 건 말하는 것이었어요. 그래서 주변에서 말리는 사람도 있었지만 방송 출연도 하고 그랬어요. 정년 후를 생각한 거죠. 그 덕에 정년퇴직 후에 제대로 된 밥벌이는 방송을 통해서 하고 있습니다. 스스로에게 질문을 던진다는 것은 이렇게 중요한 겁니다.

50대가 넘어가면 남들에게 뭘 물어본다는 걸 부끄러워하실 필요가 없습니다. 저도 기자지만 굉장히 무식합니다. 경제 이런 거 잘 모릅니다. 한자교육 제대로 받은 세대가 아니어서 읽기만 겨우 하고 쓸 줄을 몰라요. 그런데 제가 인터뷰했던 분들은 사자성어, 한시, 고사성어를 막 인용하시는데 머리에 쥐가 날 지경이었어요.

그래서 할 수 없이 어느 날은 "선생님, 죄송한데 한 번만 써주십시오." 그랬더니 그분이 깜짝 놀라면서 "저도 그냥 들어서 한 말입니다." 그러시더라고요. 저만 무식한 게 아니란 말이죠. 어디서 무엇을 언제 누구에게 물어봐도 괜찮습니다. 괜히 아는 척하고 안 물어봤다가 서로에게 민폐 끼치는 경우 너무 많잖아요.

특히 질문을 할 때 내용보다 중요한 건 태도입니다. 귀엽게 물어보셔야 합니다. 저는 나이 들어서 가장 소중한 자산이 귀여움이라고 생각합니다. 우리가 어떻게 새로 나오는 아이돌 이름을 다 압니까? 어떻게 새로 나오는 인터넷 신조어를 다 압니까? 그때 "야, 이게 뭐냐?" 이렇게 물어보면 상대방도 대답하고 싶지 않습니다. 지난 이승욱 선생님 강의에서 개저씨 얘기도 나왔는데요, 그렇게 개저씨스럽게 물어보는 분들이 소통이 잘 안 되는 분들이에요.

저는 최고의 목표가 귀여운 할머니로 늙어가는 것입니다. 그래서 열심히 물어보고 "그렇구나. 정말 그런 게 있었어? 어머, 저 탤런트 누구야?" 이런 리액션을 보여주면서 부끄럽지 않게 물어보는 것을 중요하게 생각해요. 그래야 소통과 공감을 이어나갈 수 있죠.

두 번째는 B, Believe입니다. 믿으셔야 된다는 겁니다. 잘된 분들, 자기가 원하는 것을 얻으신 분들을 보면 뭐든 하면 잘될 거라고 믿었던 분들이 많아요. 제가 박원순 시장님도 희망제작소 시절에 인터뷰를 한 적이 있었는데요, 그때 뭐 저런 촌스러운 분이 다 있나 할 정도였는데 굉장히 확신에 가득 차 있었어요. 그때는 서울시장에 관심이 없다고 하셨지만 제가 볼 때는 이미 준비하고 계신 것 아닌가 싶을 정도였어요. 전국의 지자체를 다 돌고 계시더라고요. 이게 무슨 욕망이나 야심을 바탕으로 하는 움직임이 아니라 좋은 지자체, 좋은 자치단체, 좋은 나라를 만들고 싶다는 마음으로 본인이 뭔가 기여할 수 있다는 믿음이 있으셨던 것 같아요.

여러분도 자신을 믿으셔야 합니다. 많은 분들이 자신은 사랑받지 못했다며 자존감이 바닥으로 떨어져 있다고 말하곤 하는데요, 제가 30년 결혼생활 동안 시댁과 잘 지내는 이유가 제 자신이 굉장히 사랑받고 있다고 착각을 하며 지낸 덕입니다. 퇴직할 때 후배들이 말하기를 제가 항상 먼저 나와서 인사하면서 어둡고 무거운 신문사 편집국 분위기를 밝게 해주었다고 하더라고요. 지금 생각하면 그냥 제가 철딱서니가 없었던 것 같기도 하고요. 어쨌거나 저는 제가 굉장히 사랑스럽다고 생각했었어요. 그게 그렇게 밝은 에너지로 표출됐었나 봐요.

그런데 열 명의 사람이 있다면 그중에 두 명은 저를 아주 좋아하고, 두 명은 저를 아주 싫어하고, 나머지 여섯 명은 저에 대해 전혀 관심이 없습니다. 제가 아무리 좋은 일을 하고 아름다운 재단에 재산도 기부하고 아프리카 가서 애들 끌어안고 있어도 저를 싫어하는 사람들은 그저 "가지가지 한다. 이제는 아프리카까지 갔어?" 이러면서 빈정거립니다. 제가 안 좋은 일에 연루된다면 저를 좋아하는 두 명은 끝끝내 나를 위로해주고 격려해줍니다. 여섯 명은 네, 아무런 관심이 없습니다. 그런데 우리는 바로 이 순간 착각을 합니다.

나에게 아무런 관심도 없는 나머지 여섯 명이 나를 싫어하는 거라고, 나를 무시할 것이고 나를 인정해주지 않을 것이라고 착각을 합니다. 최근 읽었던 책 중에 미래학자이자 공직자였던 자크 아탈리의 《언제나 당신이 옳다》라는 책이 있습니다. 그 책에서 말하는 게 그거예요. 내가 스스로 어떤 사람이라는 걸 인정하고 그 패를 보여줍니다. 제가 오늘 빨간 옷을 입었는데요, "저는 빨간색입니다"라고 하면 "아, 저도 빨간색을 좋아합니다." 하며 사람들이 모입니다. 그런데 빨간 옷을 입고서 "저는 초록색이 좋아요." 하고 돌아서서 초록색 옷으로 갈아 입고 나오면 그 사람조차 사라져버립니다. 나다움을 믿고 보여줄 때 나를 좋아하는 사람들과 함께 소통과 공감을 할 수 있다는 말입니다.

그리고 가족을 믿으셔야 합니다. 나 없이도 우리 가족은 아주 잘 살 수 있을 거라는 믿음이 필요해요. 제가 가족에 완전히 헌신적인 부인이나 완벽한 엄마가 아니어도 제 남편이 잘 살 수 있고 제 딸이 잘 클 수 있다는 걸 저는 진작 믿어왔습니다. 그래서 제 딸이 지금 서른 살이고 직장에 잘 다니고 있는데요, 제가 딸에게 해주는 말은 그저 "너를 믿는다"라는 얘기였어요.

이번에 맨부커상을 받은 한강 씨의 시 중에 〈괜찮아〉라는 시가 있습니다. 아이가 어릴 때 울길래 "왜 그래?" 그랬더니 계속 울더라는 겁니다. 그런데 한번 껴안아주면서 "괜찮아." 이랬더니 울음을 그치더라는 겁니다. '괜찮다'는 말의 마법이죠. 남들에게 괜찮다고 하는 것뿐만 아니라 우리 자신에게도 괜찮다고 말해주는 믿음이 필요해요. 가족들이 나 없이도 잘 살 수 있을 거라는 믿음도 가지셔야하고요. 그리고 나를 둘러싼 주변도 믿어야 해요. 믿는 도끼에 찍힌 발등도 많지만 못 믿어서 놓친 기회가 참 많더라고요. 내가 믿어주면 그 사람도 저를 믿어주는 경우가 많습니다. 제가 인터뷰를 많이 할 수 있었던 건 이분이 나에게 진심어린 속내를 털어놓을 것이다, 하는 눈빛을 보내면 그분들이 반응을 했기 때문입니다. 그런데 이분이 거짓말을 하려는 것인지도 몰라, 나를 경계할지도 몰라, 뭐 그런 이상한 생각은 전혀 도움이 되질 않았습니다.

다음은 C, Cheerful입니다. 양명함입니다. 나이가 들어서 우리가 제일 잃어가는 것이 양명함인 것 같습니다. 젊은 사람들은 되게 밝아요. 어린애들은 이루 말할 수도 없죠. 그냥 사탕 하나 주면 "사탕이다! 뽀로로다!" 하고 되게 좋아하지만 어르신들에게는 웃는 얼굴로 설명하는 게 무척 힘듭니다. 저는 각종 단체나 학교, 지자체로 강의를 다니는데 50+ 공무원들 대상으로 강의하러 갈 때면 거의 절벽을 느낍니다. 이어령 선생님이 말씀하신 것처럼 20세기는 장중한 베토벤의 시대였어요. 그런데 21세기는 가볍고 밝고 부드러운 모차

르트의 시대입니다. 왜냐하면 너무나 많은 정보와 너무나 많은 사건, 너무나 많은 의문들이 있는 세상에서 좋은 면만을 보지 않고서는 삶을 버텨내기가 어렵기 때문입니다.

그럼 무엇에 대해 밝아야 할까요? 즐겁고 재미있는 일거리는 누가 선물로 주는 게 아닙니다. 사소한 일들에서 재미있는 것들을 찾으셔야 합니다. 저는 멍 때리는 일, 쓸데없는 일, 웃기는 일들이 정말 중요하다고 생각합니다. 신문사에서 명사들에게 가장 감명 깊게 읽은 책을 좀 추천해달라고 그러면 맨날 정약용 선생의 뭐, 단테의 《신곡》 뭐 이런 얘기를 하는데 그런 거짓말 좀 안 했으면 좋겠습니다. 만화책 좀 보면 어떻습니까? 영화도 시시한 영화 좀 보면 어떻습니까? 댓글에서 웃기는 얘기 좀 보면 어떻습니까? 그런데 너무 진지한 엄숙주의에 빠져서 내 나이가 몇 살인데, 내가 전에 어떤 자리까지 있었던 사람인데, 이러고 있으니 답답할 노릇입니다.

스스로를 묶어놓으니 사람이 밝아지기가 어려운 거예요. 제가 봤을 때 가장 매력적인 사람은 유머감각이 있는 사람이었습니다. 링컨 대통령은 《링컨의 유머》라는 책이 두 번 나올 정도로 밝았고요. 케네디, 레이건, 클린턴 이렇게 유머감각 풍부하던 대통령이 통치하던 시절 미국은 되게 좋았습니다. 그런데 닉슨, 카터, 부시 갑갑하게 생기고 유머감각 없는 사람이 통치할 때는 나라가 좀 어려웠던 거 같습니다. 대한민국의 정치가 갑갑한 것은 정치인들이 유머가 없기 때문이라고 생각해요.

명랑하고 밝은 분위기는 스스로 만들어내는 호기심에서 나옵니다. 저는 최근에 일본 다이칸야마에 있는 츠타야 서점에 갔다가 너무 감동을 받았는데 서점 하나가 전 도시를 바꾸고 나라를 바꿔가고 있었습니다. 츠타야라는 서점의 모토가 프리미엄 에이지라고 합니다. 실버, 시니어 이런 말은 전혀 없고, 프리미엄 에이지래요. 최상급 고기를 나눌 때 프리미엄 A+ 이런 게 아니라 쉰 살이 넘어서 자신의 취향을 갖고 자신이 하는 작은 일에 기쁨을 느끼고, 그것을 사람들에게 굳이 설명하지 않고 온몸으로 보여주는 나이라는 거죠. 츠타야 서점에는 머리가 하얀 6,70대 노인 분들이 비틀즈 노래를 듣고 책도 한 권 보시는 분들이 많았습니다.

그걸 보고 젊은 세대들이 '나도 저분처럼 나이 들고 싶다. 저 사람처럼 세련된 취향을 갖고 싶다'는 생각으로 많이 쫓아온다고 합니다. 70대 이상의 어르신들이 모이는 곳에 스타벅스가 들어가 있고 젊은 친구들이 만드는 패션 상품을 팝니다. 그런데 이 프리미엄 에이지는 석사, 박사의 학벌이 주는 것도 아니고 내가 예전에 무슨 일을 했다는 과거의 이력서가 주는 게 아닙니다. 내 학벌이나 경력이 아니라 내가 얼마나 나 자신을 좋아하고 세상에 관심이 많은지에 달린 겁니다. 다행스럽게 저는 지나치게 밝다 못해 약간 조증이기도 한데 제 미래가 밝을 거라고 믿어 의심치 않는 건 호기심이 굉장히 많아서예요.

저는 새로 나온 과자는 무조건 먹어봐야 됩니다. 그리고 정말 저렴한 취향이지만 연예인들의 스캔들 기사부터 영국의 브렉시트에 이르기까지 오만 것에 다 관심을 갖고 있기 때문에 저는 제가 아직

프리미엄 에이지는 석사,
박사의 학벌이 주는 것도
아니고 내가 예전에 무슨
일을 했었다는 과거의 이
력서가 주는 게 아닙니다.
내 학벌이나 경력이 아니
라 내가 얼마나 나 자신
을 좋아하고 세상에 관심
이 많은지에 달린 겁니다.

나이 들지 않았다고 믿어요.

　마지막으로 여러분들에게 마음의 청바지를 한 벌씩 선물해드리고 싶습니다. 마음의 청바지란, 청춘은 바로 지금부터 시작된다는 뜻입니다. 지금이 바로 여러분들의 청춘입니다.

정　진지함과 귀여움이 만나면 어떻게 될지, 파란색과 빨간색이 만나면 어떻게 될지 궁금해지네요.

박　제 책이 왜 초판으로 끝나는지 유인경 선생님 책이 왜 베스트셀러인지 딱 알겠네요.

나이듦을 인지한다는 비애

유　시장님은 굉장히 드문 캐릭터이기도 하고 존경받는 분이기도 하고 오해를 많이 받는 분이기도 하잖아요. 오늘 주제가 50+에 맞춰져 있기 때문에 주로 여기에 대한 이야기를 나눠봤으면 하는데요, 박원순 시장님은 일단 50+가 아니라 60+잖아요.

박　아니 그걸 그렇게 노골적으로… 마음은 아직….

유　그러나 마음은 드러내 보일 수가 없죠. 나이가 든다는 것에 대해 어떨 때가 가장 충격적이셨어요? 머리가 벗겨질 때였나요? 주름이 확인되었을 때였나요? 아니면 숫자상으로 주민등록번호를 쓸 때였나요?

박　그렇게 대우받을 때죠. 내 마음은 아직 청춘인데 자리를 양보

받는다든지.

유   여성들은 서른 살에 가장 큰 충격을 받습니다. 그 이후로는 다들 여자로 안 봐준다고 하니까요. 그런데 남성들은 주로 40대쯤에 황지우 시인의 시처럼 사춘기를 느낀다고 하는데요, 50대가 되셨을 때는 가장 활동적으로 일하셨을 때이긴 한데 어떠셨나요?

박   글쎄요. 일을 너무 열심히 하는 바람에 충격 받을 시간도 별로 없긴 했어요. 제가 지하철 타고 가는데 그때만 해도 내가 이렇게 안 알려졌을 때니까 자리를 양보받으면 충격을 받았죠. 나는 얼마든지 서서 갈 수 있는데. 저는 지하철을 타면 내가 앉는 방법을 딱 몇 가지 정해놨어요. 첫째는 작은 움직임도 놓치지 마라. 왜냐하면 다음에 내리는 사람은 뭔가 가방을 만진다든지 하는 신호가 있잖아요. 두 번째는 확률게임인데요. 이게 일곱 좌석이거든요. 그러니까 서 있는 사람이 두 사람이면 경쟁자가 많은 거잖아요. 서 있는 사람이 하나밖에 없는 중간 위치를 잡으면 오른쪽, 왼쪽 양쪽 다 가능성이 높아진다, 뭐 이런 식으로 쓸데없는 생각을 하면서 많이 다녔거든요. 멍 때리기 대회도 제가 시간이 없어서 못 갔는데 하반기에 또 하면 꼭 가보고 싶어요.

유   저는 제일 충격을 받았던 때가 특정한 순간은 아니지만 어느 순간부턴가 사람들이 저에게 쓰는 형용사가 달라지는 거예요. "젊을 땐 참 고우셨겠어요." 이런 얘기를 하면 확 늙었다는 얘기인 것 같아서 가슴이 아프고 그랬어요. 그런데 시장님은 희망제작소도 그렇고 50+도 그렇고 언제부터 이렇게 노년층이나 장년층의 일자리,

나눔 같은 데에 관심을 갖게 되셨습니까?

박　제가 우선 그런 자리에 있고 제 친구들이 그렇죠. 아까 말씀드린 것처럼 기업에서 근무하다가 50대에 이미 은퇴를 하는 친구들이 있잖아요. 고등학교 동창들이 매주 산에 다니는 모임이 있는데 처음에는 한 10명도 안 나왔어요. 그런데 요새는 너무 많이 와서 1부, 2부, 3부로 나눠서 올라가요. 이게 한 5년 전부터 그렇게 됐으니까 피부로 느낄 수가 있는 거죠.

유　아무리 제도가 좋고 내용이 좋다 하더라도 받아들이는 입장에서 '아, 이거 우리한테 안 맞는다.' 이렇게 생각하면 어려움이 좀 있으셨을 것 같아요.

박　별로 그렇진 않았습니다. 희망제작소에서 행복설계아카데미를 할 때 모집하는 건 굉장히 힘들었는데, 일단 오신 분들은 3개월 강좌의 절반 정도가 이론 강의였고, 나머지는 현장체험 같은 걸 하는 것이었음에도 정말 열정적이셨어요. 그것 자체가 충격적이었던 거예요. 아니 이런 세상이 있었나 싶었던 거죠.

유　제 지인 중에서도 희망제작소에서 했던 시니어프로젝트를 해서 굉장히 많이 바뀐 친구가 있거든요. 큰 광고기획사의 국장급으로 있다가 세이브더칠드런이라는 NGO에서 월급이 반으로 깎였음에도 불구하고 자발적으로 광고기획사를 퇴직하고 새로운 인생을 살더라고요. '이런 기회를 만들어드리기 잘했구나.' 싶은 몇 가지 사례를 소개해주세요.

박　광고회사라는 게 엄청 스트레스 받는 직장이잖아요. 늘 크리에이티브해야 하니까. 그러다가 시니어프로젝트 강의를 듣고 이윤을 내기 위해 일하는 삶 외에 또 다른 세상이 있다는 걸 느끼신 것 같아요. 그분이 세이브더칠드런으로 옮겨 가셨는데 월급은 줄었지만 만족도는 훨씬 높아졌다고 보고요. 사실 대기업에서 일하면 월급은 그냥 나오나요. 코피 터지게 일 시키죠. 일하는 것 외의 것들은 생각할 여력도 없이. 그러다가 비영리단체에 와서 일하면 보람을 몇 배로 가져가거든요. 말하자면 수동적 삶에서 주체적 삶으로 스스로를 변화시키게 되니까 많은 충격을 받고 보람도 크게 느끼는 것 같아요. 이 자리에도 당시 행복설계아카데미 수료하신 분이 계시죠. 아주 특별하신 분이에요. IT업계의 지사장을 하시던 분인데 카메라를 들고 장애인들의 삶을 담고 계시니까 얼굴도 환하게 바뀌시고 너무 행복해 보이죠.

그리고 우리 이사장님이신 이경희 선생님. 그분도 대학 교수 하시다가 5년 빨리 은퇴하시고 희망제작소에 오셨죠. 사실 보장된 교수 자리 5년을 포기한다는 게 쉬운 일이 아니잖아요. 남한테 밀려나기 전에 내가 자발적으로 걸어나오신 것이 주는 자신감이 굉장히 크다는 생각이 들어요. 인생은 타인의 것이 아니잖아요.

미래를 보는 아이들의 관점으로

유　예전에는 일고여덟 살 때 학교 들어가 입학했다가 20년 공부하고 나면 취직해서 30년 정도 하면 50대 후반쯤에 정년퇴직하고 퇴직금 받고 20년 정도 사는 20-30-20의 인생이었다면 이제는 30-20-50의 삶을 살아야 하잖아요. 30년 공부하고 20년 직장 다니고, 그것도 사실 20년 다니게 해준다는 보장도 없고 나머지는 비정규직으로 살아야 하는 삶이 50이라는 거죠. 그래서 그 50년이라는 세월이 굉장히 달라질 거 같아요. 참 안타까운 게 저는 운전을 못 해서 택시를 타거나 대중교통 수단을 많이 이용하는데 기사님들을 만날 기회가 많았어요. 택시 기사도 참 아름다운 전문직이라고 생각하는데 꼭 그런 말씀을 하세요. "제가 원래 운전하던 사람이 아닙니다. 제가 예전에 다니던 회사는….." 왜 그 일을 아름답게 여기지 못할까요. 시장님도 변호사 시절, 검사 시절 이런 익숙함과 결별을 하셨잖아요. 사실 희망제작소도 잘될지 모르는 일이고, 서울시장 선거도 당선되리라는 보장도 없었는데 그때마다 두려움이 없으셨나요?

박　인생이라는 게 어차피 무한휴식을 즐기게 되어 있잖아요. 제가 지금 중국어를 공부하고 있는데 이게 머리에 정말 안 들어가더라고요. 죽고 나면 너무나 긴 시간을 아무것도 안 하고 재미가 없잖아요. 그래서 제가 죽으면 무덤에 불어 사전과 중국어 사전 넣어달라고 그랬어요. 죽어서도 이런저런 하고 싶은 게 있는데, 살아생전에 할 수 있을 때 자기가 하고 싶은 일은 해야 하지 않겠어요? 남을 막 따라가는 삶은 너무 허망하지 않을까요? 딱 한 번뿐인 삶인데.

　그래서 저는 우리 아이들한테도 하고 싶은 걸 하라고 얘기합니다. 거창고등학교에 갔더니 강단에 '직업 선택 10계명'이라는 게 있더라고요. '월급이 낮은 곳으로 가라.' '한가운데가 아니라 가장자리로 가라.' '명예는 바라볼 수 없는 곳으로 가라.' 그리고 제일 마지막에는 '부모형제가 말리는 곳은 틀림없다. 그리로 가라'.

부모님들이 강요하는 세계는 현재적 관점에서 보는 세계예요. 그런데 아이들은 미래에 살 사람들이잖아요. 저는 NGO 하면서 어머니한테 죄송했어요. 자식을 근사하게 잘나게 키워서 검사가 됐는데 어느 날 갑자기 검사 때려치우고, 변호사 때려치우고 맨날 가방 메고 지하철 타고 다니고 그러니까 좀 죄송스럽더라고요. 그렇지만 저는 정말 자랑스럽고 보람이 있었거든요. 이건 내가 하고 싶은 일이고 남이 안 해본 걸 할 수 있으니까요. 직장인, 검사 이런 건 남들도 다 하는 거잖아요. NGO는 아까 말씀드렸듯이 제가 처음 해본 거잖아요. 새로운 걸 개척하는 거죠. 그냥 잘되면 재미없어요. 내가 없어도 잘되는 거라면 내가 꼭 있어야 할 이유는 없죠. 내가 꼭 있어야 하는 자리에서 새로운 걸 시작할 수밖에 없더라고요.

유 사실 NGO의 기부가 말이 좋아서 기부지 돈 내놓으라는 얘기잖아요. 한승헌 변호사님이 그러시더라고요. 어원이 우리나라에서 왔대요. '도네이션' 어원이 '돈 내쇼'라고. 우리는 오래 살다 보면 좋아하는 일이 아니라 돈 버는 일도 안 할 수가 없거든요. 어떻게 자원봉사만 하라고 그래요. 저는 재능기부 이런 거 너무 싫어해요. 재능까지 기부해야 하나 싶고.

박 '마더 테레사 이펙트'라는 게 있어요. 남을 돕는 삶을 살면 더 오래 산다고 해요. 사람이 내 것을 내놓는 게 사실 어찌 보면 자기가 지금 참 힘든 시대잖아요. 특히 경제격차도 커지고 갈등도 많아지고 있는데, 무엇보다도 우리 시민들 곁으로 가서 얘기를 들어주고 공감하고 함께 해결해가야 하지 않을까 생각합니다. 저는 이 시대의 큰 과제들이 하늘에서 뚝 떨어지는 건 아니라고 봐요

손해를 보는 일인 것 같지만 더 득을 본다는 거죠. 돈을 버는 일도 마찬가지입니다. 비영리라는 것이 결코 봉사하고 기부하고 희생하는 것만을 의미하는 것은 아닙니다. 창조적 혁신이 들어가고 그래서 일자리가 되는 거죠. 제가 말씀드렸잖아요. 아름다운 가게 같은 경우도 한 300명이 일하고 있거든요. 새로운 일자리를 만든 거죠. 여러분들은 한강의 기적을 이루신 세대잖아요. 그러다 보니까 경험이 많으시고요. 그래서 젊은이들이 창업을 많이 하지 않습니까? 그런데 네트워크나 노하우는 아직 부족하잖아요. 그래서 젊은이들과 베이비붐 세대가 결합하면 정말 많은 일자리가 생길 것 같아요. 청년청이라고 있죠? 청년들 아이디어가 정말 기가 막힌 게 많아요. 그런 데에 고문으로 들어가신다거나 같이 칵테일 파티 같은 걸 해보세요. 시니어와 주니어들의 결합이 완전히 새로운 세상을 만들어낼 겁니다.

유 중요한 건 나이 들어서 돈이 있어야 확실히 자식들에게 좀 떳떳해질 수도 있고 남한테 커피 한 잔이라도 사줄 수 있을 것 같은데 이 사회 자체가 어르신들은 그냥 나누는 삶만 산다는 편견이 있어서 답답하기도 해요. 오늘 오신 분들 중에서도 질문이 있으시면 몇 개만 받도록 할게요.

Q 저는 60+입니다. 보니까 다른 강의나 프로그램들이 많은데 64세까지로 돼 있더라고요. 그런데 제가 64세 오버된 사람 아닙니까. 베이비붐 세대가 210만 명이라고 하는데, 이왕 차린 밥상에 수저 하나 더 놓으시면 얼마나 좋을까 싶은 생각이 듭니다.

박 앞으로 64세, 그런 거 없애버립시다. 50+로만 하죠. 젊어지기도 하니까요.

유 저도 굉장히 공감하는 게 지방자치단체 강의를 가면 60세 이상은 신청을 안 받아주신다고, 강의 못 듣는다고 하는 곳도 있고요. 스포츠센터 이런 데에서도 연령제한하는 곳이 많은데 시대에 역행하는 것이란 생각이 들어요. 이런 목소리를 많이 내주시면 바뀔 수 있을 것 같습니다.

Q 미국 같은 데서는 이렇게 팔팔한 나이에 진로를 막는 경우가 없다고 들었습니다. 저는 지금 현직에 근무를 하고 있습니다만 저도 회사를 그만두고 나면 어떤 일을 해볼까 싶어서 기웃기웃 하다가 정부나 서울시에서 하는 행사들을 찾았어요. 그래서 서울시 인생 이모작 지원센터의 사회공헌아카데미 4기로 참여를 하고 이 자리에서 수업도 받고 동기들도 생기고 그랬습니다. 저는 50+도 안 될 때 참여를 했는데 그걸 하고 나니까 생각이 굉장히 많이 바뀌는 겁니다. 사회공헌아카데미도 마찬가지지만 사람들이 벌떼같이 참여를 해야 하는데 이런 좋은 행사가 있어도 사람들이 많이 모이지 않는 것 같습니다. 광범위하게 좀 확장해서 많은 사람들이 참여할 수 있는 붐업이 일어나야 될 것 같은데 어떻습니까?

박 아직 사람들이 잘 모르는 경우가 있죠. 그런데 이게 시작이에요. 50+재단이 사실 올해 만들어졌고 캠퍼스가 구로, 마포에 만들어지고 있는데요, 아직은 시작이기 때문이라고 생각하고 있습니다. 아까 말씀하신 것처럼 베이비붐 세대가 200만이죠. 앞으로 잘될 거라고 생각합니다.

Q 요즘 건배사 중에 99세까지 88하게, 9988. 이런 얘기도 있잖아요. 저희들이 건강도 생각하는 나이고 해서 시장님이 평소에 무슨 음식을 챙겨 드시는지 건강식 비결을 여쭙고 싶습니다.

박 그냥 먹고 싶은 것 먹으면 돼요. 건강 말씀하셨으니까 드리는 말씀인데요, 지금 서울시에 시립병원이 열네 개가 있거든요. 그런데 1년에 적자가 한 700억 정도 됩니다. 노숙인이나 쪽방촌 주민들처럼 자기 돈을 내고 치료받을 수 없는 분들을 치료해야 하니까요. 그런데 저는 시립병원 열 개 짓는 것보다 둘레길을 잘 만들어놓는 게 훨씬 낫다고 생각해요. 둘레길 길이가 총 157킬로미터인데 다 걸으려면 한 열흘 걸려요. 걷기 운동 열심히 하면서 미리 건강을 챙기고 관리하는 게 질병이 생겼을 때의 대응보다 훨씬 중요하다고 생각합니다. 열심히 걸으시고 중간에 스탬프도 받아오시면 서울시에서 메달도 드리고 사진도 찍어드리고 그럽니다. 꼭 도전하세요.

유 마무리 시간이 다 됐는데요, 시장님은 나중에 어떤 사람으로 기록되고 싶으십니까? 혹은 기억되고 싶으십니까?

박 글쎄요. 제가 그러고 싶다고 그렇게 되나요? 그냥 저 하고 싶은 대로 살아야죠 뭐. 지금 참 힘든 시대잖아요. 특히 경제격차도 커지고 갈등도 많아지고 있는데, 무엇보다도 우리 시민들 곁으로 가서 얘기를 들어주고 공감하고 함께 해결해가야 하지 않을까 생각합니다. 저는 이 시대의 큰 과제들이 하늘에서 뚝 떨어지는 건 아니라고 봐요. 바로 우리 마을에서, 골목에서 벌어지는 거라고 생각하거든요. 실제로 가보면 정말로 거기에 답들이 다 있더라고요. 창조경제가 하늘에서 뚝 떨어진 게 아니에요. 골목 골목의 시민들 생각 속에서 드러나는 것이죠.

제가 좀 전에 갔던 데가 목공을 전문으로 하는 협동조합이었는데요, 30대에서 40대 사이의 주부들이 만든 메리우드라는 협동조합이에요. 한 2년 됐는데 벌써 하는 일이 많아졌어요. 저는 이런 것들이 모여서 새로운 경제가 일어나고 새로운 패러다임이 생긴다고 생각하거든요. 지금 많은 것들이 바뀌어가고 있어요. 젊은 사람들도 새로운 걸 만들어내고 있어요. 풍문여고에서 정독도서관 가는 길목에 있는 '수상한 그녀들의 공방'에 가보셨습니까? 50여 개 부스를 만들었는데 물건이 기가 막힙니다. 도곡역 여성 창업센터에서는 주부들이 여러 가지 공예품을 만들었는데 처음에는 좀 아마추어였어요. 그런데 몇 년 지나니까 지금은 맨해튼에서 팔아도 다 팔릴 만큼 잘 만들고 계세요.

유　사실 제가 '아. 나이가 들었구나' 느낄 때가 예전에는 안 하던 짓을 할 때예요. 어떤 사람이 돌아가셨다고 하면 몇 살에 돌아가셨나, 몇 살까지 사셨나, 자꾸만 살피게 돼요. 그리고 유명한 사람들의 전기, 셰익스피어 같은 사람들의 전기를 재미있게 읽는데 눈에 들어오는 건 50 몇 살에 죽었구나 하는 거예요. 평균수명이 그때는 지금이랑 너무 달랐을 때인데 그걸 보면서 제가 나이가 들었음을 느끼고 그랬어요. 그런데 김형석 교수님을 보고 생각이 많이 바뀌었어요. 올해 97세이신데, 제가 작년에 인터뷰를 했거든요. 이분이 그러시더라고요. 나이의 숫자가 많다고 노인인 것은 아니라고요. 매일 뭔가 알고 배우고 발전하는 분들은 노인이 아니라는 겁니다. 나이만 좀 늘어났을 뿐이지. 그런데 청년이더라도 시들시들하게 게으르게 지내면 그냥 정신적인 노인이고 몸만 관에 안 박혀 있을 뿐이지 그냥 죽은 거나 마찬가지라는 얘기를 하시더라고요. 97세에도 계속 책 쓰시고 전국을 다니시면서 강의를 하시는데 본인은 노인이 아니라고 말씀하세요.

박원순 시장님도 제가 몇 번의 인터뷰를 했던 이유 중 하나가 몇 년 만에 한 번씩 봐도 항상 발전하고 다른 생각을 하고 항상 업데이트가 되어 있다는 거예요. 그게 본인의 취향인지 원치도 않았던 정치적 관심인지 모르겠지만요. 어쨌든 가장 중요한 건 우리가 식상하고 진부하고 시들어가는 노인이 안 되기 위해서라도 신문 열심히 보고, 자료 하나라도 보는 게 발전이라는 생각이 들어요. 오늘 이 자리에 와서 나눈 이야기를 통해 많이 배웠습니다.

특히 오늘 오신 분들의 밝은 얼굴, 반짝이는 눈빛, 예전과 너무나 다른 부드러운 표정. 특히 남성분들의 밝아진 표정, 그건 정말 대단한 의미라는 생각이 듭니다.

왜 50+인가?

고령화 시대의 50+세대(50~64세)는 새로운 삶을 준비해야 하는 인생 전환기를 맞았지만, 현재 이들은 별다른 지원을 받지 못하는 정책의 사각지대에 놓여 있습니다.

50+세대는 서울시 인구의 21.9%(약 219만 명)를 차지하는 최대 규모의 인구집단입니다. 조기퇴직이 만연한 현실을 고려해 45~49세까지 포괄하면 서울시 인구의 30.5%(약 306만 명)가 50+세대에 해당합니다. 100세 인생이 낯설지 않은 호모 헌드레드 시대. 이들이 계속 다가올 미래에 불안을 느낀 채, 일하지 못하고 갈 곳을 찾지 못한다면, 서울의 미래는 없습니다. 서울시가 50+세대의 목소리를 바탕으로 심혈을 기울여 지원 계획을 마련한 이유입니다.

현재의 50+세대는 이전 세대와 달리 능력, 의지, 경제력의 삼박자를 고루 갖추고 있습니다. 서울시는 50+의 힘과 능력, 지혜를 서울을 변화시키는 동력으로 삼고자 합니다. 배움과 탐색, 일과 참여, 문화와 인프라. 세 가지 키워드를 중심에 둔 50+지원 종합계획으로 서울시가 50+의 새로운 삶을 응원합니다. 50+세대가 서울시에 새로운 활력을 불어넣을 것입니다. 우리는 서로의 힘이 될 것입니다.

서울50플러스재단

서울시 50+정책을 견인하는 싱크탱크이자 네트워크의 중심으로, 50+문화를 만들어갑니다. 50플러스캠퍼스를 운영하고, 자치구 50플러스센터의 활동을 지원합니다.

www.seoul50plus.or.kr | 02-734-8331

싱크탱크 구체적 현실에 기반을 둔 정책 의제를 발굴합니다. 해외 사례를 연구하고 질 높은 정책 동향 리포트를 발간합니다. 기존의 노년층 대상 프로그램과는 차별화된 50+ 맞춤형 지원, 교육 프로그램을 개발합니다. 50+ 관련 연구자료와 출판물을 수집해 아카이브를 구축합니다.

문화를 만듭니다 삶을 개척하고 사회에 기여한 50+를 발굴하여 롤모델을 제시합니다. 50+에 관한 새로운 사회적 인식을 끌어내기 위해 서울시 50+정책의 비전을 널리 알리고 캠페인을 시행합니다. SNS, 출판물 등을 활용해 서울시 50+의 새로운 라이프스타일을 제안합니다.

네트워크 허브 50+ 관련 모임과 단체의 활동을 지원합니다. 정기적으로 '50+파트너스데이'를 개최해 기업, 학교, 공공기관, 시민단체 등 다양한 50+ 관련 주체와 교류합니다. 재단이 보유한 네트워크와 자원을 외부와 공유하고, 매년 국제 콘퍼런스로 국내외 현장 경험을 나눕니다.

50플러스캠퍼스

50+세대를 위해 교육, 일·창업 지원, 상담, 자율 활동 지원 등의 사업을 펼치는 기관입니다. 50+세대가 편안하게 동료와 교류하고, 하루하루 새로운 일상을 보내며 미래의 삶을 계획하는 플랫폼이기도 합니다.

서북50플러스캠퍼스
서울시 은평구 통일로 684 서울혁신파크 8동 | 02-372-5050
sb.50campus.or.kr

교육 세 개의 학부로 구성된 교육과정을 운영합니다. 삶과 노후에 관한 인식을 전환하고 새로운 삶을 설계할 수 있는 '인생재설계학부', 새로운 커리어 경로를 모색하는 '커리어모색학부', 자립적이고 즐거운 일상을 위한 지식과 교양을 쌓는 '일상기술학부'. 학기제로 운영되며, 매년 3월과 9월에 교육생을 모집합니다. 계절학기(1월, 7월)도 운영합니다.

일·창업 지원 서울시 공공일자리인 보람일자리 사업을 시행합니다. 은퇴자가 자신의 능력과 경험을 바탕으로 새로운 커리어를 개척할 수 있도록 50+일자리 모델을 발굴해 확산하고, 일자리 지원을 위한 시스템(온·오프라인 플랫폼, 파트너 기관 DB, 창업·창직 인큐베이팅)을 구축합니다.

상담·정보제공 50+상담센터에서 맞춤형 학습 설계를 지원하고, 생애설계 7대 영역(일, 재무, 사회공헌, 사회적관계, 가족, 여가, 건강) 상담 및 컨설팅을 시행합니다. 50+에게 유용한 정책 및 제도 관련 정보를 제공하고 편리하게 이용할 수 있도록 타 기관과 연결해드립니다.

자율 활동 지원 50+세대가 자율적으로 다양한 활동을 펼칠 수 있도록 지원합니다. 50+가 자신의 지식과 재능, 경험을 공유하기 위해 교육, 현장체험, 사회공헌 등의 프로그램을 기획하고 운영하도록 지원하는 '커뮤니티플러스 지원사업'을 시행합니다. 50+에게 저렴한 비용으로 공유 사무실을 제공하고, 휴식과 사교 활동이 가능한 복합문화공간을 운영합니다.

도심50플러스캠퍼스(2016. 12 개관예정)
서남50플러스캠퍼스(2017. 7 개관예정)
동남50플러스캠퍼스(2017. 7 개관예정)
광진50플러스캠퍼스(2018. 12 개관예정)
동북50플러스캠퍼스(2018. 12 개관예정)

자치구 50플러스센터

서울시 각 자치구에 위치한 주민밀착형 50+지원기관입니다. 서울시 50+지원 종합계획의 풀뿌리 플랫폼으로 기능합니다.

도심권50플러스센터
서울시 종로구 수표로26길 28 동의빌딩 | 02-3672-5060
www.dosimsenior.or.kr

동작50플러스센터
서울시 동작구 노량진로 140 메가스터디타워 2층 | 02-3482-5060
dongjak.50center.or.kr

영등포50플러스센터
서울시 영등포구 여의대방로 372 여의도복지관 3층 | 02-2635-5060
ydp.50center.or.kr

노원50플러스센터(2016 하반기 개관예정)